物联网工程研究丛书

云计算中的大数据技术与应用

陆　平　李明栋　罗圣美　钟健松　著

科学出版社

北　京

内容简介

全书共分6章，主要介绍了云计算和大数据的关系，大数据的存储、处理、挖掘、可视化以及应用问题，并从技术发展的角度详细介绍了大数据的体系架构和关键技术。同时，分析了大数据技术在电信领域、物联网领域和企业市场的潜在应用，并结合移动互联网应用场景分析了大数据的具体应用案例。

本书可作为高等院校物联网等相关专业的教材，也可作为相关领域工程技术人员的参考书。

图书在版编目(CIP)数据

云计算中的大数据技术与应用 / 陆平等著. —北京：科学出版社，2013.11
（物联网工程研究丛书）
ISBN 978-7-03-038858-2

I. ①云… II. ①陆… III. ①互联网络－应用②智能－技术－应用③计算机网络 IV. ①TP393.4②TP18

中国版本图书馆 CIP 数据核字 (2013) 第 243789 号

责任编辑：王　哲 / 责任校对：刘小梅
责任印制：张　倩 / 封面设计：迷底书装

科学出版社 出版
北京东黄城根北街 16 号
邮政编码：100717
http://www.sciencep.com

北京凌奇印刷有限责任公司 印刷
科学出版社发行 各地新华书店经销
*
2013 年 11 月第　一　版　　开本：720 × 1 000　1/16
2013 年 11 月第一次印刷　　印张：16
字数：304 000

POD定价：66.00元
（如有印装质量问题，我社负责调换）

《云计算中的大数据技术与应用》

编写委员会

主　编：李明栋

副主编：罗圣美　董振江

编　委：陆　平　钟健松　王志坤　胡　磊

曹东亚　胡　洁　曲文武　周　扬

王治平　林立东　曹洁生

推 荐 序

随着Web 2.0的发展，社交网络、移动计算和传感器等新的渠道和技术不断涌现，数据量呈现前所未有的爆炸式增长，大数据时代已经悄然来临。

根据分析调研机构IDC（International Data Corporation）预测，2022年的数据量将达到35ZB。这些不断增长的数据，主要来自如图片、声音和视频等非结构化数据。有统计显示，全世界非结构化数据增长的速度大约是结构化数据的两倍，预计2013年的非结构化数据占比将达到整个互联网数据量的80%以上。

大数据不仅数据大，而且有可能是未来世界的“新石油”。石油产生在5亿年前，人类发现和应用它大约在4000年前，但直到1870年洛克菲勒对石油工业进行了革命，人类才进入了石油时代。现代社会发展的核心驱动力，正在从“能源驱动”转向“数据驱动”。

工业化带来了产品的规模化生产和运输，而大数据也需要规模化的方式处理。就像伽利略需要望远镜才能进一步探索宇宙，列文虎克需要显微镜才发现了另一个生物世界，大数据的存储、处理、挖掘和应用都需要工业化和自动化的工具集，那就是云计算。如果说WWW是TCP/IP的杀手级应用，那么大数据就是云计算的杀手级应用。云计算的兴起，为大数据准备好了利器。

国内外已经做了很多针对大数据的研究，但都处于起步阶段。有的从经济社会角度，有的从纯粹技术角度，有的从云计算的角度，不一而足。中兴通讯股份有限公司作为国内最大的通信设备上市公司，从产业的角度也非常重视大数据的研究。该书从大数据的4V（Volume、Velocity、Variety、Value）特征着手，阐述大数据应用场景，系统地分析了大数据的技术体系，就大数据存储、大数据处理、大数据挖掘、大数据可视化等做了深入研讨，希望能够对从事大数据技术研究、应用开发的单位和个人有所帮助！

何宝宏

云计算发展与政策论坛秘书长

2013年9月

前　　言

现代社会正以不可想象的速度产生海量数据。微博留言产生数据，视频内容产生数据，手机通话产生数据，商品标签产生数据，快递包裹、物品流通产生数据，移动终端和互联网的普及更是加快了数据产生的速度。人类已经进入数据爆炸性增长的时代——大数据时代。

大数据时代，同时也是互联网、物联网和云计算的时代，可以说，大数据与这三者紧密相关。

互联网时代，网民和消费者的界限逐渐消亡，互联网真实记录下了网民的点击、浏览、留言，这些都直接反映了他们的性格、偏好和意愿。网民不是通过语言告诉企业他们的需求，而是在一系列的行为中，不经意地透露了需求。这一系列的行为必须相互参照、关联才能得出答案，而解决这个问题的技术就是“大数据技术”。随时随地精准满足目标用户群的真实需求和潜在需求，这是互联网的特征。谁能抓住互联网纷繁芜杂数据背后隐藏的消费者需求，同时高效分析并作出预判，谁就能在互联网时代胜出。

物联网时代，物品信息、人的信息、人与人交互的信息、位置信息等是一张更庞大、更广泛关联的数据网。对大数据进行有效分析，将使城市更加智慧。例如，将交通数据和公安的破案需求结合，将会获得破案线索；将交通和地理信息结合，能为车主提供最佳行车路线和停车空位；将市政管理和气象数据结合，能对灾害进行有效预警。物联网对大数据提出了直接的需求。

云计算时代，核心是业务模式，本质是数据处理技术。如果没有对大数据的理解和运用，云计算将只具有简单资源集约化的躯干能力，而失去知识集约化的顶层设计的灵魂。如何激活数据资产，使其为国家治理、企业决策乃至个人生活服务，是大数据的核心议题，也是云计算的灵魂和必然的升级方向。同时，云计算是大数据的基础技术支撑。

更具体一点，在一些新兴行业，人们对数据的利用方式、数据价值的挖掘方式已经不仅要满足报表类的分析应用，而且要从数据结果中直接获得收益。数据分析部门可以按照推荐系统的点击效果进行利润分成；交易的数据可以包装成分析服务销售给商户，帮助他们去洞察市场商机；根据用户的点击流行为和上网内容，布放个性化广告等。这些还仅是大数据商业价值的体现，大数据中更蕴涵着社会价值，它可以帮助政府治理国家、帮助用户处理个人事务。大数据中隐藏着无限的信息、知识和智慧。可以说，大数据中蕴涵着前所未有的巨大价值。如果能充分分析大数据和利用数据中隐藏的智慧，人类文明程度和智慧程度将大幅提高。

中兴通讯股份有限公司（以下简称为中兴通讯）在物联网、云计算、大数据方面有着多年的技术积累和应用实践。本书结合大数据最新技术趋势和中兴通讯的长期实践，对大数据技术提出系统的理解，对大数据研究提供了初步的思路和建议。本书从大数据的需求和现状出发，分析目前大数据出现的问题，并针对这些问题对大数据存储、大数据处理、大数据挖掘和大数据的可视化进行了充分的探索讨论。

本书适合高等院校及科研院所从事云计算和大数据研究与开发的科研人员和工程人员阅读参考。

非常感谢百忙之中为本书作序的何宝宏秘书长，在本书编写过程中得到很多领导、同事的大力支持，同时本书的出版受到了863课题“曙光亿级并发云服务器系统研制（2013AA01A209）”的资助，在此一并表示感谢。

由于作者水平所限，书中难免存在不足之处，恳请读者批评指正。

作　者

2013年9月

目　录

第 1 章　绪　　论

过去几年里，云计算已成为新兴技术产业中最热门的领域之一，也是继个人计算机、互联网变革后的第三次信息技术浪潮，它将使人类生活、生产方式和商业模式等产生根本性的变革。云计算技术的发展使得人们汇聚、存储和处理数据的能力超过以往，从数据中提取价值的能力也在显著提高。云计算的蓬勃发展开启了大数据时代的大门。随着互联网、移动互联网、物联网、数码设备等的快速发展，更多的智能终端、传感设备等接入到网络，由此产生的数据及增长速度将超过历史上的任何时期，社会化信息正步入大数据（Big Data）时代，“大数据”的概念逐渐成为发展的趋势，这种趋势为理解这个世界和作出决策开启了一扇大门。

1.1　从云计算到大数据

电子商务、社交媒体、移动互联网和物联网的兴起极大地改变了人们生活与工作的方式，给世界带来巨大变化。同时，也产生了海量规模的数据，大数据时代已真正地到来。自从进入云计算时代，世界已积累了爆炸性增长的海量数据，并带来了两方面的巨变。一方面，所有数据都是要保存的，在过去没有数据积累的时代无法实现的应用终于可以实现；另一方面，从数据匮乏时代转变到数据泛滥时代，给数据的应用带来新的挑战和困扰，简单地通过搜索引擎获取数据的方式已经不能满足用户千变万化、层出不穷的需求。从海量数据中高效地获取数据并有效地深加工，最终得到感兴趣的数据变得异常困难。

互联网、移动互联网和物联网的发展，产生了越来越多的数据，如图1-1所示。此外，由于越来越多的人、设备和传感器通过数字网络连接起来，产生、传送、分享和访问数据的能力也得到彻底变革。2010年，超过40亿人在使用手机，其中大约12%的人拥有智能电话——其渗透率以每年20%以上的速度增长。如今，3000多万联网传感器节点分布在交通、汽车、工业、公用事业和零售部门，其数量正以每年30%以上的速度增长。图1-2所示是2011年9月IBM等进行的一项关于人们创造数据速度的调研，结果表明当前世界创造数据的速度超过以往任何时期。

图 1-1 云计算和大数据[1]

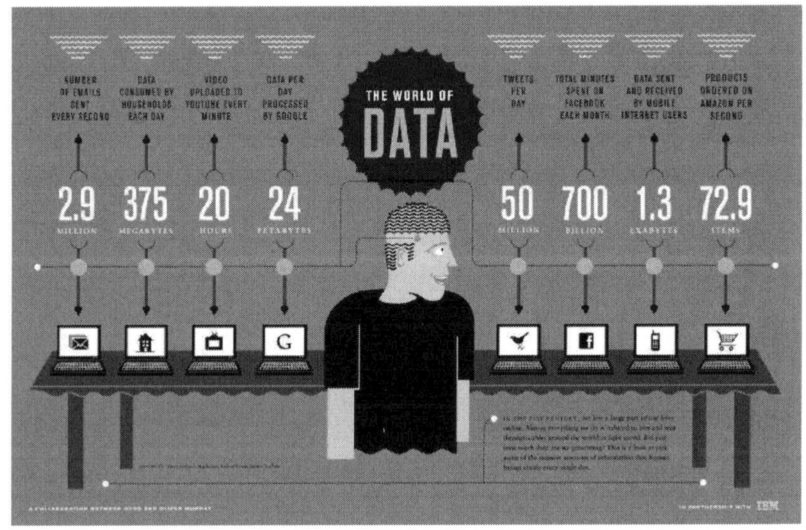

图 1-2 快速膨胀的数字化世界[2]

（1）每1秒钟，全球发送290万封电子邮件，如果每分钟读一封的话，那么需要一个人不停地读5.5年；

（2）每1秒钟，全球著名电子商务网站亚马逊处理72.9笔订单；

（3）每1分钟，有超过20个小时的视频被上传到视频分享网站YouTube；

（4）每1天里，搜索引擎Google将处理超过24PB的数据；

（5）每1天里，在Twitter上会产生5千万亿条消息，假设每10秒钟读一条，那么这些消息足够一个人昼夜不息地浏览16年；

（6）每个月，网民在FaceBook上花费的时间超过7000亿分钟；

（7）当前被移动互联网使用者发送和接收的数据高达1.3EB。

社会化信息已步入大数据时代，在这些呈指数增长的海量数据中，非结构化数据占80%以上。大数据时代将会有更多的数据存储在数据中心，数据会成为新的核心资产，而云计算技术的出现为大数据提供了海量的存储空间以及数据处理和分析的途径。云计算可以将数据作为一种服务，通过对海量数据进行分析和运用，挖掘出适合于特定场景和主题的有效数据集，大数据赋予人们更加强大的洞悉未来的能力。

图1-3所示是在Google趋势（Google Trends）[3]中比较的云计算、大数据和物联网三种新技术的搜索量指数。可以看出，从2011年开始，云计算热度开始下降，而大数据关注度则呈明显上升趋势，达到2008年云计算的关注水平。这说明云计算已从概念炒作向云中数据价值提炼转变。业界知名咨询公司Gartner在2012年发布的新型技术成熟度曲线报告[4]表明，云计算技术逐步走向泡沫化谷底期，标志着其从概念炒作走向真正成熟，如图1-4所示。

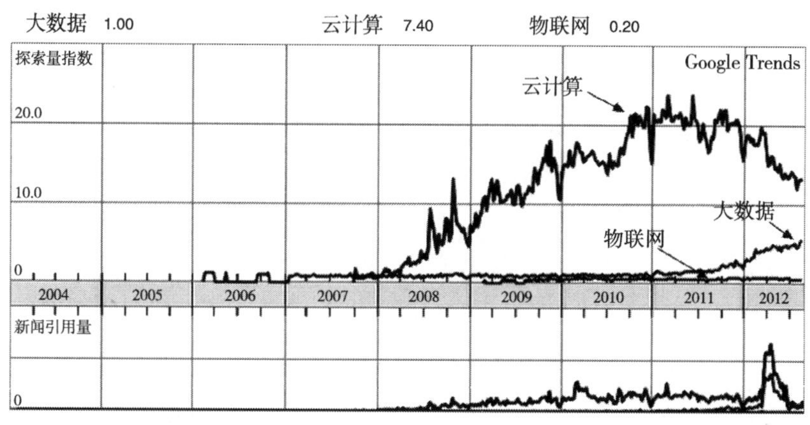

图 1-3　Google关于云计算、大数据和物联网的搜索量指数[3]

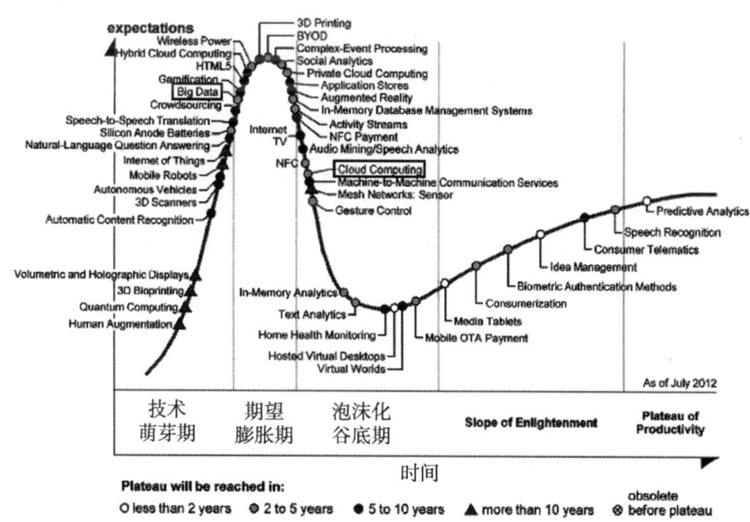

图 1-4　Gartner发布的2012技术成熟度曲线[4]

而大数据技术正处于从技术萌芽期向期望膨胀期过渡的高速上升状态，其关注度将持续升温，并将不断取得技术上的突破，预计在未来2～5年会得到广泛应用。

1.2 大数据的定义与特征

2012年2月《纽约时报》一篇专栏称“大数据时代”已经降临，决策行为将日益基于数据和分析，而非基于经验和直觉。这不是简单的数据增多的问题，而是全新的问题，旨在从互联网时代非结构化数据的庞大“宝藏”中获得知识和洞察力，如图1-5所示。

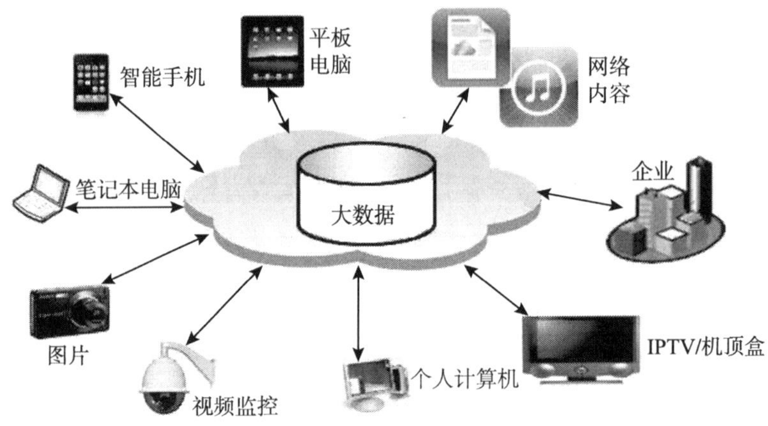

图 1-5 大数据现象

根据维基百科的定义[5]，大数据是“用于数据集的一个术语，是指大小超出了常用的软件工具在运行时间内可以承受的收集、管理和处理数据能力的数据集”。与传统数据相比，大数据的特点主要体现在数据量庞大、数据类型丰富、数据来源广泛三个方面，大数据不仅是海量的数据，也不仅是云计算的简单应用，而是从各类海量数据中快速提取有价值信息的能力。根据IDC的定义，大数据的特征可以用四个“V”表示：海量（Volume）、多样性（Variety）、速度（Velocity）和价值（Value），如图1-6所示。

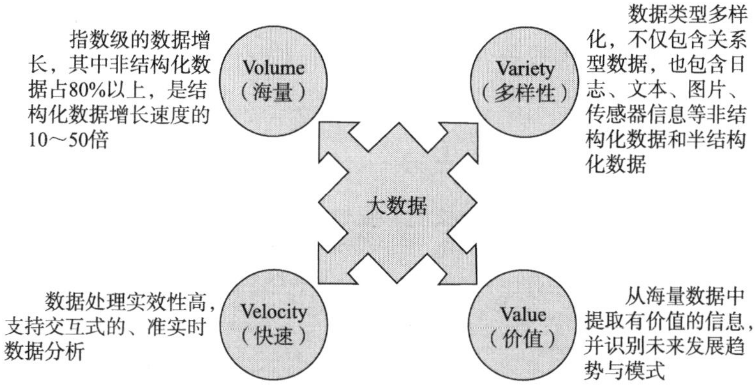

图 1-6　大数据的"4V"特征

1.2.1　海量

数据产生成本的下降催生了大数据，如无所不在的移动设备、无线传感器每分每秒都在产生数据，数以亿计的用户互联网服务时时刻刻在产生巨量的交互。另外，科学研究、视频监控、医学记录、企业运营数据、大规模电子商务等都是大数据的重要来源。2011年，业界分析调研机构IDC发布了新的数字宇宙研究报告（Digital Universe Study）《从混沌中提取价值》（*Extracting Value from Chaos*[1]）。该报告显示，全球信息总量每过两年就会增长一倍。2011年，全球被创建和被复制的数据总量为1.8ZB（$1ZB=2^{10}EB=2^{20}PB=2^{40}GB$）。预计到2020年，全球数据总量将达到35ZB，如图1-7所示，存储如此庞大的数据量是一项非常严峻的挑战。

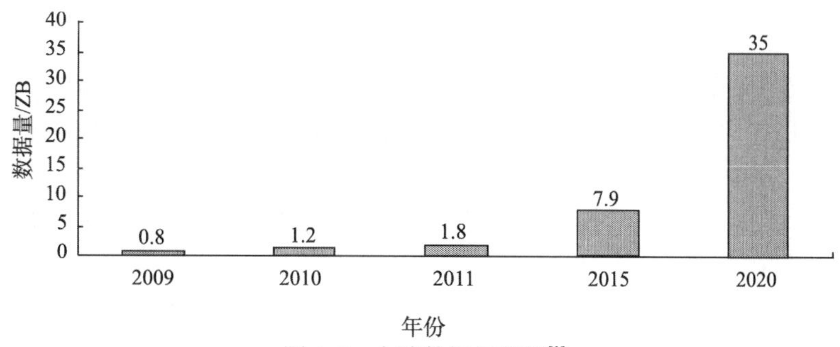

图 1-7　全球数据量预测[1]

1.2.2　多样性

多样性是指数据类型比较复杂，既包括传统的结构化数据，也包括非结构化数据和半结构化数据。与传统的企业结构化数据不同，大数据环境下存储在数据库中的结构化数据仅约占20%，而互联网上的数据，如用户创造的数据、社交网络中人与人交互的数据、物联网中的物理感知数据等都是非结构化且动态变化的，这些数据占到整个数据量的80%以上。

1）结构化数据

如企业内部产生的数据，主要包括联机交易数据和联机分析数据，这些数据一般都是结构化的静态历史数据，可以通过关系型数据进行管理和访问，数据仓库是处理这些数据的常用方法。

2）非结构化数据

包括所有格式的办公文档、文本、图片、XML、HTML、各类报表、图像和音/视频信息等。

3）半结构化数据

介于结构化数据和非结构化数据之间，一般是自描述性的，数据结构和内容混在一起。

1.2.3 速度

速度是指数据处理实时性要求高，支持交互式、准实时的数据分析。传统的数据仓库、商业智能（Business Intelligence，BI）等应用对处理时延要求不高，但在大数据时代，数据价值随着时间的流逝而逐步降低，因此要尽可能快地形成结果，否则这些结果可能就是过时的。

1.2.4 价值

企业中的数据主要包括联机交易数据和联机分析数据，其本身主要是结构化的，通过关系型数据库进行管理和访问。这些数据价值密度高，但都是历史的、静态的数据。通过对这些数据的分析，人们可以知道过去发生了什么，但很难说未来一定会发生什么。来自互联网（社交网络、微博等）的数据是大量的、鲜活的数据，代表了每个具体网民的想法，反映了他们想做的事情，这些数据价值密度低，但事关未来。这两类数据的有效融合是大数据时代的特点。

1.3 大数据的技术体系

随着云计算技术的出现和计算能力的不断提高，人们从数据中提取价值的能力也在显著提高。此外，由于越来越多的人、设备和传感器通过网络连接起来，产生、传送、分析和分享数据的能力也得到彻底变革。数据在类型、深度与广度等方面都在飞速地增长着，给当前的数据管理和数据分析技术带来了重大挑战。为了从大数据中挖掘出更多的信息，需要应对大数据在容量、数据多样性、处理速度和价值挖掘等四个方面的挑战，而云计算技术是大数据技术体系的基石。大数据与云计算发展的关系密切，大数据技术是云计算技术的延伸和发展。大数据技术涵盖了从数据的海量存储、处理到应用的多方面技术，包括异构数据源融合、海量分布式文件系统、NoSQL数据库、并行计算框架、实时流数据处理以及数据挖掘、商业智能和数据可视化等。一个典型的大数据处理系统主要包括数据源、数据采集、数据存储、数据处理、分析应用和数据展现等，其技术体系如图1-8所示。

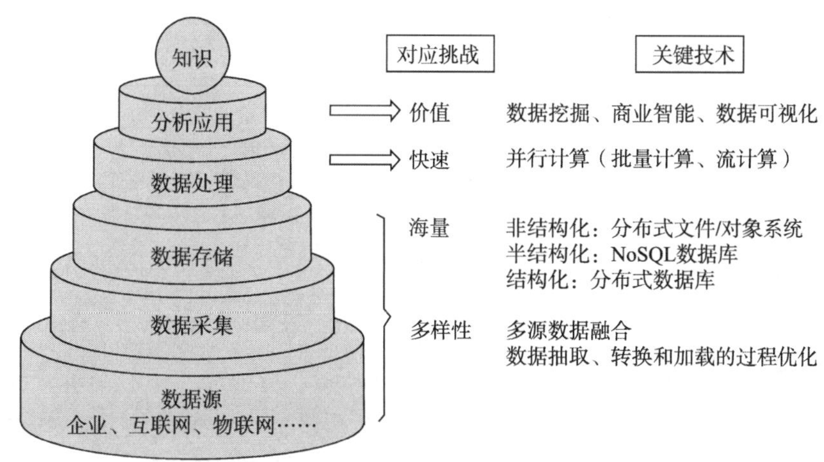

图 1-8 大数据技术体系

1.3.1 数据采集

在大数据时代，企业、互联网、移动互联网和物联网等提供了大量的数据源，这不同于以往数据主要产生于企业内部的情况，增大了数据采集难度。同时，为了对这些不同种类的数据进行预处理，需要对这些数据进行清洗、过滤、抽取、转换和加载，以及不同数据源的融合处理等操作。数据采集并不是大数据特有的技术，本书不再过多描述。

1.3.2 数据存储

大数据时代首先需要解决的问题就是数据的存储问题，除了传统的结构化数据，大数据面临更多的是非结构化数据和半结构化数据存储需求。非结构化数据主要采用分布式文件系统或对象存储系统进行存储，如开源的HDFS（Hadoop Distributed File System）、Lustre、GlusterFS和Ceph等分布式文件系统可以扩展至10PB级甚至100PB级。半结构化数据主要使用NoSQL数据库存放，结构化数据仍然可以存放在关系型数据库中。

1.3.3 数据处理

在大数据时代，数据处理需要满足如下几个重要特性，如表1-1所示。

表 1-1 大数据时代数据处理要求

特　性	说　明
高度可扩展性	Scale-out方式扩展，支持大规模并行数据处理
高性能	快速响应数据查询与分析需求
较低成本	基于通用硬件服务器，性价比较高
高容错性	查询失败时，只需重做部分工作
易用且开放接口	既能方便查询，又能进行复杂分析
向下兼容	支持传统商业智能工具

数据仓库是处理传统企业结构化数据的主要手段，其在大数据时代产生了三个变化：①数据量，由TB级增长至PB级，并仍在继续增加；②分析复杂性，由常规分析向深度分析转变，当前企业已不仅满足对现有数据的静态分析和监测，而更希望能对未来趋势有更多的分析和预测，以增强企业竞争力；③硬件平台，传统数据库大多是基于小型机等硬件构建，在数据量快速增长的情况下，成本会急剧增加，大数据时代的并行仓库更多是转向通用X86服务器构建。同时，传统数据仓库在处理过程中需要进行大量的数据移动，在大数据时代代价过高；其次，传统数据仓库不能快速适应变化，对于大数据时代处于变化的业务环境，其效果有限。

为了应对海量非（半）结构化数据的处理需求，以MapReduce模型为代表的开源Hadoop平台几乎成为非（半）结构化数据处理的事实标准。当前开源Hadoop及其生态系统已日益成熟，大大降低了数据处理的技术门槛，如图1-9所示。基于廉价硬件服务器平台，可以大大降低海量数据处理的成本。

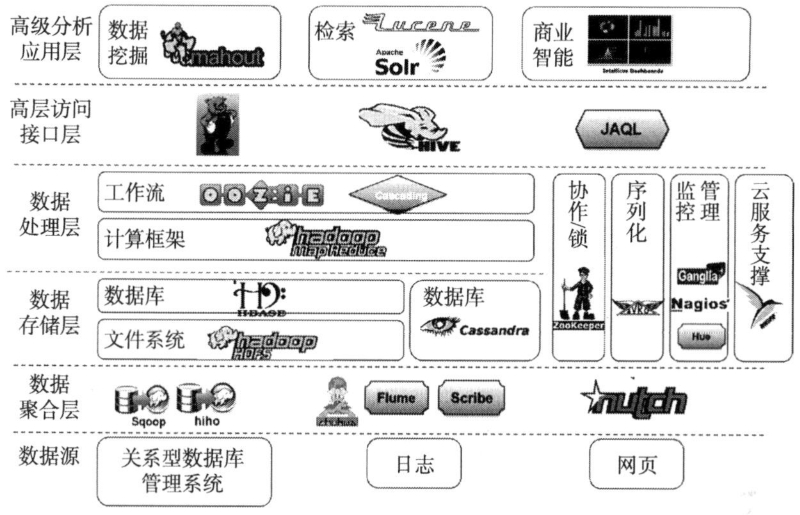

图 1-9 Hadoop生态系统示意图

数据的价值随着时间的流逝而降低，因此需要对数据或事件进行及时处理，而传统数据仓库或Hadoop等工具最快也要分钟级才能输出结果。为了应对这种数据实时性的处理需求，业界出现了实时流数据分析方法和复杂事件处理（Complex Event Processing，CEP）。其主要用于实时搜索、实时交易系统、实时欺骗分析、实时监控、社交网络等， 随着数据的流动获取和分析，只保存极少量的数据。常见系统有Yahoo S4[6]、Twitter Storm[7]和各种商业公司的CEP产品等。

1.3.4 数据挖掘

大数据时代数据挖掘主要包括并行数据挖掘、搜索引擎技术、推荐引擎技术和社交网络分析等。

1.并行数据挖掘

挖掘过程包括预处理、模式提取、验证和部署四个步骤，对于数据和业务目标的充分理解是做好数据挖掘的前提，需要借助MapReduce计算架构和HDFS存储系统完成算法的并行化和数据的分布式处理。

2.搜索引擎技术

可以帮助用户在海量数据中迅速定位到需要的信息，只有理解了文档和用户的真实意图，做好内容匹配和重要性排序，才能提供优秀的搜索服务，需要借助MapReduce计算架构和HDFS存储系统完成文档的存储和倒排索引的生成。

3.推荐引擎技术

帮助用户在海量信息中自动获得个性化的服务或内容，其是搜索时代向发现时代过渡的关键动因，冷启动、稀疏性和扩展性问题是推荐系统需要直接面对的永恒话题，推荐效果不仅取决于所采用的模型和算法，还与产品形态、服务方式等非技术因素息息相关。

4.社交网络分析

从对象之间的关系出发，用新思路分析新问题，提供了对交互式数据的挖掘方法和工具，是群体智慧和众包思想的集中体现，也是实现社会化过滤、营销、推荐和搜索的关键性环节。

1.3.5 数据可视化展示

数据可视化旨在借助图形化的手段，揭示隐藏在数据背后的模式与数据之间的联系。在大数据时代，如何从海量的数据中找到有用的信息，并以直观、清晰、有效的形式展现出来，已经成为一大挑战，其可以有效地提升对数据的使用效率。数据可视化技术包含以下几个基本概念。

（1）数据空间：由n维属性和m个元素组成的数据集所构成的多维信息空间。

（2）数据开发：指利用一定的算法和工具对数据进行定量的推演和计算。

（3）数据分析：指对多维数据进行切片、块、旋转等动作剖析数据，从而能多角度、多侧面观察数据。

（4）数据可视化：指将大型数据集中的数据以图形图像形式表示，并利用数据分析和开发工具发现其中未知信息的处理过程。

目前数据可视化已经提出了许多方法，这些方法根据其可视化原理的不同可以划分为基于几何的技术、面向像素的技术、基于图标的技术、基于层次的技术、基于图像的技术和分布式技术等。

1.3.6 大数据隐私安全

大数据处理中涉及许多个人隐私信息，大数据时代的数据隐私安全比以往更重要，技术人员需要保证合法合理地使用数据，避免给用户带来困扰。当前业界云安全联盟（Cloud Security Alliance，CSA）已经成立了大数据工作组，并将开展相关工作寻找针对数据中心安全和隐私问题的解决方案。该工作组有四个目标：第一，建立对大数据安全和隐私保护的优秀实践；第二，帮助行业和政府采用数据安全和隐私保护技术来开展实践；第三，与标准组织建立联系，影响和推动大数据安全和隐私标准的制定；第四，促进数据安全和隐私保护方面的创新技术和方法研究等。工作组计划在六个主题上提供研究和指导，包括数据规模加密、云基础设施、安全数据分析、框架和分类、政策和控制以及隐私等。大数据的隐私安全是专门的研究课题，由于篇幅所限，本书不再过多描述。

1.4 小 结

在数据量不断攀升的今天，“大数据”被越来越多的人提及，其已成为继云计算后又一个提升生产效率的技术前沿。展望未来，大数据在互联网、电信、企业、物联网等行业还有很大的发展空间，大数据问题将挑战企业的存储架构及数据中心基础设施等，也会引发云计算、数据仓库、数据挖掘、商业智能等应用的连锁反应，重新定义既有的信息技术格局，带来新一轮的信息技术革命，并构建新的商业版图。

第 2 章　大数据存储

大数据存储是大数据的关键技术，包括非结构化数据和（半）结构化数据的存储。

2.1　非结构化数据

非结构化数据是指不便用数据库二维逻辑表表现的数据，包括所有格式的办公文档、电子邮件、文本、图片、XML、HTML、各类报表、图像和音/视频信息等。非结构化数据本质上是异构的和可变的，并具有许多格式，包括文本、文档、图形、视频等。根据 2011 年 IDC 的调查，非结构化数据将占未来十年所创造数据的 90%。Gartner认为，每年全球信息量的最低增长率为59%，其中15%是结构化数据，其余85%将由各种非结构化数据组成。非结构化数据的增长速度要大于结构化数据的增长速度。

非结构化数据的增长速度超过了传统存储和分析解决方案的发展速度，因此需要经济高效的存储，以便管理大规模的数据。大数据规模包含从TB级到PB级的数据集，要求高性能系统实时地或者接近实时地处理大量数据。随着大规模并行处理等技术的发展，具有高可靠性、高可用性、高扩展性以及低成本、高性能的存储系统成为大数据解决方案的关键技术。

2.1.1　分布式文件系统

1.概述

随着大数据时代的到来，需要提供一种高性能、高可靠、高可用、低成本的存储系统以满足不同业务和数据分析的需求，具有高可扩展性、高可靠性、高可用性、低成本的分布式文件系统是解决大数据数据处理的一件利器。

分布式文件系统是指文件系统管理的物理资源不在本地，应用最为广泛的传统分布式文件系统是NFS（Network File System），其目标是使计算机共享资源，在其发展过程中（即20世纪80年代），计算机工业飞速发展，廉价CPU及客户端/服务器技术促进了分布式计算环境的发展。然而当处理器价格下降时，大容量的存储系统价格仍居高不下，因此必须采用某种机制，使得在充分发挥单个处理器性能的同时令计算机可共享存储资源和数据，于是NFS应运而生。

20世纪90年代初，随着磁盘技术的发展，单位存储的成本在不断下降。Windows的出现极大地推动了处理器的发展和微机的普及；互联网的出现和逐渐普及，使得在网络中传输实时多媒体数据的需求和应用逐渐流行。

随着大数据时代的到来，数据处理已经快速向并行技术转移，如集群计算和多核心处理器加快了并行应用的开发和广泛使用。这种并行技术的应用解决了大多数的计算瓶颈，但却把性能瓶颈转移到了存储I/O系统。随着主流计算转向并行技术，存储子系统也需要转移到并行技术。由较少的客户端访问相对较小的数据集时，NFS结构工作效果很好，通过直接连接的存储器能够收到显著的效益（就像本地文件系统一样），也就是说数据能够由多个客户端共享，并能够由任何有NFS能力的客户端访问。可是如果大量的客户端需要访问数据或数据集太大时，NFS服务器很快就变成了一个瓶颈，抑制了系统性能。

分布式文件系统发展具有高可扩展性、高可靠性、高可用性和低成本的特点，其逐渐发展成为多组件协同工作的提供文件系统功能的集群系统，与传统分布式文件系统的不同如下。

（1）对于大规模的集群系统，机器出现故障很正常。分布式文件系统中的任意组件出现故障或错误，应该作为常态处理，而不应该抛出异常。

（2）支持系统扩展，任意节点的意外宕机不影响文件系统的正常工作。

（3）文件操作分离为控制信息路径和数据路径，提升了文件访问性能。

2. 技术架构

在传统的分布式文件系统中，所有的数据和元数据都存放在一起，通过服务器提供，这种模式一般称为带内模式（in-band mode）。随着客户端数目的增加，服务器就会成为整个系统的瓶颈，因为系统所有的数据传输和元数据处理都要通过服务器，不仅单个服务器的处理能力有限，其存储能力受到磁盘容量的限制，吞吐能力也受到磁盘I/O和网络I/O的限制。于是出现了一种新的分布式文件系统的结构——存储区域网络（Storage Area Network，SAN），其将应用服务器直接与存储设备连接，大大提高数据的传输能力，并减少数据传输的延时。在这样的结构中，所有的应用服务器都可以直接访问存储在SAN中的数据，而只有关于文件信息的元数据才经过元数据服务器处理提供，减少了数据传输的中间环节，提高了传输效率，减轻了元数据服务器的负载。每个元数据服务器可以向更多的应用服务器提供文件系统元数据服务，这种模式一般称为带外模式（out-of-band mode）。区分带内模式和带外模式的主要依据是文件系统元数据操作的控制信息是否和文件数据一起通过服务器转发传送，前者需要服务器转发，后者可直接访问。

目前分布式文件系统有两大技术架构：一种是元数据服务器中心架构，即元数据服务器负责管理文件系统全局命名空间和文件系统元数据信息；另一种是去中心架构，即所有的服务器均作为用户访问的接入点，每个服务器节点负责管理一部分的命名空间及元数据，用户可以通过任意服务器访问文件内容。

3.关键技术

1）元数据集群

分布式文件系统采用控制流与数据流分离的设计思想，元数据服务器负责管理整个文件系统的所有元数据信息，以及数据存储服务器的集群信息等关键信息。因此若元数据服务器发生故障，那么整个文件系统将不能够继续为用户提供服务。单节点的元数据服务器处理能力以及存储能力有限，随着系统中数据量的激增，元数据服务器的处理能力将成为限制系统规模的瓶颈。

一种常见的解决方法是元数据服务器采用主备模式，即正常情况下，主元数据服务器负责处理所有请求，管理整个分布式文件系统，并定期将所有信息同步到备份元数据服务器。如果主服务器发生故障，则备份服务器接管主服务器工作，且不需要中断用户服务，但是可能会丢失一部分尚未同步到备份服务器上的数据。这种方法仅能在一定程度上解决元数据服务器单点故障的问题，而无法解决系统规模的问题。因此，具有高可扩展性的元数据服务器集群成为分布式文件系统设计的关键技术。

采用主备模式的元数据集群架构如图2-1所示，目前HDFS[8]和GFS（Google File System）[9]的做法是，对Master节点采用Secondary节点同步Primary节点数据，用户请求由Primary节点处理，当Primary节点发生故障时，由Secondary节点接管Primary节点的工作。

主备模式实现比较简单，但是元数据数量的限制问题并没有解决。

对元数据服务器采用主从（Master/Slave）架构，即服务器集群组成元数据服务节点，其中存在全集管理节点管理整个命名空间和文件系统元数据在服务器节点中的分割。Master/Slave模式元数据集群架构如图2-2所示。

Master/Slave架构元数据服务器需要一个全局管理节点，负责全局命名空间分割以及全局负载均衡，实现过程比较复杂，负载均衡过程中可能需要大量的数据迁移。

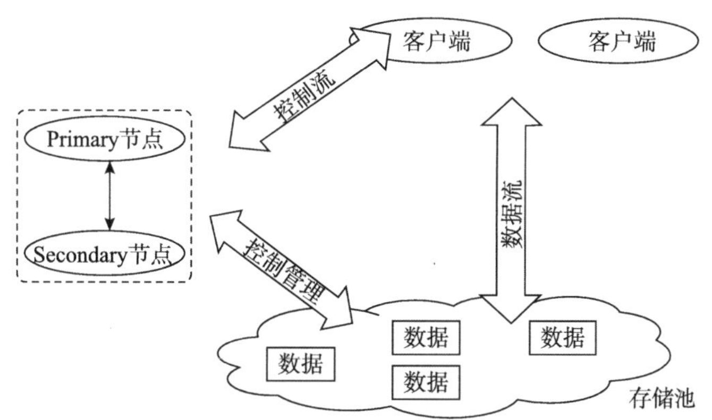

图 2-1　主备模式元数据集群架构

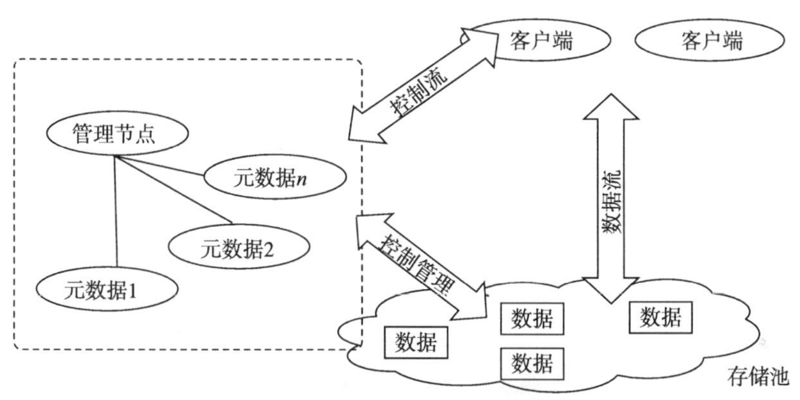

图 2-2　Master/Slave模式元数据集群架构

对于元数据空间受到限制的情况，还有一种比较简单的解决方案，即由用户负责管理多个挂载点，而每个挂载点仍然采用典型的主备模式元数据集群架构，如图2-3所示。采用此种模式在系统实现和维护开销上都有所减少，但是由多命名空间的存在而造成信息孤岛的情况，需要由用户处理。

去中心化的结构管理是一种自管理的架构，即不需要全局管理节点感知文件存储位置，而是使用特定的方法决定文件存储的节点位置，每个服务器都可管理存储的文件数据和相关的文件系统元数据，如图2-4所示。通常采用一致性哈希算法保证数据均匀分布在存储服务器节点。

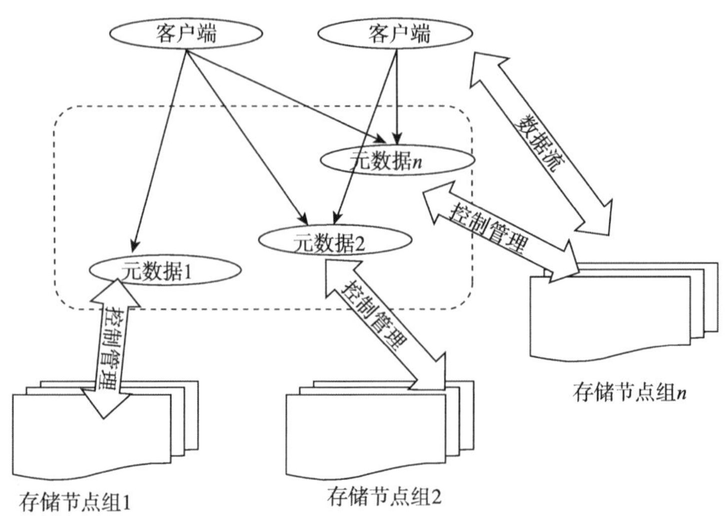

图 2-3　用户管理主备模式元数据集群架构

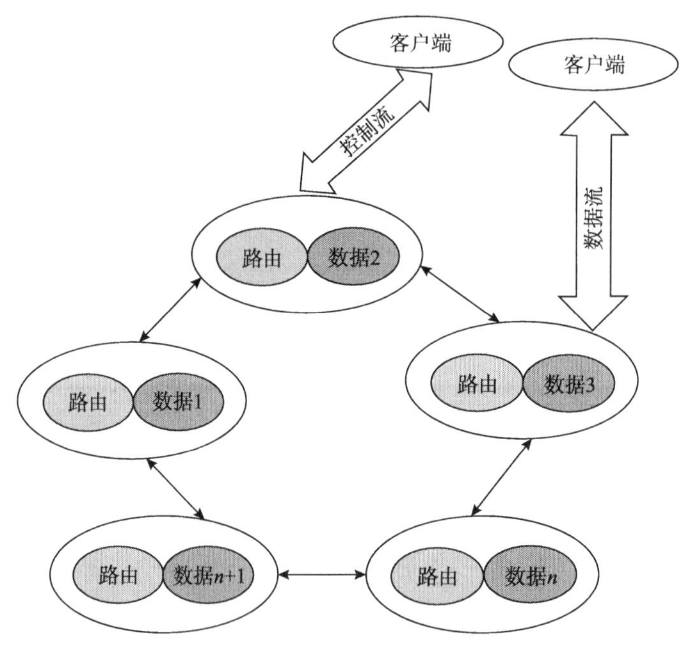

图 2-4　去中心化元数据集群架构

2）可靠性技术

可靠性是存储系统的重要考量指标，目前的分布式文件系统为了提高系统的可靠性，采用了不同策略，比较常用的方式有两种：多副本和EC编码。多副本模式比较容易理解，即将数据在系统中存储多份完全相同的副本，如GFS就是采用了多副本的方式保证可靠性。

根据Google目前公布的文档，GFS主要采用了完全副本备份冗余方式。尽管存储介质成本日益下降，但其明显对空间造成巨大的浪费，这是个需要考虑的问题。

多副本对空间的消耗是非常大的，存储空间减少意味着机群数量的减少，对于200% 的空间浪费，哪怕只是减少到150%，节约的电能也将非常可观。Google也看到了这一点，在其下一代GFS中，将采用RAID和纠删码等方式保证文件的完整性。

存储系统使用EC纠删码技术有很多好处，比如能够在相同冗余度的情况下占用较小的存储空间。目前比较典型的应用产品为EMC Atmos。

Atmos是EMC公司推出的云存储基础架构解决方案，2010年2月发布的GeoProtect技术又使用了纠删码技术，为Atmos提供了类似RAID的数据保护功能，通过在Atmos云之间进行编码和分布目标支持三个或六个故障（分别是33%和66%的存储开销）。纠删码技术使Atmos可以减少为提高数据存储可靠性而损失的额外开销。GeoProtect允许用户通过配置选择副本策略或纠删码策略，并可以调整副本的数量和纠删码的冗余度。

Hadoop分布式文件系统（HDFS）是GFS的开源实现，其最初采用三个完全副本备份的冗余方式，虽然具有简单高效的特点，但是，其200%的空间冗余度造成了大量的空间浪费，一些小企业将难以接受。最近的HDFS采用了全新的DiskReduce方法，即将RAID技术代替完全副本方式实现数据冗余。

DiskReduce的基本原则是在实现功能的基础上对HDFS进行最小程度的修改，其利用了HDFS的两个重要特征：①文件写入后不修改；②一个文件的数据块在初始时都是三个副本。当文件提交和备份时，对HDFS没有修改，都在后台对写入数据进行处理，不同的是HDFS后台程序在不断查找副本不足的数据块，而DiskReduce则是将占据高开销的数据块转化为低开销的数据块，如采用RAID编码进行空间上的压缩。在对数据块编码完成之前，多余的完全副本暂不删除。在空间允许的情况下，DiskReduce可以推迟编码。

在将文件的三个副本分别放入不同的三个数据节点之后，DiskReduce将选择空间剩余量相对最大的节点作为编码后的数据存储节点，而将其他两个节点的数据删除。

DiskReduce采用了两种RAID编码方式。

（1）RAID5，并做一个镜像。在每一个RAID中，允许坏掉一个硬盘，其冗余度是$n+1/n$。

（2）RAID6。在RAID中，允许坏掉两个硬盘，其冗余度是$2/n$。

3）重复数据删除

重复数据删除是一种高级的数据无损压缩技术，主要用于减少存储系统中所需要存储的数据量。在备份归档存储系统中，重复数据删除技术能够达到20：1或更高的数据压缩率。数据存储量的显著减少降低了存储系统对存储空间的需求，降低了存储设备的购买成本，同时也降低了物理存储资源的管理成本和维护成本。从存储权威分析机构ESG（Enterprise Storage Group）实验室的测试结果可知，利用重复数据删除技术基本上能实现10～20倍的容量压缩率。

总之，重复数据删除技术利用了文件系统中文件之间和文件内的相同和相似性，其处理粒度可以是文件、数据块、字节甚至位。处理粒度越细，删除的冗余数据就越多，减少的存储容量也会越大，但是，相应的计算开销也会越大。重复数据删除的主要作用如下。

（1）高效地节约有限的存储空间。重复数据删除技术极大地提高了存储系统的空间利用率，节省了存储系统的硬件成本。

（2）减少网络中冗余数据的传输。在网络存储系统中，重复数据删除技术可以减少重复数据的网络传输，节省网络带宽。

（3）广域网环境下，消除冗余数据传输量的好处会更加明显，也有利于实现远程备份或容灾。

（4）帮助用户节约时间和成本。主要体现在加快数据备份/恢复速率和节省存储设备上，能够得到很高的性价比。

4）文件系统访问接口

数据访问是存储系统的重要组成部分，包括数据访问的接口定义以及具体的实现技术。标准的访问接口可以屏蔽存储系统间的异构性，使应用可以统一访问不同存储系统，同时提高了存储系统的适用性和兼容性，以支持更多的应用。

可移植的操作系统接口（Portable Operating System Interface of UNIX，POSIX）由IEEE发起并由ANSI和ISO进行了标准化。其目的是提高应用程序在各种UNIX执行环境之间的可移植性，即保证符合POSIX标准的应用程序在重新编译后能够在任何符合POSIX标准的执行环境中正常运行。

POSIX文件接口规范是POSIX标准中的一部分，是一组简洁、实用的标准文件操作规范，其已经成为本地文件系统的业内标准，拥有大量的使用群体，具有良好的兼容性。另外，经过近20年的发展，POSIX已经十分成熟，应用领域也很广泛，并有多种可供参考的接口实现方案。

传统应用可以运行于Linux或Windows等POSIX兼容的执行环境中，因此实现POSIX兼容的云存储数据访问方法可以保证传统应用能够透明地访问云存储资源。与Internet小型计算机系统接口（Internet Small Computer System

Interface，iSCSI）相比，POSIX只定义了文件操作的接口规范，而不关心文件的数据组织方式，这使得云存储系统的数据管理更加灵活。

POSIX实际上规范了执行环境和应用程序之间的交互接口，符合POSIX接口规范的执行环境和应用程序可以无缝集成。在Linux执行环境中，虚拟文件系统（Virtual File System，VFS）属于执行环境的一部分，符合POSIX接口规范。因此，云存储系统的数据访问方法只要满足了VFS的编程规范就同时符合了POSIX标准，这极大地简化了云存储系统访问方法的设计与实现。

4.业界现状

1）GFS

GFS是Google公布的分布式文件系统技术，是针对Google自身应用特点和需求设计出来的系统。其已经进行了成功的应用，但能够应用的范围也有限定。从Google应用的需求分析，具有以下特点。

（1）数据量巨大，文件尺寸经常很大（>100MB）。

（2）对文件的读操作方式有明显的特征，通常进行大块的读操作（>1MB）。

（3）对文件的写操作方式具有明显特征，通常进行大块的按顺序写入（>1MB）。

（4）大部分文件的修改，不是覆盖原有数据，而是在文件尾追加新数据。对文件的随机写几乎是不存在的，一般写入后，文件就只会被读取，而且通常是按顺序读取。

（5）经常多个客户端同时向一个文件追加内容。

（6）GFS的体系架构由一个Master和多个Chunkserver组成，如图2-5所示。

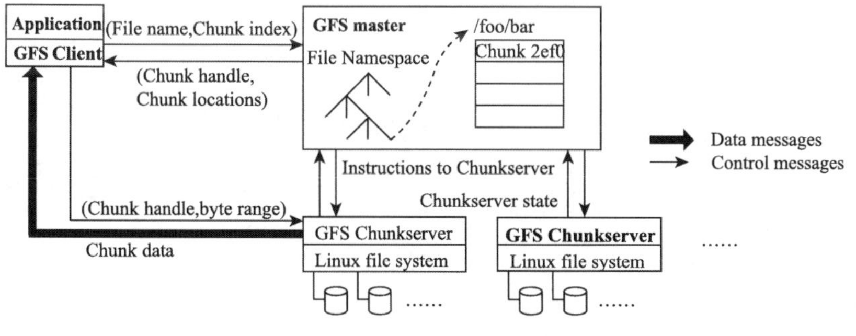

图 2-5　GFS体系架构

采用单一的Master可以简化系统设计，在拥有全局视图的情况下制定更好的Chunk处置策略，但存在瓶颈问题。因此Master只存储元信息，相当于元数据服务器，具体的数据传输由Client和Chunkserver完成。

Master服务器管理文件系统的元数据包括：文件和块的命名空间、文件到块的映射、块副本的位置。

文件和块的命名空间、文件到块的映射由Master永久保存。块保存的副本信息在每次Master通过心跳检测Chunkserver信息时，由Chunkserver携带所保存Chunk信息；Master可以在启动之后一直保持这些信息是最新的，因为它控制所有的Chunk的位置，并且使用普通心跳信息监视Chunkserver的状态。在启动的时候获取Chunk信息和定期刷新，可以有效解决Master和Chunkserver之间的同步问题。

其优点是元数据量减少，通过使用B树压缩存储，能够将元数据保留在内存中，便于降低Chunkserver加入集群管理的复杂度，同时降低了Master和Chunkserver一致性的维护复杂度。

其操作如下。

（1）管理所有的文件系统的元数据存储，包括Namespace、访问控制信息、文件到Chunk的映射关系、当前Chunk的位置等。

（2）Master和这些Chunkserver之间会有定期的心跳线进行通信，并且心跳线传递信息和Chunckserver的状态。

（3）在Chunk创建时，为每个Chunk生成唯一的Chunk handle标识。

（4）Chunkserver负载均衡。

（5）块租约（Chunk lease）的管理。

（6）孤点Chunk的垃圾回收机制。

（7）Chunkserver之间的Chunk迁移与镜像。

（8）支持的操作有Filenamespace 创建、打开、文件重命名、文件夹重命名。

Chunkserver服务器是Chunkserver存储文件系统的实际数据块服务器，需要维护数据块的完整性并且保证多副本情况下的数据块一致性。

支持的操作如下。

（1）将Chunk以文件的形式存储在物理磁盘上。

（2）保证数据可靠性，每个节点负责副本的一致性，将数据传递到距离最近的节点。

（3）Primary Chunkserver负责接收Client发送过来的写命令，写命令中包含Chunk的填充次序。

（4）拥有租约（lease）的Primary Chunkserver负责通知Secondary Chunkserver Chunk的填充顺序。

（5）执行的命令包括Client发送过来的读写命令；Master server发送的拷贝Chunk命令、删除Chunk命令和创建Chunk命令。

GFS还有快照功能，并支持记录追加操作，在系统发生故障时，采用垃圾回收机制和操作日志能够快速恢复。

（1）快照（snapshot）。GFS中的快照功能是非常强大的，可以非常快速对文件或者目录进行复制，并且不影响当前操作（读/写/复制）。GFS中生成快照的方式叫写时复制（copy-on-write），也就是说，文件的备份在某些时候只是将快照文件指向原Chunk，增加对Chunk的引用计数而已，在Chunk上进行了写操作时，Chunkserver才会复制Chunk块，后续的修改操作在新生成的Chunk上进行。

（2）记录追加操作（append）。GFS提供了一个相对宽松的一致性模型，同时支持写和记录追加操作，写操作使得应用可以随机写文件，记录追加操作使得并行操作更加安全可靠。

（3）垃圾回收（Garbage Collector，GC）。GFS垃圾回收采用惰性回收策略，即Master并不会立即回收程序所删除的文件资源。GFS选择以一种特定的形式标记删除文件（通常是将文件名改为一个包含时间信息的隐藏名字），这样的文件不再被普通用户所访问。Master定期对文件的命名空间进行检查，并删除一段时间前的隐藏文件（默认3天）。

（4）操作日志。操作日志包含关键元数据修改的历史记录，这是GFS的核心。操作日志记录文件和块的命名空间、文件到块的映射信息，并记录文件系统的操作日志。本地保存操作记录日志，检查点采用压缩B树结构，操作日志文件应尽量小，以保证能够快速恢复系统。

（5）数据的完整性。通过校验和检查数据是否损坏，并通过使用正确的其他副本来恢复损害的数据，但是通过比较多台块服务器的数据检查损坏是不可行的。每个块服务器通过校验和，独立的验证它自己拥有的数据副本的完整性。

每个数据块按64KB分割，每64KB对应一个32位的校验和，校验和的存储与数据存储分离，保存在块服务器的内存中。

在每次读取操作之前，块服务器都会校验读取内容的正确性，这样就不会传播损坏的数据内容。

当出现校验不一致时，块服务器拒绝客户端请求并同时上报主服务器，客户端从其他副本读取数据，而主服务器则协调其他块服务器复制正确的副本来恢复损坏的数据。

校验和对文件读取性能不会产生大的影响，不需要额外的I/O操作，校验和的查询比较都在块服务器内完成。

GFS还提到在对文件追加记录的操作中，校验和计算的进一步优化。另外，块服务器在其空闲期间还会主动检测那些不经常被访问的块数据，如果出现损坏则主动修复。

2）HDFS

Hadoop分布式文件系统（HDFS）是一种适合运行在商用硬件（commodity hardware）上的分布式文件系统，它和现有的分布式文件系统有很多共同点，但二者之间的区别也是很明显的。HDFS是一个高度容错性的系统，适合部署在廉价的机器上。HDFS能提供高吞吐量的数据访问，非常适合大规模数据集上的应用。HDFS放宽了一部分POSIX约束，实现流式读取文件系统数据。其在最开始是作为Apache Nutch搜索引擎项目的基础架构而开发的，是Apache Hadoop Core项目的一部分。

HDFS基本可以认为是GFS的一个简化版实现，二者有很多相似之处。HDFS采用主从体系架构，如图2-6所示。一个HDFS集群由一个名称节点（namenode）和一定数目的数据节点（datanode）组成。名称节点是一个中心服务器，负责管理文件系统的命名空间（namespace）以及客户端对文件的访问。一般集群中的每个节点都有一个数据节点，负责管理所在节点上的存储。HDFS暴露了文件系统的命名空间，用户能够以文件的形式在上面存储数据。从内部看，一个文件可以分成一个或多个数据块，这些块存储在一组数据节点上。名称节点执行文件系统的名字空间操作，如打开、关闭、重命名文件或目录，它也负责确定数据块到具体数据节点的映射。数据节点负责处理文件系统客户端的读写请求。在名称节点的统一调度下进行数据块的创建、删除和复制。

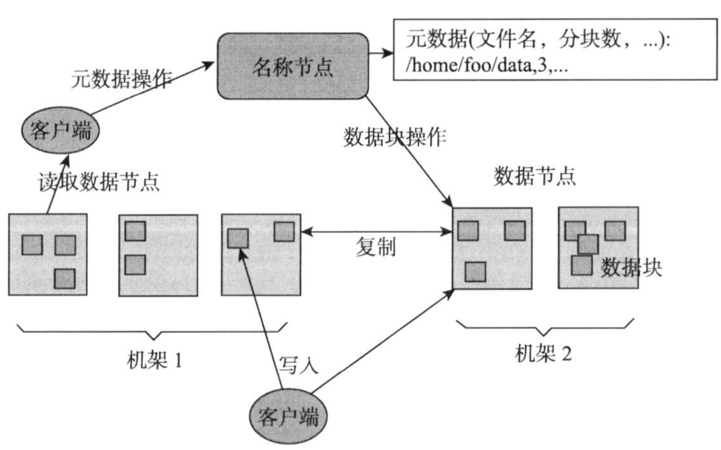

图 2-6　HDFS的主从体系架构

HDFS可以支持大文件操作，比如需要处理大规模的数据集的应用。这些应用都是只写入数据一次，但却读取一次或多次，并且读取速度应能满足流式读取的需要，HDFS支持文件的“一次写入多次读取”语义。一个典型的数据块大小是64MB，因而，HDFS中的文件总是按照64MB被切分成不同的块，每个块尽可能地存储于不同的数据节点中。

HDFS文件只允许一次打开并追加数据，客户端先把所有数据写入本地的临时文件中，在数据量达到一个Chunk的大小（通常为64MB）时，请求HDFS Master分配工作机及Chunk编号，将一个Chunk的数据一次性写入HDFS文件。由于累积64MB数据才进行实际写HDFS系统，对HDFS Master造成的压力不大，不需要类似GFS中将写Lease授权给工作机的机制，且没有了重复记录和乱序的问题，大大简化了系统的设计。

HDFS由于不支持Append模型而带来了很多问题，由于HDFS的客户端需要积累到64MB数据才一次性写入到HDFS中，如果宕机，部分操作日志没有写入HDFS，那么可能会丢失数据。

名称节点是HDFS集群中的单点故障（single point of failure），如果名称节点机器故障，则需要手工干预。目前，自动重启或在另一台机器上做名称节点故障转移的功能还没实现。

（1）文件的删除和恢复。

当用户或应用程序删除某个文件时，它并没有立刻从HDFS中删除。实际上，HDFS会将这个文件重命名转移到/trash目录，文件在/trash中保存的时间是可配置的，当超过这个时间时，名称节点就会将该文件从命名空间中删除。

只要被删除的文件还在/trash目录中，用户就可以恢复这个文件。如果用户想恢复被删除的文件，可以浏览/trash目录找回该文件，/trash目录仅保存被删除文件的最后副本。/trash目录与其他的目录没有什么区别，目前的默认策略是删除/trash目录中保留时间超过6小时的文件，以后这个策略可以通过一个被良好定义的接口配置。

（2）减少副本系数。

当一个文件的副本系数减小后，名称节点会选择过剩的副本删除。下次心跳检测时会将该信息传递给数据节点，数据节点会移除相应的数据块，使集群中的空闲空间加大。同样，调用setReplication API结束和集群中空闲空间的增加会有一定的延迟。

（3）流水线复制。

当客户端向HDFS文件写入数据的时候，最初是写到本地临时文件中。假设将该文件的副本系数设置为3，当本地临时文件累积到一个数据块的大小时，客户端会从名称节点获取一个数据节点列表用于存放副本；然后客户端开始向第一个数据节点传输数据，第一个数据节点逐渐（4KB）地接收数据，将每一部分写入本地仓库，同时传输该部分到列表中第二个数据节点，第二个数据节点也是这样，逐渐地接收数据，写入本地仓库，并同时传给第三个数据节点；最后，第三个数据节点接收数据并存储在本地。因此，数据节点能流水线式地从前一个节点接收数据，同时转发给下一个节点，数据以流水线的方式从前一个数据节点复制到下一个。

（4）快照功能。

HDFS目前还不支持快照功能，但计划在今后的版本支持。

2.1.2 对象存储系统

1.概述

大数据时代对存储系统的容量、性能和功能提出了巨大挑战，主要表现为大容量、高性能、可扩展性、可共享性、自适应性、可管理性以及高可靠性和可用性，目前市场还没有一种解决方案可以满足所有的这些要求。对于快速升级的存储需求，基于对象存储（Object Based Storage，OBS）技术是一种非常有前景的解决方法，它融合了高速可直接访问的 SAN（Storage Area Network）和安全、良好跨平台共享数据的 NAS（Network Attached Storage）的优点。

传统的文件系统架构把数据组织成由目录、文件夹、子文件夹和文件组成的“树状结构”，文件是和应用相联系的数据块的逻辑表示，是处理数据的最常见方式。传统的文件系统在单个文件夹存储文件的个数具有理论限制，而且只能处理简单的元数据（meta data），在处理大量的类似文件时将会出现问题。

存储复杂性的进一步提高、下一代互联网和 PB 级存储大规模部署迫切地期待基于对象存储技术的成熟和大规模应用。基于对象存储技术提供了基于对象的全新设备访问接口，它对SAN的块接口和NAS的文件接口在性能、跨平台能力、可扩展性、安全性等方面做了很好的折中，成为下一代存储接口标准之一。

在众多的集群计算用户中，一种基于对象的存储技术正作为构建大规模存储系统的基础而悄然兴起。它利用现有的处理技术、网络技术和存储组件，可以通过一种简单便利的方式获得前所未有的可扩展性和高吞吐量。

2.技术架构

对象存储系统以对象作为最基本的逻辑访问单位，每个对象由唯一的对象访问ID（OID）访问，形成扁平的命名空间。典型的对象存储架构是根据全局唯一的OID，使用哈希算法管理对象存储，这样做的好处是可以保证全局负载均衡，且能够迅速定位对象存储节点。如图2-7所示，当需要存储对象时，首先使用哈希算法计算OID的哈希值，每个存储节点负责管理一部分哈希结构的对象，因此可以直接映射到具体的存储节点处理对象存储或读取。

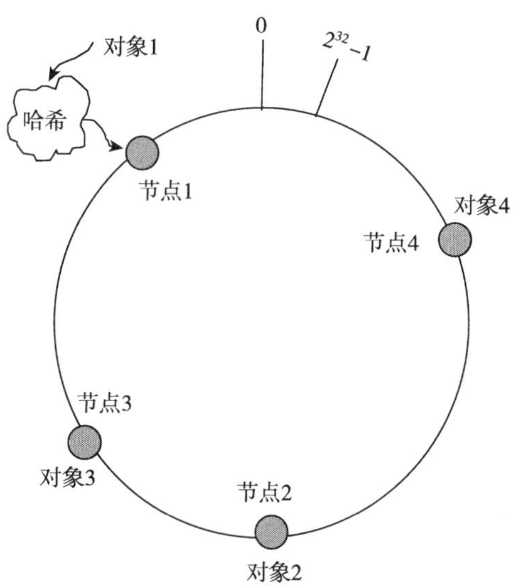

图 2-7　典型的对象存储结构

3.关键技术

1）一致性哈希算法

一致性哈希算法（Consistent Hashing）是对象存储系统中用于管理对象存储和访问节点的关键算法。一致性哈希算法最早在*Consistent Hashing and Random Trees: Distributed Caching Protocols for Relieving Hot Spots on the World Wide Web*一文中提出，简单来说，一致性哈希将整个哈希值空间组织成一个虚拟的圆环，如假设某哈希函数*H*的值空间为0～$2^{32}-1$（即哈希值是一个32位无符号整形），整个哈希空间环如图2-8所示。

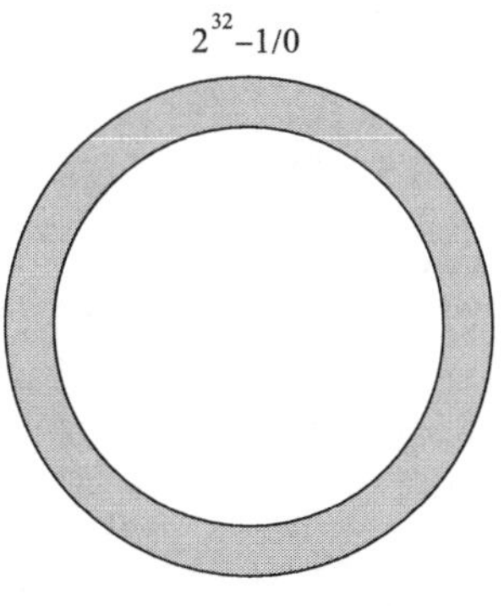

图 2-8　哈希空间环

整个空间按顺时针方向组织，0和$2^{32}-1$在零点方向重合。将各个服务器使用哈希函数H进行一个哈希计算，具体可以选择服务器的IP或主机名作为关键字进行哈希计算，这样每台机器就能确定其在哈希环上的位置。三台服务器使用IP地址进行哈希计算后在环空间的位置如图2-9所示。

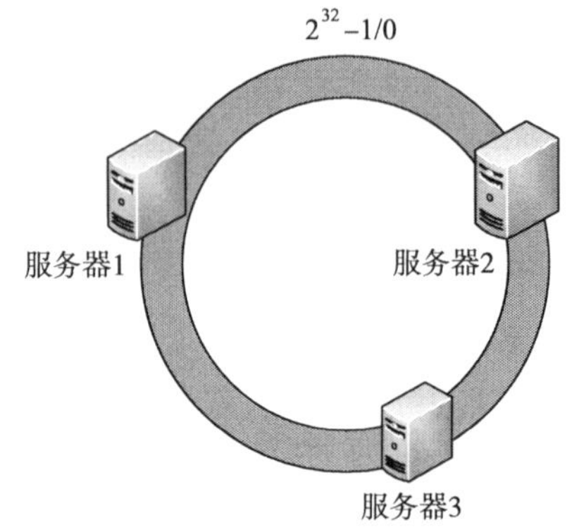

图 2-9　服务器1、2、3组成的哈希空间环

接下来使用如下算法定位数据访问到相应服务器：将数据Key使用相同的函数H计算出哈希值h，根据h确定此数据在环上的位置，从此位置沿环顺时针“行走”，遇到的第一台服务器就是其应该定位到的服务器。例如，有A、B、C、D四个数据对象，经过哈希计算后，在环空间上的位置如图2-10所示。

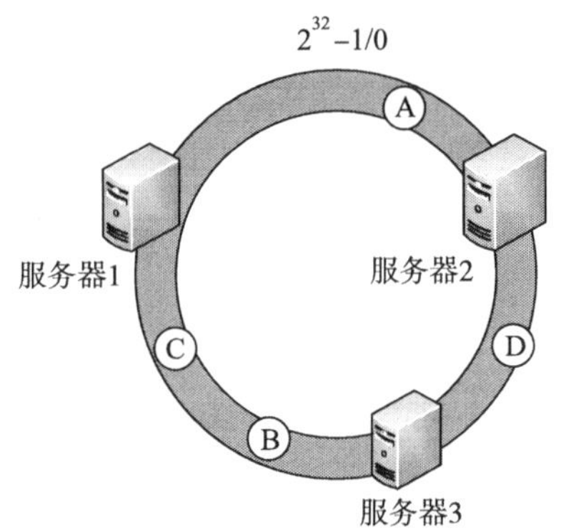

图 2-10　A、B、C、D数据对象在哈希空间环的位置

根据一致性哈希算法，数据A会被定位到服务器1上，数据D被定位到服务器3上，而数据B、C分别被定位到服务器2上。下面分析一致性哈希算法的容错性和可扩展性，假设服务器3宕机了。

可以看到，此时数据A、C、B不会受到影响，只有数据D被重定位到服务器2，如图2-11所示。一般在一致性哈希算法中，如果一台服务器不可用，则受影响的数据仅是此服务器到其环空间中前一台服务器（即顺着逆时针方向遇到的第一台服务器）之间数据，其他不会受到影响。下面考虑另外一种情况，如果在系统中增加一台服务器4，如图2-12所示。

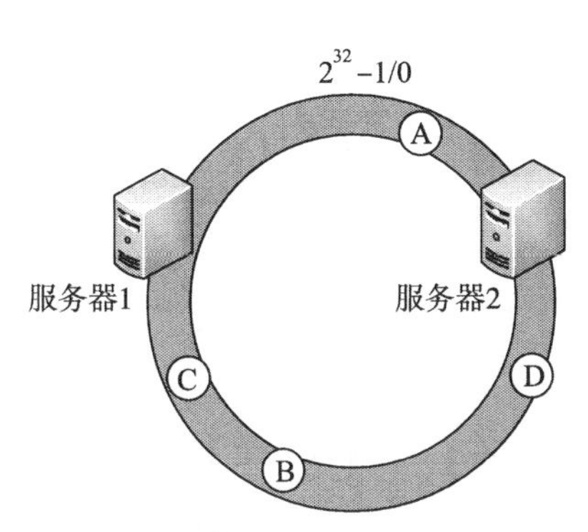

图 2-11　服务器3宕机，数据D重定向到服务器2

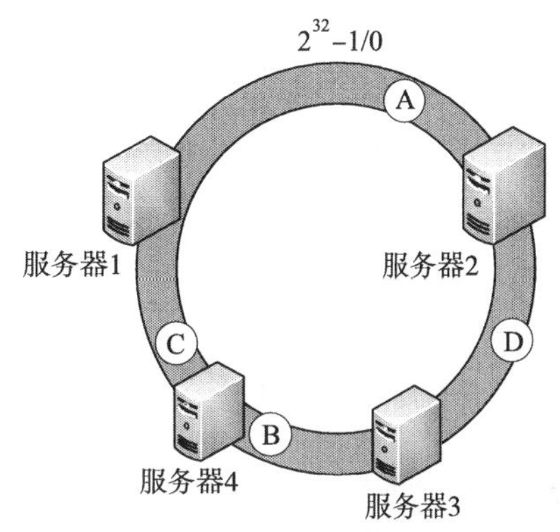

图 2-12　增加服务器4的哈希空间环

此时数据A、D、C不受影响，只有数据B需要重定位到新的服务器4。一般在一致性哈希算法中，如果增加一台服务器，则受影响的数据仅是新服务器到其环空间中前一台服务器（即顺着逆时针方向遇到的第一台服务器）之间的数据，而其他数据不会受到影响。

综上所述，一致性哈希算法对于节点的增减都只需重定位环空间中的一小部分数据，其具有较好的容错性和可扩展性。一致性哈希算法在服务节点太少时，容易因为节点分布不均匀而造成数据倾斜问题。例如，系统中有两台服务器，其环分布如图2-13所示。

此时必然造成大量数据集中到服务器1上，而只有极少量数据会定位到服务器2上。为了解决这种数据倾斜问题，一致性哈希算法引入了虚拟节点机制，即对每一个服务节点计算多个哈希，每个计算结果位置都放置一个此服务节点，称为虚拟节点。具体做法可以在服务器IP或主机名的后面增加编号实现。假设为每台服务器计算三个虚拟节点，于是可以分别计算“服务器1#1”、“服务器1#2”、“服务器1#3”、“服务器2#1”、“服务器2#2”、“服务器2#3”的哈希值，于是形成六个虚拟节点，如图2-14所示。

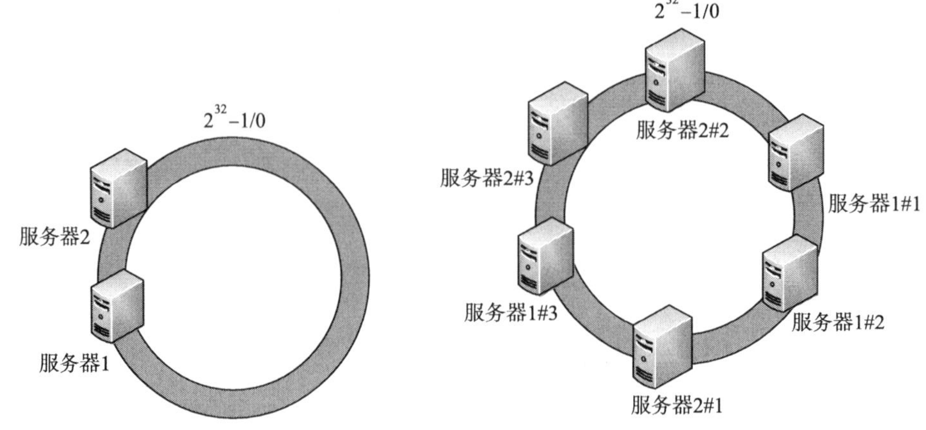

图 2-13　服务器1、2组成的哈希空间环　　　　图 2-14　虚拟节点机制

同时数据定位算法不变，只是多了一步虚拟节点到实际节点的映射，例如，定位到“服务器1#1”、“服务器1#2”、“服务器1#3”三个虚拟节点的数据均定位到服务器1上。这样就解决了服务节点少时数据倾斜的问题。在实际应用中，通常将虚拟节点数设置为32甚至更大，因此即使很少的服务节点也能做到相对均匀的数据分布。

2）身份认证

在对象存储系统中，每次操作都需要身份认证或是匿名的，以Amazon S3[10]为例，当登录账户时，需要提供AWS Access Key ID和Secret Access Key。当创建一个AWS（Amazon Web Services）账户时，AWS将会给用户提供Access Key ID和Secret Access Key。

Access Key ID：标记用户，每个ID对应一个用户。

Secret Access Key：加密的密钥，只有用户和S3知晓。

建立请求，AWS Access Key ID：AWS用来查找用户访问密钥。

Signature：用户根据访问密钥计算的签名。

请求身份验证的一般步骤，如图2-15所示。

①创建一个请求；

②使用访问密钥计算HMAC（Keyed-Hash Message Authentication Code）签名；

③将签名和访问键值ID写入请求，发送给AWS；

④AWS接受请求，根据访问键值ID索引访问密钥；

⑤根据访问密钥和请求内容计算签名；

⑥签名和请求中的签名比对相同，则身份认证成功。

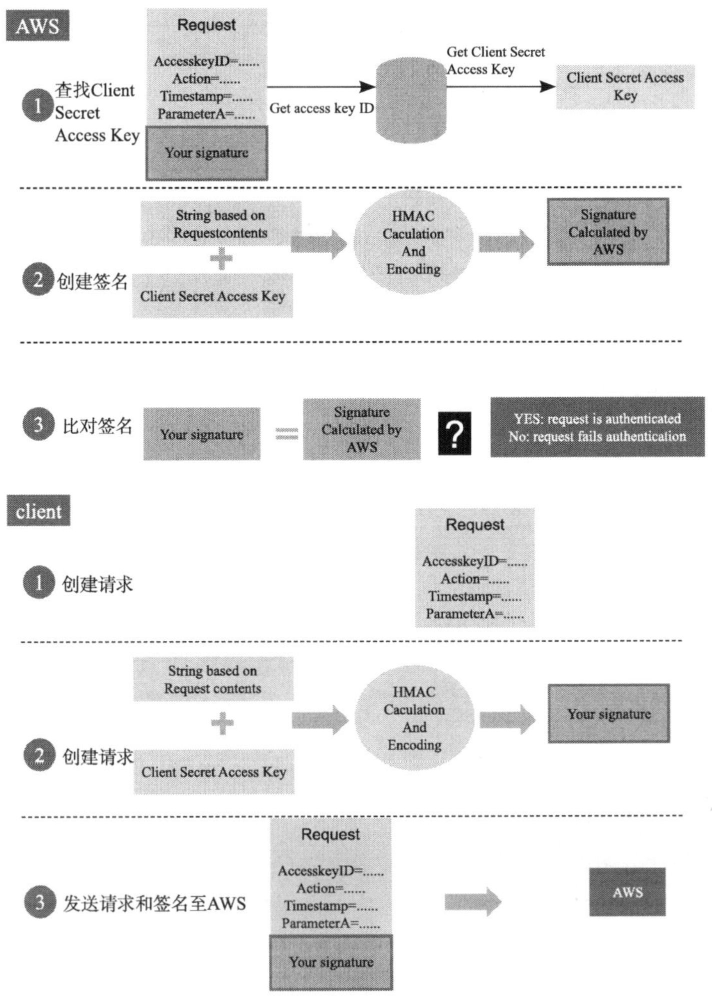

图 2-15　AWS的身份认证过程

4.业界现状

1）Amazon S3

Amazon S3是一种给用户提供对象操作语义的简单存储服务，用户使用S3向桶中存入和读取对象操作。Amazon拥有一个简单的Web服务接口，可以随时随地在网络上存取数据。Amazon使用高扩展性、可靠、快捷、廉价的数据存储基础设施运行自己的全球站点网络，让任何一个开发者有权使用同样的数据存储基础设施。这项服务通过最大限度地扩大规模获得效益并把利益传递给开发者。

Amazon S3设计的典型特点如下。

（1）可扩展。Amazon S3在存储容量、请求频率和用户数量上可以扩展，用以支撑数目无上限的互联网应用程序。规模化是S3的一项优势，向系统添加节点将会增加系统的可用性、速度、吞吐量、容量和鲁棒性。

（2）可靠。实现数据的持久化存储，达到99.99%的可用性。不存在单点失效。所有的系统失效都可以容忍和修复，且没有宕机时间。

（3）快速。Amazon S3的响应必须足够快，才能有效支撑高效能的应用。相对于互联网的延迟，服务器端的延迟必须不明显。

（4）廉价。Amazon S3使用廉价的常见硬件构造。节点失效很常见，但不能影响到整个系统的运行。系统必须是硬件无关的，因为Amazon在不断努力降低基础设施的开销。

（5）简单。构造一个高扩展性、可靠、快速而且廉价的存储，Amazon构造一个这样的系统使任何地点的应用程序都能简单使用。

2）OpenStack Swift[11]

OpenStack Swift是一种具有高可用性、分布式、实现最终一致性的对象/二进制大对象存储仓库，也是一种具有内置冗余和故障切换能力的可无限扩展的存储系统。对象存储器提供大量的应用，如备份或归档数据、服务图像或视频（用户浏览器的流数据）、存储二级或三级静态数据、在数据存储器上开发新的应用程序、在预报存储能力困难的情况下存储数据、为基于云存储的Web应用程序创建弹性和灵活性等。

Swift用于存储PB级的可用数据，支持REST（REpresentational State Transfer）接口，提供类似于S3的云存储服务。它不是一个文件系统，也不是一个实时数据存储系统，而是为永久静态数据设计的长期存储系统，这些静态数据可被检索、使用、更新。Swift不具有作为主控器的主节点，进而提供更大的可扩张性、冗余度和永久性。

2.2 （半）结构化数据

2.2.1 NoSQL数据库系统

1.概述

随着互联网Web2.0网站的兴起，非关系型数据库已经成为一个极其热门的新领域，相关的产品发展非常迅速。传统的关系型数据库在应对Web2.0网站，特别是超大规模和高并发的社交类型的Web2.0动态网站已经显得力不从心，暴露了很多难以克服的问题，主要包括以下几点需求。

（1）对数据库高并发读写的需求。Web2.0网站要根据用户个性化信息实时生成动态页面和提供动态信息，基本上无法使用动态页面静态化技术，因此数据库并发负载非常高，往往要达到每秒上万次读写请求。关系型数据库可以勉强应对上万次SQL查询，但是应对上万次SQL写数据请求，硬盘I/O就已经无法承受了。其实对于普通的BBS网站，也存在对高并发写请求的需求。

（2）对海量数据的高效率存储和访问的需求。对于大型的SNS（Social Network Services）网站，每天会产生海量的用户动态，以国外的Friendfeed为例，一个月达到2.5亿条用户动态，对于关系型数据库，在一张2.5亿条记录的表里面进行SQL查询，效率是极其低下甚至不可忍受的。对于大型Web网站的用户登录系统，例如，腾讯、盛大动辄数以亿计的账号，关系型数据库也很难应对。

（3）对数据库的高可扩展性和高可用性的需求。在基于Web的架构中，数据库是最难进行横向扩展的，当一个应用系统的用户量和访问量与日俱增时，数据库却没有办法像网络服务器（web server）和应用服务器（app server）那样简单地通过添加更多的硬件和服务器节点扩展性能和负载能力。对于很多需要提供不间断服务的网站，对数据库系统进行升级和扩展是件非常麻烦的事情，往往需要停机维护和数据迁移，为什么数据库不能通过不断地添加服务器节点实现扩展呢?

在上面提到的“三高”需求面前，关系型数据库遇到了难以克服的障碍，同时对于Web2.0网站，关系型数据库的很多主要特性也往往无用武之地。

（1）数据库事务一致性。很多Web实时系统并不要求严格的数据库事务，对读一致性的要求很低，有些场合对写一致性要求也不高。因此数据库事务管理成了数据库高负载情况下一个沉重的负担。

（2）数据库的写实时性和读实时性。对关系型数据库，插入一条数据之后立刻查询，肯定可以读出这条数据，但是对于很多Web应用，并不要求这么高的实时性。

（3）复杂的SQL查询，特别是多表关联查询。任何大数据量的Web系统，都非常忌讳多个大表的关联查询，以及复杂的数据分析类型的复杂SQL报表查询，特别是SNS类型的网站，因此从需求以及产品设计角度，就避免了这种情况的产生。往往更多的只是单表的主键查询，以及单表的简单条件分页查询，SQL的功能被极大地弱化了。

关系型数据库在这些越来越多的应用场景下显得不再合适，解决这类问题的非关系型数据库应运而生。

NoSQL是非关系型数据存储的广义定义，它打破了长久以来关系型数据库与ACID（Atomicity，Consistency，Isolation，Durability）理论大一统的局面。NoSQL数据存储不需要固定的表结构，通常也不存在连接操作。在大数据存取上具备关系型数据库无法比拟的性能优势。

2.关键技术

1）数据模型及操作模型

NoSQL在存储数据模型上，放弃了关系型模型，遵循“Schema-Free”原则，目前存在的NoSQL数据模型大致分为四类：Key-Value（键值对）、Column-Oriented（列式）、Document-Oriented（文档型）、Graph-Oriented（图型）[12]。在复杂度上键值对＞列式＞文档型＞图型，而伸缩度上则正好相反。这四种数据模型基本上满足90%的应用场景。至于采用何种数据模型，要根据应用场景的不同特点选择。

NoSQL数据库往往不支持SQL，因此必须根据自身的特性自定义操作模型。如对于Key-Value的数据模型，支持get/put/delete等简单操作，而对于复杂的列式、文档型和图型数据模型等还支持其他的复杂操作。如BigTable型的系统通常支持对单独某一行的数据进行遍历，允许按特定条件对单列的数据进行筛选。MongoDB可以在任意数据行上建立索引，并可以使用JavaScript语法设定复杂的查询条件。CouchDB允许创建同一份数据的多个视图，通过运行MapReduce任务实现一些更为复杂的查询或者更新操作。很多NoSQL系统都支持与Hadoop或者其他一些MapReduce框架结合，进行一些大规模数据分析工作。

2）分区

由于单机存储容量的限制以及单机负载过重，分区将数据分布在各个不同的节点上，使数据跨节点分布，提升负载能力。

通常随着数据量的骤增，并发请求增大。在数据库I/O性能不足时，有两种解决方案：一是通过加大内存、添加硬盘等措施提高单机的硬件处理能力，这种方式叫做Scale Up；二是通过增加节点增加存储容量来分担负载，这种方式叫做Scale Out。Scale Up方式显然会受到硬件条件的限制，不可能无限制地通过增加硬件来提高性能；而Scale Out方式理论上可达到线性扩展的效果，即如果增加一倍的机器，那么负载能力也应该提升一倍。分区技术就是Scale Out的实现方式，要解决的问题就是如何将数据分布在不同的节点上，以及如何将数据的读写请求在各个节点上均衡分布。

很多NoSQL系统都是基于键值模型的，因此其查询条件也基本上是基于键值的查询。分区通常也是基于数据的键，键的一些属性会决定这个键值对应存储在哪台机器上。NoSQL采用的分区方式一般有两类：一类是随机分区，即将数据随机分布在各个节点上，最常用的是一致性哈希算法[12]；另一类是连续范围分区方法[13]，数据按照Key的顺序有序分布在各个节点上。下面对一致性哈希算法和范围分区方法两种分区方式进行描述。

（1）一致性哈希算法。

好的哈希算法可以使数据保持比较均匀的分布。一致性哈希算法通过修正简单哈希算法，解决了网络中的热点问题，是目前主流的分布式哈希算法之一。

环形哈希空间考虑通常的哈希算法是将Value值映射到一个32位（位数可设定）的Key值，即0～$2^{32}-1$的数值空间，可以将这个空间想象成一个首（0）尾（$2^{32}-1$）相接的圆环，如图2-16所示。

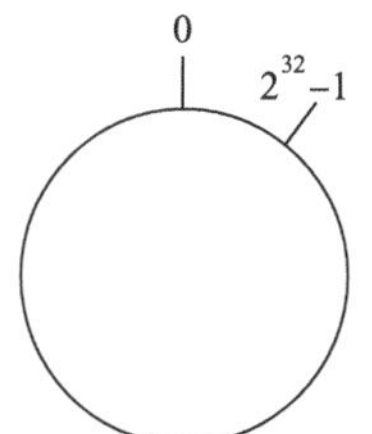

图 2-16　环形哈希空间

一致性哈希算法的步骤如下。

首先，计算出设备节点的哈希值，将设备配置到环上的一个点（环上的每个点代表一个哈希值）；接着，计算数据的哈希值，按顺时针方向将其映射到环上距其最近的节点，如图2-17所示。

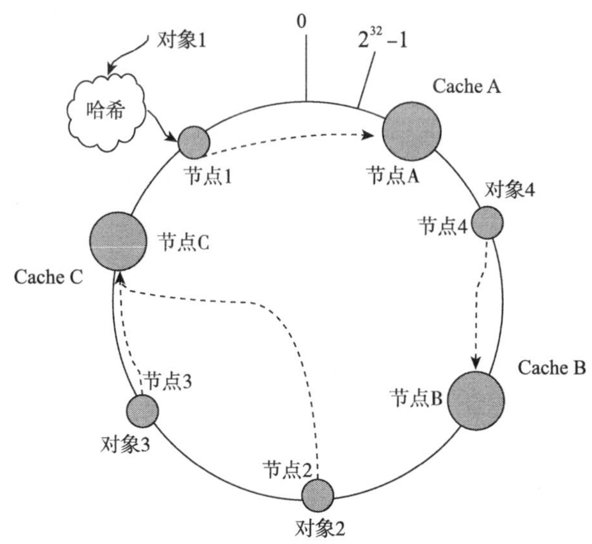

图 2-17　一致性哈希算法实现

①删除节点。假设Cache B失效了，根据上面讲到的映射方法，这时受影响的将是那些沿Cache B 逆时针遍历直到下一个Cache（Cache C）之间的对象，也即本来映射到Cache B上的那些对象。因此这里仅需要变动对象4 ，将其重新映射到Cache C 上即可，如图2-18所示。

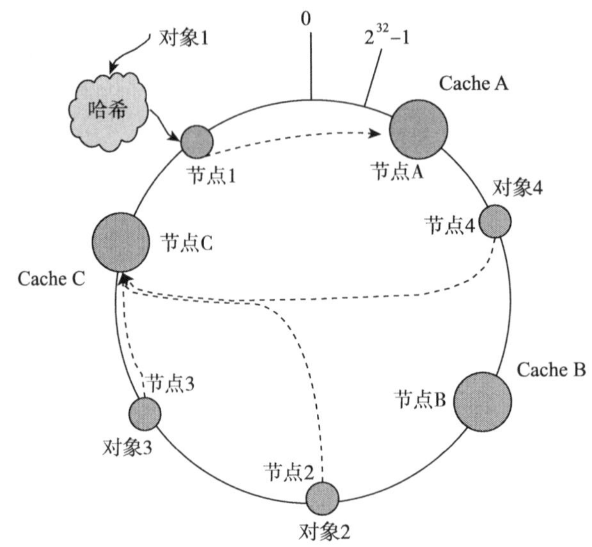

图 2-18　一致性哈希算法实现——删除节点

②添加节点。添加一台新的Cache D，假设在这个环形哈希空间中，Cache D被映射在对象2和对象3之间，这时受影响的将是那些沿Cache D逆时针遍历直到下一个Cache（Cache B）之间的对象（它们也是本来映射到Cache C上对象的一部分），将这些对象重新映射到Cache D上即可。 因此这里仅需要变动对象2，将其重新映射到Cache D上，如图2-19所示。

可见，采用一致性哈希算法，在添加节点或删除节点时，只会影响与原节点相邻的一部分数据而不会将所有数据重新进行哈希计算后分配，这也是一致性哈希算法广泛应用的原因，如在Riak、Voldemort、Cassandra等系统中均用到了一致性哈希算法。采用一致性哈希算法的另一个优点就是可以快速地进行数据存取，如在读取数据时只需要对Key值进行一次哈希运算，但其最大的缺点就是只能做等值查询而无法实现范围查询。

（2）连续范围分区方法。

使用连续范围分区方法进行数据分区，需要保存一份映射关系表，标明哪一段Key值对应存在哪台机器上。和一致性哈希算法类似，连续范围分区方法会把Key值按连续的范围分段，每段数据会被指定保存在某个节点上，然后被冗余备份到其他节点。与一致性哈希算法不同的是，连续范围分区使得Key值上相邻的两个数据在存储上基本上也是在同一个数据段，这样数据路由表只需记录某段数据的开始点和结束点[start，end]。

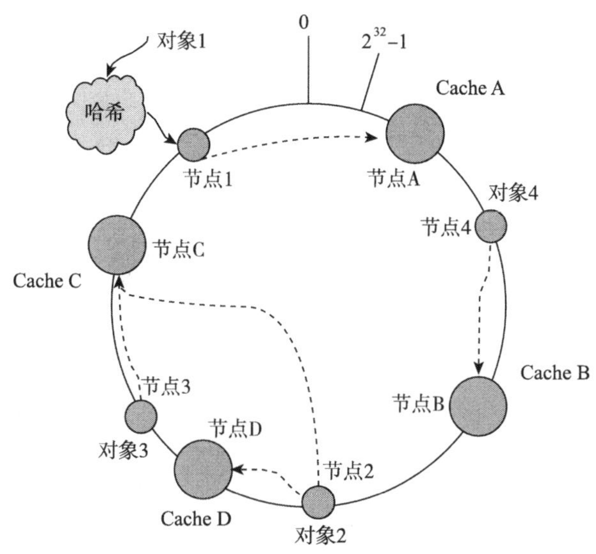

图 2-19　一致性哈希实现——添加节点

通过动态调整数据段到机器节点的映射关系，可以更精确地平衡各节点的机器负载。如果某个区段的数据负载比较大，那么负载控制器就可以通过缩短其所在节点负责的数据段，或者直接减少其负责的数据分片数目。通过添加一个监控和路由模块，就能够更好地对数据节点进行负载均衡。连续范围分区方式比哈希分区方式优越，其比较容易实现范围查询，因为数据路由表中的路由信息是连续排序的。采用连续范围分区方法的系统有BigTable、HBase、HyperTable、MongoDB等。

3）一致性

在NoSQL中，通常有两个层次的一致性：第一种是强一致性，即集群中的所有机器状态同步保持一致；第二种是最终一致性，即允许数据存在短暂的不一致，但最终会保持一致。

（1）强一致性。

强一致性要求所有数据节点对同一个Key值在同一时刻有同样的Value值。虽然实际上某些节点存储的值可能不一样，但是作为一个整体，当客户端发起对某个Key值的数据请求时，整个集群对这个Key值对应的数据会达成一致。

利用Quorum NWR理论解释一致性，如图2-20所示。其中，N表示每个数据存储的副本数，W表示一次成功写操作至少需要写入的副本数，R表示一次成功读操作需由服务器返回给用户的最小副本数。用户可以根据不同的场景自行配置R和W，调节可用性和容错性之间的平衡。

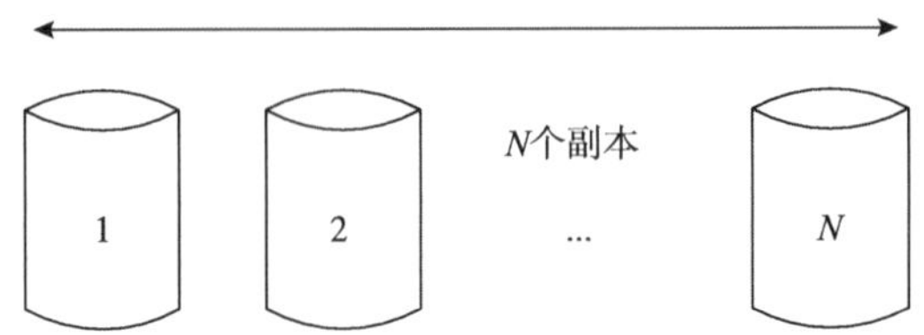

在所有副本中写入最新版本的数据，并等待W个副本写同步成功才返回；从所有副本中读数据，并等待读取R个副本，获得最新版本条件$W+R>N$

图 2-20 Quorum NWR理论模型

强一致性要求$R+W>N$，一般配置N为3，即每个数据保存3个副本。当需要高可写的环境时（例如，Amazon的购物车的添加请求应该是永远不被拒绝的）可以配置W=1，N=R=3，这时只要任何节点写成功就认为成功，但是读的时候必须从所有的节点读出数据。如果要求读操作的效率高，可以配置R=1，W=N=3，这时任何一个节点读成功就认为成功，但是写的时候必须所有节点写成功才认为成功。当然，为了权衡可用性和容错性，一般选择R=W=2，N=3。

（2）最终一致性。

Voldemort、Cassandra和Riak等系统在一致性上选择的是最终一致性模型，允许$W+R \leq N$。这样总会出现一段时间各个节点数据不同步导致系统处理不一致的情况。为了提供最终一致性的支持，这些系统会提供一些其他方法使数据更新被最终同步到所有相关节点，主要有以下3种方法。

①向量时钟。采用向量时钟（vector clock）解决版本冲突问题。

Dynamo中的向量时钟用一个（nodes，counter）对表示。其中nodes表示节点，counter是一个计数器，初始值为0，节点每发生一次事件就将计数器加1。首先，S_x对某个对象进行一次写操作，产生一个对象版本D1([S_x，1])；接着S_x再次进行写操作，counter值更新为2，产生第二个版本D2([S_x，2])；之后，S_y和S_z同时对该对象进行写操作，S_y将自身的信息加入向量时钟产生了新的版本D3([S_x，2]，[S_y，1])，S_z同样产生了新的版本信息D4([S_x，2]，[S_z，1])，这时系统中就有了两个版本的对象，但是其不会自行选择，而是将这两个版本同时保存，等待客户端解决冲突；最后S_x再次对对象进行操作，这时它会同时获得两个数据版本，用户根据版本的信息，重新计算获得一个新的对象记作D5([S_x，3]，[S_y，1]，[S_z，1])，并将新的对象保存到系统中，如图2-21所示。

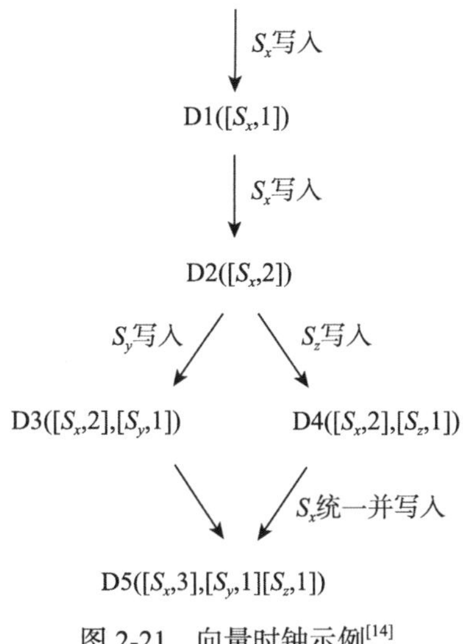

图 2-21　向量时钟示例[14]

②反熵和Merkle树。节点出现永久性故障时，Dynamo必须检查和保持数据的同步，其采用一种称为反熵协议（Anti-entropy Protocol）的手段保证数据的同步。为了减少数据同步检查中需要传输的数据量，加快监测速度，Dynamo使用了Merkle树技术。Dynamo的一个节点中一台机器建有一个Merkle树，当两台机器不一致时（如一台机器宕机一段时间），通过这个树结构，可以快速定位不一致的对象恢复数据。Merkle树的结构如图2-22所示，它把Key分成几个区间（range），每个区间算出一个哈希值作为叶子，非叶节点的值均由其子节点值计算哈希值得来，再一层层合并计算上去，这样，从根节点（root）开始比较哈希值，就可以快速找到哪几段区间中的哈希值变化了。

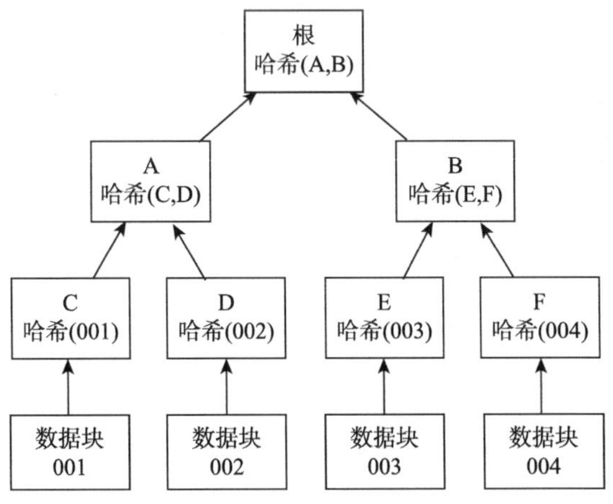

图 2-22　Merkle树结构[15]

③读时修复（read repair）。如图2-23所示，Dynamo采用最终一致性模型，同一个数据的多个副本可能存在不同的版本，当客户端去读取数据时，需要处理不同版本的冲突问题，在读取出较高版本并返回前将该数据的某个副本上的低版本数据进行修复。

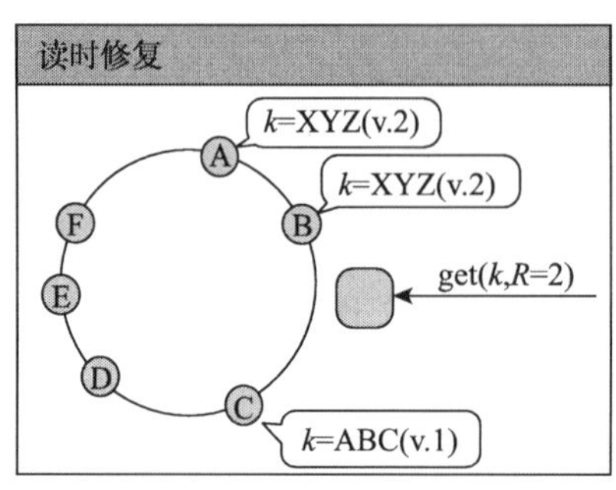

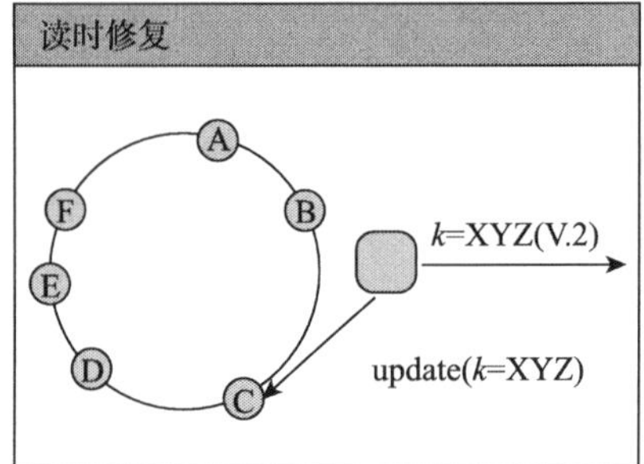

图 2-23 读时修复实现

4）可靠性[12]

NoSQL为了降低成本一般采用商用PC而非高性能服务器，硬件故障在所难免，因此必须提高可靠性来保证节点宕机或硬盘故障时，系统仍是可用的。下面从单机可靠性和多机可靠性两个层面分别讲述。

（1）单机可靠性。

单机可靠性理解起来非常简单，定义为写操作不会由于机器重启或者断电而丢失。保证单机可靠性是通过把数据写到磁盘完成的，而这通常会造成磁盘I/O成为整个系统的瓶颈。事实上，即使每次都把数据写到了磁盘；由于操作系统Buffer层的存在，数据还是不会立刻被写到物理磁盘上，只有当调用系统调用fsync的时候，操作系统才会尽可能地把数据写到磁盘。

①控制fsync的调用频率。

Memcached是一个纯内存的存储，由于其不进行磁盘上的持久化存储，从而具有很高的性能。它是一个非常不错的缓存，但是做不了持久化存储。在进行服务器重启或者服务器意外断电后，这些数据就全丢了。

Redis则提供了几种对fsync调用频率的控制方法。应用开发者可以配置Redis在每次更新操作后都执行一次fsync，这样会比较安全，当然也比较慢。Redis也可以设置成*n*秒种调用一次fsync，这样性能会更好一点，但一旦出现故障，最多可能导致*n*秒内的数据丢失。而对一些可靠性要求不太高的场合（如仅把Redis当Cache用的时候），应用开发者甚至可以直接关掉fsync的调用，让操作系统决定什么时候需要把数据缓冲（flush）到磁盘。

②使用日志型的数据结构。

B+树等一些数据结构使得NoSQL系统能够快速定位到磁盘上的数据，但是通常这些数据结构的更新操作是随机写操作，如果在每次操作后再调用一次fsync，那就会造成频繁的磁盘随机访问。为了避免产生这样的问题，Cassandra、HBase、Redis和Riak等系统都会把写操作顺序写入到一个日志文件中。相对于存储系统中的其他数据结构，上面说到的日志文件可以频繁地进行fsync操作。这个日志文件记录了操作行为，可以用于恢复丢失的数据，这样就把随机写变成顺序写了。

虽然有的NoSQL系统（如MongoDB）是直接在原数据上进行更新操作，但也有许多NoSQL系统采用了上面说到的日志策略。Cassandra和HBase借鉴了BigTable的做法，在数据结构上实现了一个日志型的查找树。Riak也使用了类似的方法实现了一个日志型的哈希表。CouchDB对传统的B+树结构进行了修改，使得对树的更新可以使用顺序追加写操作实现。这些方法使得存储系统的写操作承载力更高，但同时为了防止数据异构后膨胀过大，需要定时进行一些合并操作。

③通过合并写操作提高吞吐性能。

Cassandra有一个机制，它会把一小段时间内的几个并发写操作放在一起进行一次fsync调用，这种做法称为组提交（group commit），它可能使得更新操作的返回时间变长，因为一个更新操作需要等就近的几个更新操作一起提交，以便提高写操作承载力。作为HBase底层数据支持的Hadoop 分布式文件系统，其最近的一些补丁也在实现一些顺序写和组提交的机制。

（2）多机可靠性。

由于硬件层面有时候会造成无法恢复的损坏，单机可靠性就显得无能为力了。对于一些重要数据，跨机器做备份保存是必备的安全措施。一些NoSQL系统提供了多机可靠性的支持。Redis采用了传统的主从数据同步的方式，所有在主服务器上执行的操作，都会通过类似操作日志的结构按顺序地传递给从服务器再执行一遍。如果主服务器发生宕机等事故，从服务器可以继续执行完主服务器传来的操作日志并且成为新的主服务器。因为主服务器同步操作到从服务器是非阻塞的，主服务器并不知道操作是否已经同步给从服务器了，这可能会导致数据丢失。CouchDB实现了一个类似的指向性的同步功能，它使得一个写操作可以同步到其他节点上。

MongoDB提供了一个叫Replica Sets的架构，这个架构策略使得每一个文档都会保存在组成Replica Sets的所有机器上。同时，MongoDB提供了一些选项，让开发者可以确定一个写操作是否已经同步到了所有节点上，也可以在节点数据并不是最新的情况下执行一些操作。很多其他分布式NoSQL存储都提供了类似的多机可靠性支持。由于HBase的底层存储是HDFS，它也就自然地获得了HDFS提供的多机可靠性保证。HDFS的多机可靠性保证是通过把每个写操作都同步到两个以上的节点来实现的。

Riak、Cassandra和Voldemort提供了一些更灵活的可配置策略。这三个系统提供一个可配置的参数N，代表每一个数据会被备份的份数，然后还可以配置一个参数W，代表每个写操作需要同步到多少个机器上才返回成功，当然W是小于N的。

为了应对整个数据中心出现故障的情况，需要实现跨数据中心的多机备份功能。Cassandra、HBase和Voldemort都实现了一个机架位置可知的配置，这种配置方式使得整个分布式系统可以了解各个节点的地理位置分布情况。如果一个操作需要等待另外的数据中心的同步操作成功才返回给用户，那么时间会很长，所以通常跨数据中心的同步备份操作都是异步进行的。用户并不需要等待另一个数据中心的同步操作执行成功。

5）扩展性和集群成员管理

NoSQL需要支持良好的扩展性，当系统容量不足或负载过重时，可随时添加节点而不影响现有业务，系统自动完成数据均衡。而集群中机器之间需要通信，以了解彼此的状态信息。通常有两种架构[13]：Master/Slave和P2P。这两种架构各自采用不同的策略保证可扩展性和集群成员管理。

（1）Master/Slave。

类BigTable的系统均采用Master/Slave架构。Master是整个集群的“大脑”，由它负责整个集群的命名空间管理、集群状态监控、负载均衡等。Slave负责存储实际的数据，并定时向Master报告自己的状态信息。这样，Master掌握着整个集群的“大权”，当它发现某个节点负载过重时，可以将其上的数据迁移到其他负载较轻的节点。而当需要添加节点时需要先向Master注册。节点宕机时，Master接收不到该节点的状态信息，会自动将其上的数据重新分配。

由于Master只接收控制流信息，负载较轻。但当集群规模很大时，Master无疑是一个隐患，很容易造成单点故障，因此如HBase、HyperTable等系统采用多Master策略，即当一个Master宕机时，重新选出另一个Master。

（2）P2P。

类Dynamo的系统均采用P2P架构，与Master/Slave不同，其是完全去中心化，不存在Master，各个节点是对等的关系。这样的系统中，采用上述的一致性哈希算法很容易实现添加节点和删除节点，而且不会对整个集群造成很大影响。同样，这种P2P的集群节点之间需要了解彼此的状态信息，类Dynamo系统都采用了一种叫做Gossip协议的方法实现。通过这个方法，节点间能够互相保持联系并能够检测到故障节点。其具体做法是每隔一段时间（如1s），一个节点就会随机找一个曾经有过通信的节点并与其交换其他节点的健康状态。通过这种方式，节点能够比较快速地了解到集群中哪些节点出了故障，从而把这些节点负责的数据分配到其他节点。

3.业界现状

1）Key-Value 数据模型

Key-Value数据库采用简单的Key-Value键值对数据模型（如“name”、“ZTE”），如表2-1所示。该模型一般有两类：一类是用于大型网站的缓存，用以减少后端数据库的压力，提高查询速率，如Memcached、Redis、TC/TT等，可以获得很高的读写性能；另一类是用于高读写的场合，如Dynamo、Riak、Voldemort等，这类从CAP（Consistency，Availability，Partition tolerance）理论上来说是AP的，牺牲一致性获取高的可用性和扩展性。

表 2-1　Key-Value数据库

相关数据库	Dynamo、Riak、Memcached、Redis、Tokyo Cabinet/Tyrant、Voldemort等
数据模型	键值对
典型应用	①内容缓存，如Memcached、Redis、TC/TT ②高读写的简单存储，如Dynamo、Riak、Voldemort
优势	简单，读写速度快
劣势	存储的数据缺少结构化，只能存储简单键值对

Key-Value数据模型的优势在于模型简单，读写速度快；劣势在于存储的数据缺少结构化，只能存储简单的键值对，要实现复杂结构数据存储需要上层应用处理。但是如Redis、TC/TT也支持其他的数据类型，如List、Set、Hash、B+树实现一些复杂的数据存储，因此得到了广泛的应用。

（1）Dynamo。

Dynamo[15]是Amazon提出的Key-Value模式的一种分布式存储平台，如表2-2所示。Dynamo是一个完全分布式、去中心化的架构，具有良好的高可靠性、高可用性且具有良好的容错机制。Dynamo以简单的Key-Value方式存储数据，不支持复杂的查询。

表 2-2　Dynamo分布式存储平台

是否开源	否
开源协议	N/A

续表

贡献组织或公司	Amazon
开发语言	Java
支持操作系统	不详
API	不详
架构	P2P
接口协议	不详
应用场景	购物车问题：要求用户可随时更新购物车信息。适合高可写、随时可写的场景
特性	一致性哈希、虚节点 向量时钟 Quorum NWR Hinted Handoff Anti-entropy，Merkle树 Gossip协议

Dynamo是一个去中心化的系统架构，没有主节点，如图2-24所示，各个节点的位置均是对等的，数据分布存储在不同的节点中。

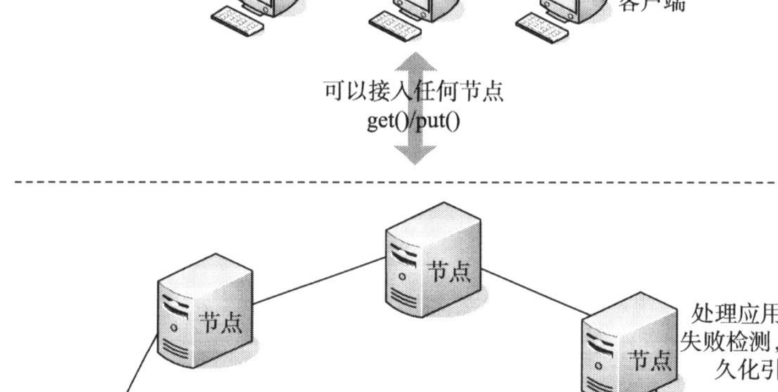

图 2-24　Dynamo系统架构

Dynamo的关键技术如下。

①数据均衡分布。在数据均衡分布问题上，Dynamo采用一致性哈希算法，并引入虚拟节点的概念。每个虚拟节点都属于某一个实际的物理节点，一个物理节点根据其性能的差异可能拥有一个或多个虚拟节点。每个虚拟节点能力基本相当，并随机分布在哈希空间中。存储时，数据按照哈希值落到某个虚拟节点负载的区域，被存储在该虚拟节点对应的物理节点中。

②版本冲突。Dynamo采用最终一致性模型，由于最终一致性模型不保证过程中数据的一致性，在某些情况下不同的数据副本可能有不同的版本，数据副本可能以不同的顺序看到更新结果，而不同顺序的更新很可能造成数据的不一致。Dynamo采用向量时钟解决版本冲突问题。Dynamo提出Quorum NWR机制，通过对N、W、R三个参数的配置，调节可用性和容错性之间的平衡。其中N表示每个数据存储的副本数，W表示一次成功的写操作至少需要写入的副本数，R表示一次成功读操作需由服务器返回给用户的最小副本数。Dynamo要求$R+W>N$，保证用户读取数据时，始终可以获得一个最新的数据版本。

③容错性。在容错性上，对于临时的故障，Dynamo采用一种称为Hinted Handoff的机制。一旦某个节点出现问题，则将这个节点值传送给优先列表（preference list）中的下一个正常节点，并在这个数据副本的元数据中记录失效的节点位置，便于数据回传；然后，由这个节点上的一个临时空间进行存储和处理数据，同时对失效节点进行监测，一旦失效的节点重新可用，则将保存的最新数据回传给它，然后删除临时空间数据。

④成员资格检测。Dynamo的每个成员节点都要保存其他节点的路由信息。Dynamo采用一种类似Goosip协议的方式保证每个成员节点之间保存最新的成员信息，所有节点每隔固定时间（1s）从其他节点中任意选择一个进行通信。如果连接成功，双方交换各自保存的信息（包括存储数据情况、路由信息）。

Dynamo是一个真正意义上的去中心化的、完全分布式存储系统，其思想（如一致性哈希、虚拟节点、向量时钟、Quorum NWR策略、隐式移交（Hinted Handoff等）对其他分布式P2P存储系统提供了借鉴意义，可谓是分布式P2P存储系统的一个重要里程碑。

（2）Riak。

Riak[16]是一个Key-Value的NoSQL数据库，完全分布式并去中心化，如表2-3所示。受Amazon Dynamo论文启发，由Bosho公司开发，主要由Erlang语言实现。其以分布式、水平扩展性、高容错性等特点著称，提供了开源版和企业版两个版本。企业版支持Masterless多站点复制，并提供了商业许可的简单网络管理协议（Simple Network Management Protocol，SNMP）监控和管理工具。

表 2-3　Riak数据库

是否开源	是
开源协议	Apache License 2.0
贡献组织或公司	Basho Technologies
开发语言	Erlang、C及部分JavaScript
支持操作系统	Linux、Mac OS X、Solaris
API	Erlang、Python、Java、PHP、JavaScript、Ruby
架构	P2P
接口协议	HTTP/REST或者 Protocol Buffers
应用场景	应用客户有Voxer、Comcast、Mozilla、AOL、Ask.com、Yammer、Mobile Interactive Group、Wikia、Opscode和Mochi Media。 适合应用于高读写场景
特性	受Dynamo启发（一致性哈希、虚节点、向量时针、Quorum NWR、Hinted Handoff、Anti-entropy、Gossip协议） 可使用JavaScript或Erlang进行MapReduce 集成的全文本搜索 二级索引 提供开源版和企业版两个版本，企业版支持Masterless多站点复制及商业许可的SNMP监控和管理工具

Riak的技术架构图如图2-25所示。Riak受Dynamo启发，实现了Dynamo论文中提出的一些思想，如一致性哈希、虚节点、向量时钟、Quorum NWR、Hinted Handoff、Anti-entropy、Gossip协议等。在此不再赘述，其他的技术特点包括如下几点。

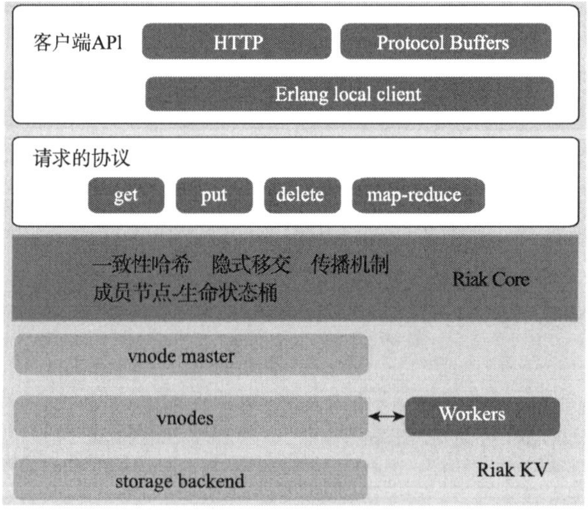

图 2-25　Riak技术架构

①数据存储。Riak将数据组织成Bucket、Key、Value几个层次，其中Value（或Object）由唯一的主键标识，而每个Key-Value对都存储在一个Bucket里面。在本质上，Bucket在Riak里就是一个命名空间，它允许相同的主键名称存在于多个桶中，除此之外，对于每个桶都可以进行各种不同参数的设置。Bucket和Key是Riak中组织数据的唯一方式，这些数据通过Bucket-Key对存储和引用。

②插件式存储引擎。Riak使用API与其存储系统进行交互，而这些API允许Riak支持多个不同的后端存储引擎，这些后端存储引擎可以根据需要添加到系统上去。Riak现在使用的后端存储引擎包括Bitcask、dets等，以及直接写到文件系统，与此同时，Riak也支持为每个Bucket指定一种后端存储引擎。在当前版本中，Bitcask是Riak的默认后端存储引擎。

（3）Memcached。

Memcached[17]是一个高性能分布式的内存对象缓存系统，如表2-4所示，通过在内存里维护一个统一的巨大的哈希表，它能够用来存储各种格式的数据，包括图像、视频、文件以及数据库检索的结果等。Memcached最初是为了加速LiveJournal访问速度而开发的，后来被很多大型的网站采用。

表 2-4 Memcached分布式内存对象缓存系统

是否开源	是
开源协议	BSD
贡献组织或公司	Danga Interactive
开发语言	C
支持操作系统	跨平台
API	C/C++、PHP、Java、Python、Ruby、Perl、Erlang、Lua等
架构	特有的不相互通信的分布式
接口协议	Memcached二进制协议（自定义的基于TCP的文本协议）
应用场景	大型Web网站缓存系统，以减少数据库负载，应用客户有YouTube、Reddit、Zynga、Facebook、Orange、Twitter、Heroku等
特性	协议简单 基于libevent程序库事件处理 内置内存存储方式 不互相通信的分布式

Memcached严格意义上并不是分布式的，因为它的服务器端并没有分布式功能，各个Memcached节点彼此不进行相互通信以共享信息。在数据存储方面，由客户端程序库实现分布式算法决定存储在哪个节点上。Memcached系统架构如图2-26所示。

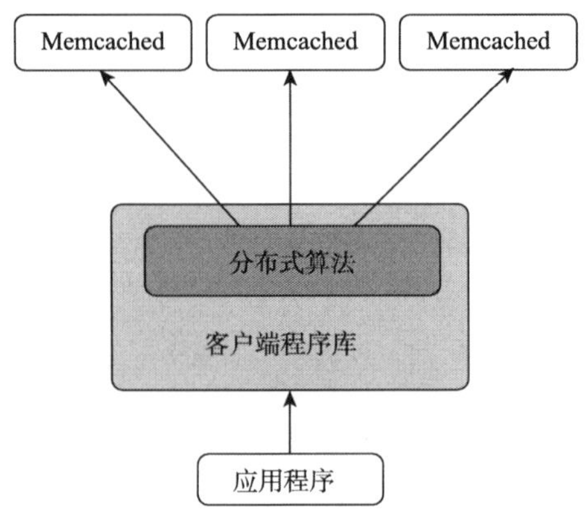

图 2-26 Memcached系统架构

其技术特征如下。

①协议简单。Memcached的服务器端和客户端通信并不适用复杂的XML等格式的协议，而是适用简单的基于文本行的协议。

②基于libevent程序库事件处理。Memcached使用了libevent程序库均衡任何数量的链接，使用非阻塞的网络I/O，对内部对象实现引用计数（因此，针对多样的客户端，对象可以处在多样的状态）。其使用自身的页块分配器和哈希表，因此虚拟内存不会产生碎片并且虚拟内存分配的时间复杂度可以保证为O（1）。

③内置内存存储方式。为了保证性能，Memcached保存的数据都存储在Memcached内置的内存存储空间中。由于数据仅存在于内存中，读写速度很快，但重启Memcached或操作系统会导致全部数据消失。另外内存容量达到指定值后，系统将基于Lru算法自动删除不适用的缓存。

④不相互通信的分布式。Memcached尽管是“分布式”的，但服务器端并没有分布式功能，即各个Memcached不会相互通信以共享信息，具体的分布式算法由客户端程序库实现。

⑤缺乏认证以及安全管制，因此在部署方面应该将Memcached服务器放置在防火墙后。

（4）Redis。

Redis（Remote Dictionary Server）[18]是一个Key-Value存储系统，如表2-5所示。它支持存储的Value类型相对更多，包括String（字符串）、List（链表）、Set（集合）、Ordered Set（有序集合）和Hash类型。这些数据类型都支持push/pop、add/remove、取交集并集和差集及更丰富的操作，而且这些操作都是原子性的。在此基础上，Redis支持各种不同方式的排序。与Memcached一样，为了保证效率，数据都缓存在内存中，区别是Redis会周期性地把更新的数据写入磁盘或把修改操作写入追加的记录文件，并且在此基础上实现Master/Slave同步。

表 2-5　Redis存储系统

是否开源	是
开源协议	BSD
贡献组织或公司	Salvatore Sanfilippo，自2010年3月15日起，由VMware主持开发
开发语言	C
支持操作系统	跨平台
API	C/C++/C#、Java、PHP、Perl、Erlang、Python、Ruby、Scala、Lua等
架构	与Memcached同，但支持M/S复制
接口协议	类Telnet，自定义的基于TCP的文本协议
应用场景	Github、Engine Yard、新浪微博等，类Memcached应用场景，可用做缓存，也支持硬盘存储
特性	运行异常快 有硬盘存储支持的内存数据库 Master/Slave复制 支持String、List、Set、Ordered Set和Hash五种数据类型 支持事务 支持将数据设置成过期数据（类似快速缓冲区设计） Publish/Subscribe允许用户实现消息机制

Redis的系统架构与Memcached类似，如图2-27所示，由客户端实现数据分区（Sharding），采用一致性哈希算法。不同的是Redis支持主从复制，一主多从，可以将Master节点上的数据同步到多个Slave节点上。

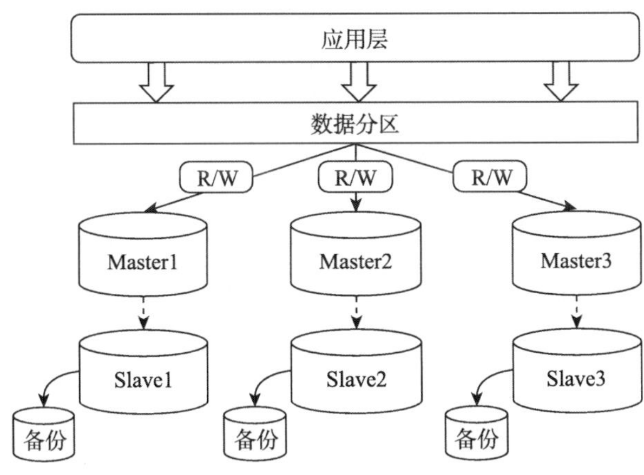

图 2-27　Redis系统架构

其技术特征如下。

①性能极高：Redis能支持超过10万次/s的读写频率。

②丰富的数据类型：Redis支持二进制案例的Strings、Lists、Hashes、Sets及

Ordered Sets数据类型操作。

③原子：Redis的所有操作都是原子性的，同时Redis还支持几个操作全并后的原子性执行。

④丰富的特性：Redis支持 Publish/Subscribe、数据过期设置等特性。

Publish/Subscribe：Redis支持这样一种特性，客户端可以将数据推送到某个信息管道中，然后其他客户端可以通过订阅这些管道获取推送的信息。

数据过期设置：Redis支持按Key值设置过期时间，过期后值将被删除（在客户端看是删除了的）。

⑤数据分区：同Memcached一样，Redis支持客户端数据分区，通过一致性哈希算法实现。

⑥数据持久化：Redis的所有数据都存储在内存中，但是它也提供对这些数据的持久化。通过两种方式可以实现数据持久化：使用快照的方式，将内存中的数据不断写入磁盘；使用类似MySQL的日志方式，记录每次更新的日志。前者性能较高，但是可能会引起一定程度的数据丢失，后者相反。

⑦主从同步：Redis支持将数据同步到多台从库上，这种特性对提高读取性能非常有益。

（5）Tokyo Cabinet/Tyrant。

Tokyo Cabinet（TC）和Tokyo Tyrant[19]（TT）源自日本的开源项目，由FAL Labs维护，主要的开发人员是Mikio Hirabayashi，其最早应用在日本最大的社交网站mixi.jp上，如表2-6所示。

表 2-6　TC/TT开源项目

是否开源	是
开源协议	LGPL
贡献组织或公司	FAL Labs
开发语言	C
支持操作系统	Linux、FreeBSD、Mac OS X、Solaris
API	C、Perl、Ruby、Java等
架构	与Memcached类似，但支持双机互为主辅模式
接口协议	HTTP、Memcached兼容协议、简单二进制协议
应用场景	最初用于mixi.jp网站，类Memcached应用场景
特性	支持Key-Value、Hash、B+树、HashTable多种数据结构 双机互为主辅模式

TC是一个用C语言写的数据存储引擎，以Key-Value的方式存储数据，支

持Hash、B+树、Hash Table等多种数据结构，同时提供了C、Perl、Ruby、Java和Lua等多种语言的API支持，但没有提供网络接口。TT是用C语言为TC写的网络接口，使用简单的基于TCP/IP的简单二进制协议进行通信，同时它拥有Memcached兼容协议并且可以用HTTP/1.1协议进行数据交换，支持从网络端高并发、多线程地访问TC。

TC/TT是一种很稳定的产品，在千万及以下数据量级别表现出色。但是开发者由于种种原因，已经很长时间没有更新版本了，而是推出了对应升级产品，叫做Kyoto Cabinet和Kyoto Tycoon，这也给TC/TT的前景带来了不明朗的因素，很明显开发者是为了鼓励人们使用升级产品，但是由于新产品没有更多的成功案例，在业界的影响力反而不如TC/TT。

TC/TT的系统架构与Memcached类似，如图2-28所示。

其技术特征如下。

①支持多种数据结构。TC除了支持Key-Value存储，还支持Hash、B+树、HashTable等多种数据结构。特别是HashTable数据类型很像一个简单的数据库表，并且还支持基于列的条件查询、分页查询和排序功能，基本上相当于支持单表的基础查询功能，因此可以简单替代关系数据库的一些操作，这也是TC受到欢迎的主要原因之一。

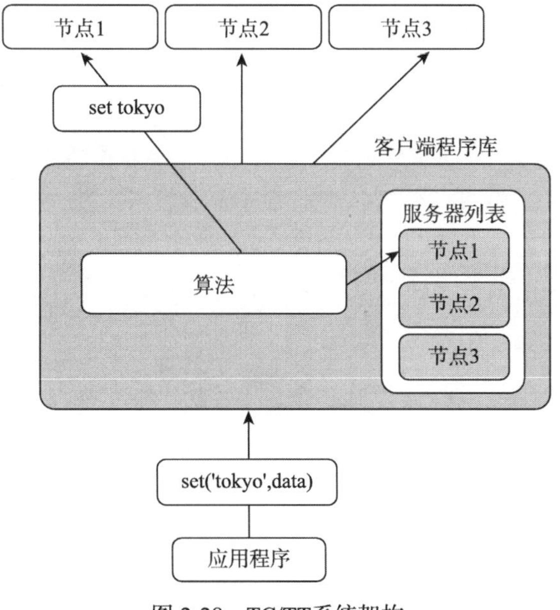

图 2-28　TC/TT系统架构

②故障转移。Tokyo Tyrant支持双机互为主辅模式，主辅库均可读写，其故

障转移机制如图2-29所示。

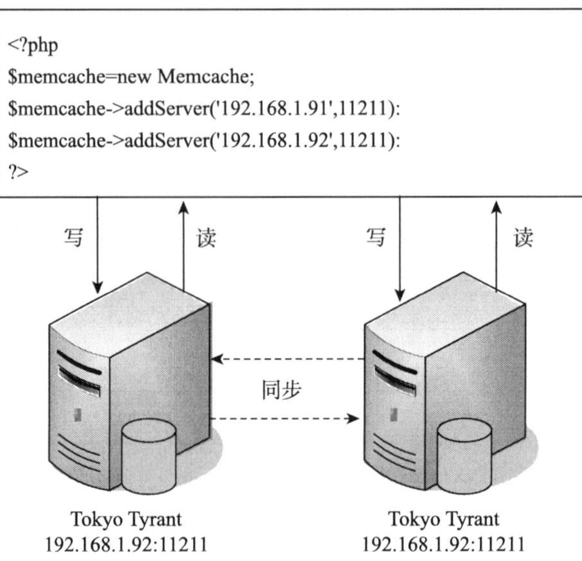

图 2-29　TT故障转移机制

（6）Voldemort。

Voldemort是LinkedIn开发的一款分布式Key-Value的高可扩展的数据库系统，如表2-7所示。其主要思想来源于Dynamo和Memcached。

表 2-7　Voldemort数据库系统

是否开源	是
开源协议	Apache 2
贡献组织或公司	LinkedIn
开发语言	Java
支持操作系统	跨平台
API	Java、Python、C++、Ruby、JavaScript、C、Scala
架构	P2P
接口协议	Thrift、Protocol Buffers、Avro、Java Serialization
应用场景	类Dynamo，高读写场景

续表

特性	Dynamo+Memcached 支持自动复制数据到多个服务器上 支持数据自动分割，所以每个服务器只包含总数据的一个子集 提供服务器故障透明处理功能 支持可拨插的序化支持，以实现复杂的键值存储，它能够很好地集成常用的序化框架如Protocol Buffers、Thrift、Avro和Java Serialization 数据项都被标识版本，能够在发生故障时尽量保持数据的完整性而不会影响系统的可用性 每个节点相互独立，互不影响 支持可插拔的数据放置策略

Voldemort的系统架构与Dynamo相同，其逻辑架构如图2-30所示，很多关键技术来源于Dynamo。

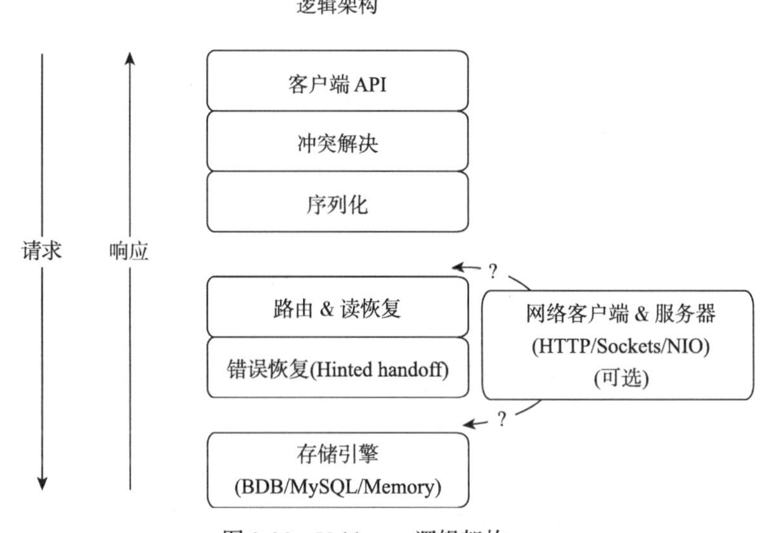

图 2-30　Voldemort逻辑架构

（7）总结分析。

上述各产品的对比分析结果如表2-8所示。

2）Column-Oriented 数据模型

列式数据库的数据模型采用BigTable式的表格，概念模型如图2-31所示。

它是一个分布式多维映射表，表中的数据是通过一个行关键字（Row Key）、一个列关键字（Column Key）以及一个时间戳（Time Stamp）进行索引的。行关键字是数据行在表中的唯一标识，时间戳是每次数据操作对应关联的时间戳，列定义为<family>：<label>（<列族>：<标签>），列关键字在数据库

表 2-8 各产品对比分析

比较项	Dynamo	Riak	Voldemort	Memcached	Redis	TC/TT
开发语言	不详	Erlang、C	Java	C	C	C
数据模型	Key-Value	Key-Value，支持Buckets	Key-Value	Key-Value	Key-Value，Value支持String、List、Set、Ordered Set和Hash五种类型	Key-Value，还支持Hash、B+树、HashTable
架构	P2P	P2P	P2P	特有的不相互通信的分布式	与Memcached同，但支持M/S复制	与Memcached类似，但支持双机互为主辅模式
API	不详	Erlang、Python、Java、PHP、Javascript、Ruby	Java、Python、C++、Ruby、JavaScript、C、Scala	C/C++、PHP、Java、Python、Ruby、Perl、Erlang、Lua等	C/C++/C#、Java、PHP、Perl、Erlang、Python、Ruby、Scala、Lua等	C、Perl、Ruby、Java等
存储	内存+硬盘	内存+硬盘，插件式存储引擎，支持多种不同的后端存储引擎	内存+硬盘	只维持在内存中	内存+硬盘	内存+硬盘

创建时预先指定，而列可以随意添加。

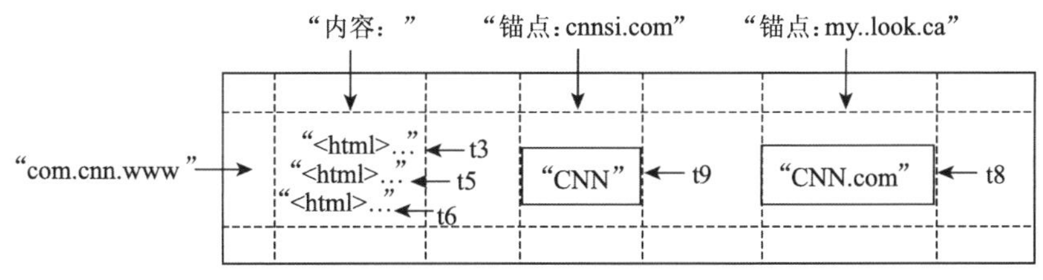

图 2-31　列式数据库的概念模型[14]

列式数据库在实际物理存储上是一个稀疏的矩阵，其实是把概念模型中的一行进行分割，并按照列族进行存储。列式数据库的数据按列存储，将同一列族的数据存在一起，非常适合做基于列的查询，并且按列存储有利于压缩，可大幅提高数据访问效率，通常用于应对分布式存储的海量数据。

综上，列式数据库的优势是查找列速度快，并且具有良好的扩展性，支持海量数据，适用于海量数据的存储与分析。但列存也有劣势，对于跨表连接的场景性能不高。列式数据库的特点如表2-9所示。

表 2-9　列式数据库的特点

相关数据库	BigTable、Cassandra、HBase、 HyperTable
典型应用	海量数据存储与分析
数据模型	列式存储，将同一列数据存在一起
优势	查找列速度快，可扩展性强，更容易进行分布式扩展
劣势	功能相对局限，对于跨表的连接性能不高

（1）BigTable。

BigTable[14]是Google开发的基于GFS和Chubby的NoSQL数据库，其是一个稀疏的、分布式的、持久化存储的多维度排序Map，如表2-10所示。BigTable的设计目的是可靠地处理PB级别的数据，并且能够部署到上千台机器上。BigTable已经实现了以下目标：适用性广泛、可扩展、高性能和高可用性。其已经在超过60个Google的产品和项目上得到了应用，包括Google Analytics、Google Finance、Orkut、Personalized Search、Writely和Google Earth。

表 2-10　BigTable非关系数据库

是否开源	否
开源协议	N/A
贡献组织或公司	Google
开发语言	不详

续表

支持操作系统	不详
API	不详
架构	M/S
接口协议	不详
应用场景	Google Analytics、Google Finance、Orkut、Personalized Search、Writely和GoogleEarth等，适合存储海量结构化或非结构化数据
特性	列族 MemTable+SSTable

BigTable是一个稀疏的、分布式的一致性多维有序Map。这个Map是通过行关键字，列关键字以及时间戳进行索引的；Map中的每个值都是一个未经解释的字节数组。BigTable数据模型如图2-32所示。

（row：string，column：string，time：int64）→ string

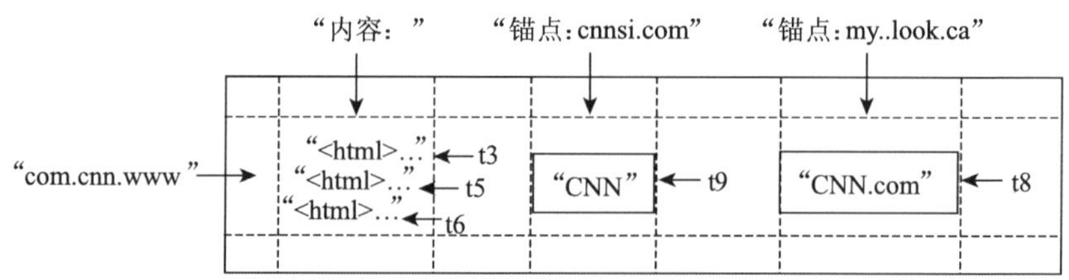

图 2-32　BigTable数据模型

BigTable是在Google的另外三个云计算组件基础之上构建的，如图2-33所示。①Google Work Queue：一个分布式的任务调度器，主要用来处理分布式系统队列分组和任务调度。②GFS：分布式文件系统，用来存储子表数据和日志文件。③Chubby：分布式锁服务。

BigTable主要由三个部分组成：客户端程序库（client library）、一个主服务器（master server）和多个子表服务器（tablet server）。客户需要访问BigTable服务时，首先要利用其库函数执行Open操作打开一个锁（实际上就是获取了文件目录），然后客户端就可以和子表服务器进行通信。主服务器主要进行一些元数据的操作以及子表服务器之间的负载调度，实际的数据存储在子表服务器上。

主服务器：新的子表产生时，主服务器通过一个加载命令将其分配给一个空间足够的子表服务器。主服务器通过Chubby对子表服务器的状态进行监控，以便及时检测到服务器的加入或撤销。每个主服务器被设定了一个会话时间的限制。当某个主服务器退出后，管理系统就会指定一个新的主服务器。

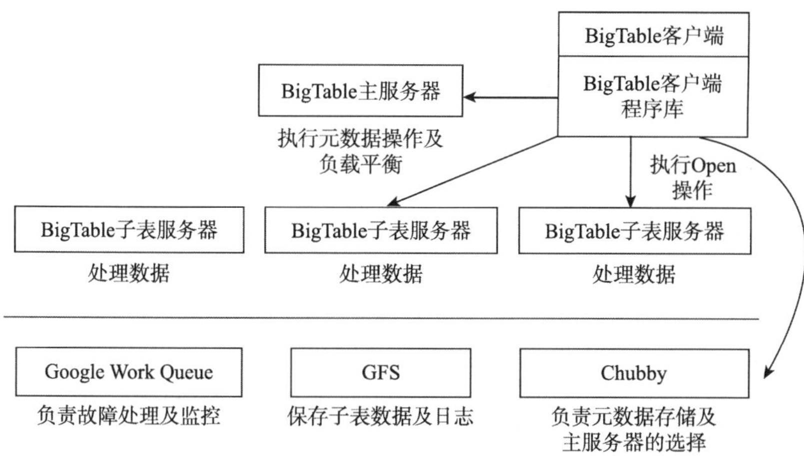

图 2-33　BigTable系统架构

子表服务器：每个子表都是由多个SSTable以及日志文件构成的，如图2-34所示。注意，不同子表的SSTable可以共享，每个子表服务器上仅保存一个日志文件，某个子表日志只是这个共享日志的一个片段，日志的内容按照键值进行排序。

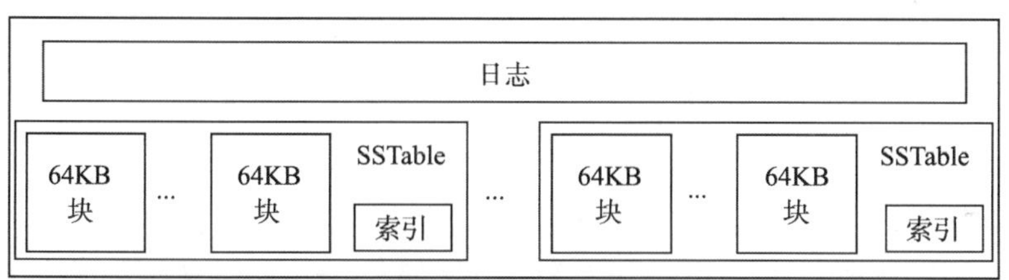

图 2-34　BigTable子表服务器存储架构

SSTable是Google为BigTable设计的内部数据存储格式。所有的SSTable文件均存储在GFS上，图2-35所示为BigTable SSTable存储格式的示意图。

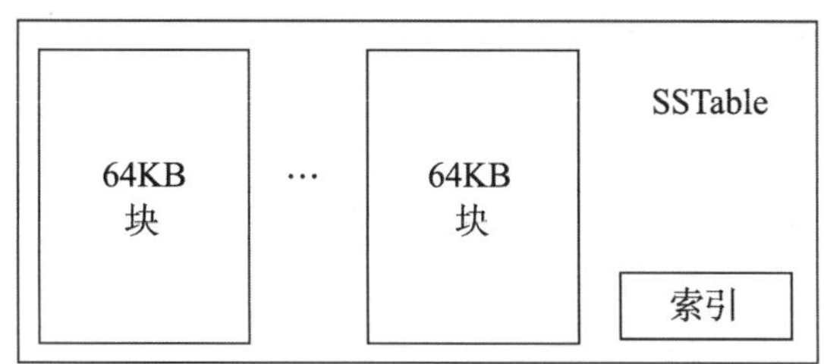

图 2-35　BigTable SSTable存储格式

SSTable中的数据划分成一个个的块（block），每个块大小可设置（默认64KB），SSTable结尾有一个索引，保存了SSTable中块的位置信息。打开

SSTable时，把这个索引加载到内存中，用以加快查找效率。

数据存储及读写操作：BigTable将数据存储划分成两块。较新的数据存储在内存中一个称为内存表（memtable）的有序缓冲里，较早的数据则以SSTable格式保存在GFS中。

写操作：首先查询Chubby中保存的访问控制列表确定用户具有相应的写权限，通过认证之后，写入的数据首先被保存在提交日志中。提交日志以重做记录的形式保存最近的一系列数据更改，这些重做记录在子表进行恢复时可以向系统提供已完成的更改信息。数据成功提交之后写入内存表中。

读操作：首先通过认证，然后读操作要结合内存表和SSTable文件进行，因为内存表和SSTable中都保存了数据。BigTable读写操作如图2-36所示。

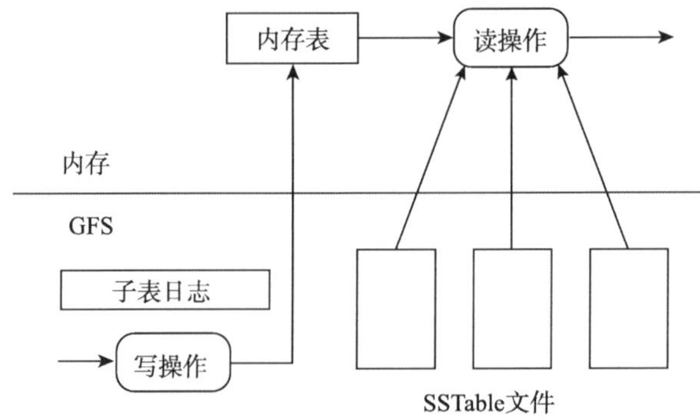

图 2-36　BigTable 读写操作

数据压缩问题：内存表空间有限，当容量达到一个阈值时，旧的内存表就会停止使用并压缩成SSTable格式的文件。在BigTable中有三种形式的数据压缩，分别是次压缩（minor compaction）、合并压缩（merging compaction）和主压缩（major compaction），如图2-37所示。

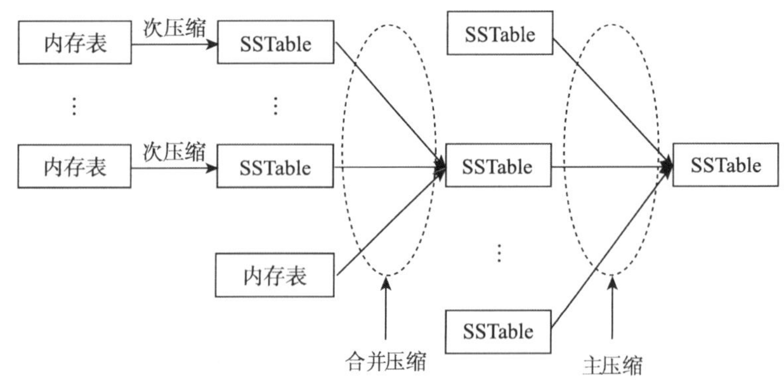

图 2-37　BigTable数据压缩实现

BigTable是列式数据库的先驱，其提出的稀疏矩阵的数据模型及MemTable+SSTable存储等技术有着重要的意义。后面提到的Cassandra、HBase、HyperTable均借鉴了BigTable的实现思想。

（2）Cassandra。

Cassandra[20]是一套高度可扩展、最终一致、分布式的结构化Key-Value存储系统，如表2-11所示。它以Amazon专有的完全分布式的Dynamo为基础，结合了Google BigTable基于列族（column family）的数据模型，更好地满足了海量数据存储的需求，解决了应用于关系型数据库模型之间存在的非依赖关系。

表 2-11　Cassandra存储系统

是否开源	是
开源协议	Apache
贡献组织或公司	Facebook
开发语言	Java
支持操作系统	跨平台
API	Python、Java、. NET、Ruby、PHP、C++
架构	P2P
接口协议	Thrift、Avro
应用场景	Faccbook收件箱，适合海量数据且写操作多于读操作
特性	Dynamo+BigTable Quorum NWR

Cassandra最初由Facebook开发，2008年Facebook将其贡献给了开源社区，现在是Apache下面的一个子项目。它是一个网络社交云计算方面的理想数据库。

Cassandra的系统架构与Dynamo相同，完全分布式、去中心化，某种程度上可以把Cassandra称为Dynamo 2.0。

Cassandra的体系结构充分吸收了Dynamo架构的一致性哈希、Hinted Handoff等技术以及BigTable的存储层和数据模型等内容。

Cassandra的数据模型采用类似BigTable的基于列族的模式，将相同列的数据组织在一起并有序存储。预先定义列族，由多个列组成，系统运行期间可动态添加列。

Cassandra的存储机制充分借鉴了BigTable的设计框架，采用Memtable/SSTable的存储方式，如图2-38所示。写数据前先写CommitLog，然后数据才会写入到Column Family对应的Memtable中，并且Memtable中的内容是按照Key值排序好的。Memtable满足一定条件后批量刷新到磁盘上，存储为SSTable。为了避免大量SSTable带来的性能影响，Cassandra也提供了一种类似于BigTable中定期将多个SSTable合并压缩成一个新的SSTable的机制。

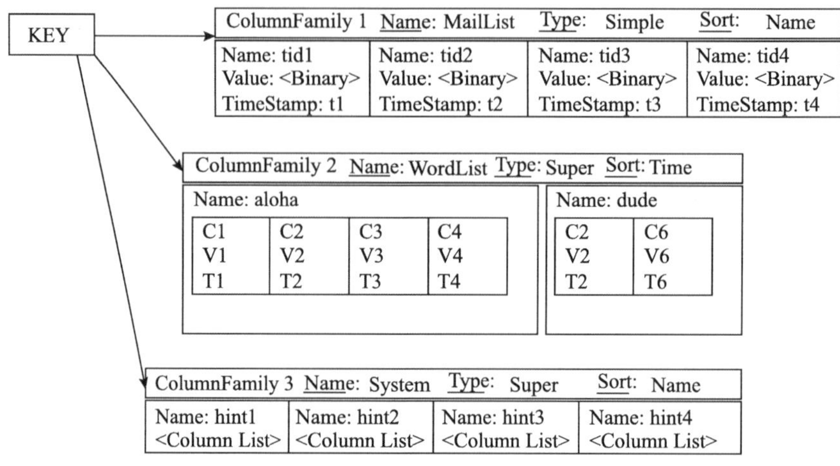

图 2-38　Cassandra存储机制

（3）HBase。

HBase[21]是一种高可靠、高性能、面向列、可伸缩的分布式存储系统，如表2-12所示，利用HBase技术可在廉价PC Server上搭建大规模结构化存储集群。

表 2-12　HBase存储系统

是否开源	是
开源协议	Apache
贡献组织或公司	Yahoo、Facebook、Cloudera等
开发语言	Java
支持操作系统	跨平台
API	Java、C++、Ruby、Perl等多种语言
架构	M/S
接口协议	HTTP/REST、Thrift、Avro
应用场景	目前HBase的应用很多，适用于随机数据，实时读写海量数据
特性	BigTable的Java开源实现 支持数十亿行×上百万列 采用分布式架构 MapReduce 对实时查询进行优化

HBase是Google BigTable的开源实现，Google BigTable利用GFS作为其文件存储系统，HBase利用HDFS作为其文件存储系统；Google运行MapReduce处理BigTable中的海量数据，HBase同样利用Hadoop MapReduce处理其海量数据；Google BigTable利用 Chubby作为协同服务，HBase利用ZooKeeper作为对应的协同服务。HBase的系统架构如图2-39所示。

客户端：包含访问HBase的接口，使用HBase的RPC机制与HMaster、HRegionServer进行通信。

ZooKeeper：类似Google Chubby的功能，包括当有多个HMaster时进行Leader选举，存储所有HRegion的寻址入口以及监控HRegionServer上下线状态等。

HMaster：HBase的管理节点，主要功能是管理用户对Table的增、删、改、查操作和负载均衡。

HRegionServer：数据节点，存储HBase的实际数据，主要负责响应用户I/O请求，向HDFS文件系统中读写数据。

HBase是BigTable的开源实现，其实现思想和关键技术与BigTable并无太大区别，在此不再详述。

（4）HyperTable。

HyperTable 是由Zvents开发的模仿BigTable的开源分布式数据库，目的是解决大并发、大数据量的数据库需求，如表2-13所示。目前只支持最基本的查询功能，并不支持事务、关联查询等功能。编写语言为C++，可架构在 HDFS 或 KFS 上，也可运行在本地文件系统之上。2009年1月，百度宣布支持HyperTable的开发，成为HyperTable的赞助者之一。

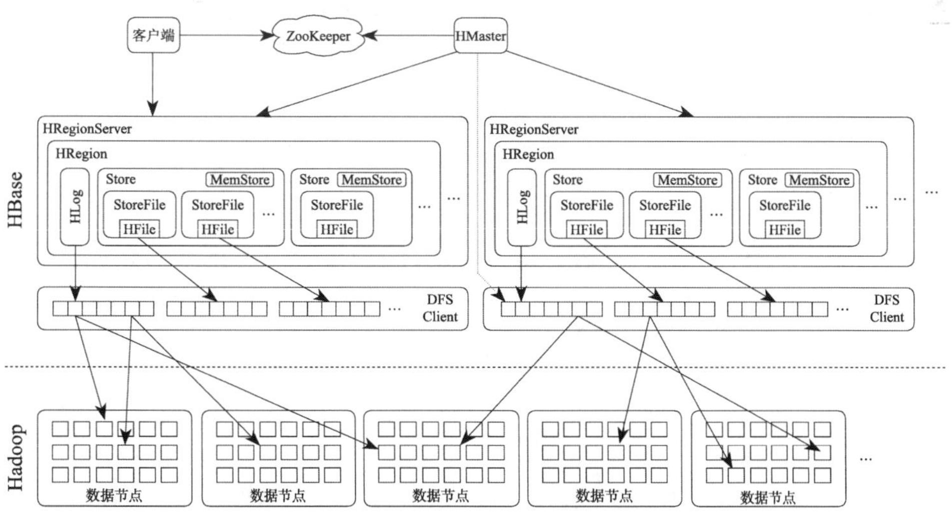

图 2-39　Hbase系统架构

表 2-13 HyperTable数据库

是否开源	是
开源协议	GNU
贡献组织或公司	Zvents、Baidu、Rediff.com、Hypertable
开发语言	C++
支持操作系统	跨平台
API	C++、Java、PHP、Perl、Python、Ruby等
架构	M/S
接口协议	Thrift
应用场景	海量数据存储
特性	BigTable的C++开源版本 HQL查询语言

HyperTable的系统架构如图2-40所示。

HyperTable的架构与Google BigTable类似，均采用Master/Slave架构。Master相当于BigTable的Master，RangeServer相当于BigTable的TableServer，HyperSpace相当于Chubby。其功能大致类似，在此不再赘述。

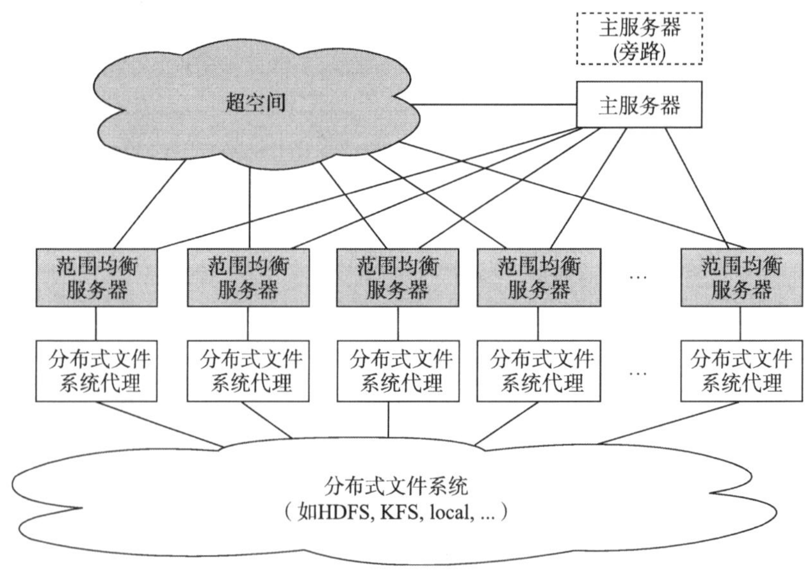

图 2-40 HyperTable的系统架构[13]

不同的是，HyperTable还有一个称为DFS Broker的组件。由于HyperTable运行在其他第三方分布式文件系统或者本地文件系统上，为了使其系统模块能很好地在不同的文件系统上运行，它提供了一个文件系统访问抽象层即DFS Broker。DFS Broker的API接口层为HyperTable提供了统一的文件系统访问接口，HyperTable系统进程调用DFS Broker的文件操作API后，DFS Broker API会将相应的文件操作以消息的形式发送给DFS Broker，DFS Broker根据具体的文件系统类型调用相应的操作接口，完成文件系统的访问。

HyperTable是BigTable的开源实现，在数据模型和读写机制上无太大差别，并支持MapReduce处理。目前只支持最基本的查询功能，并不支持事务、关联查询等功能。HyperTable的特点是实现了一套类SQL查询语言HQL（HyperTable Query Language），可以方便对数据库进行操作。

BigTable、Cassandra、HBase和HyperTable的对比分析如表2-14所示。

表 2-14　四种数据库的对比分析

数据库	BigTable	Cassandra	HBase	HyperTable
数据类型	多维映射表，稀疏矩阵	与BigTable类似，但支持超级列	与BigTable相同	与BigTable相同
分区	连续范围分区	一致性哈希	连续范围分区	连续范围分区
一致性	强一致性，支持基于行的事务	最终一致性	与BigTable相同	与BigTable相同
可靠性	写Commitlog，底层分布式文件系统多副本复制	写CommitLog，集群节点多副本复制	与BigTable相同	与BigTable相同
架构	M/S	M/S	M/S	M/S

3）Document-Oriented数据模型

文档型数据库的灵感来自Lotus Notes办公软件，该类型的数据模型是版本化的文档，半结构化的文档以特定的格式存储，如JSON（JavaScript Object Notation）。文档型数据库非常适合Web应用，因为现实中很多信息均可抽象成文档，如信件、账单、笔记、博客等。图2-41是一篇博客用文档数据模型描述的例子。

“Subject”：“I like Plankton”
“Author”：“Rusty”
“PostedDate”：“5/23/2006”
“Tags”:[“plankton”，“baseball”，“decisions”]
“Body”：“I decided today that I don't like baseball. I like plankton.”

图 2-41　博客用文档数据模型描述的例子

文档型模型可以看做Key-Value的组合和嵌套，对数据结构要求不严格，可以动态增加属性。其缺点是查询性能不高，缺乏统一的查询语法。文档型数据库如表2-15所示。

表 2-15 文档型数据库

相关数据库	MongoDB、CouchDB
典型应用	Web应用
数据模型	一系列键值对
优势	数据结构要求不严格
劣势	查询性能不高，而且缺乏统一的查询语法

（1）MongoDB。

MongoDB是一个开源的高性能、可扩展、无模式的文档型数据库，如表2-16所示，其内存储的是一种JSON-like的结构化数据。它介于关系型数据库和非关系型数据库之间，是非关系数据库中最类似于关系数据库的。它在许多场景下可用于替代传统的关系型数据库或键/值存储方式。MongoDB使用C++语言开发，其系统架构如图2-42所示。

在一个MongoDB的集群中包括一些Shard（Mongod进程）、Mongos的路由进程、一个或多个Config服务器。

表 2-16 MongoDB数据库

是否开源	是
开源协议	Apache
贡献组织或公司	10gen
开发语言	C++
支持操作系统	跨平台
API	多种语言支持如C/C++/C#、Java、JavaScript、Perl、PHP、Ruby、Python、Scala等
架构	M/S
接口协议	自定义的二进制序列化文档格式（Binary JSON，BSON）
应用场景	文档型数据应用，如内容管理系统（Content Management System，CMS）、blog等
特性	保留了SQL一些友好的特性（查询，索引） Master/Slave复制（支持自动错误恢复，使用集合复制） 内建分片机制 在数据存储时采用内存到文件映射 采用 GridFS存储大数据或元数据（不是真正的文件系统）

Shard：用于存储实际的数据块。每一个Shard包括一个或多个存储数据的Mongod进程，组成一个复制集，防止主机单点故障。

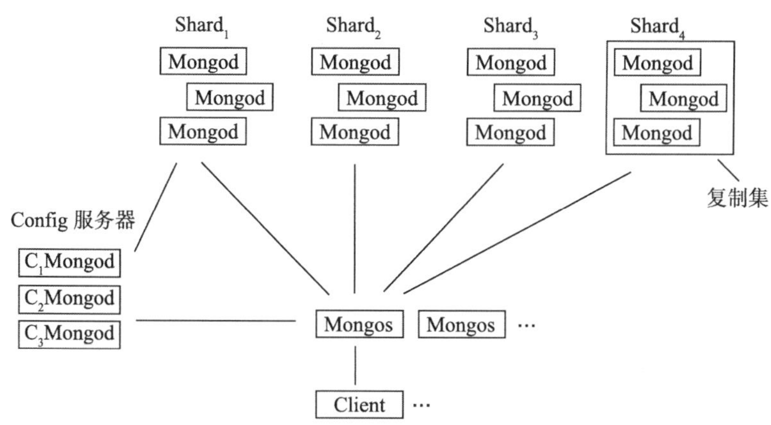

图 2-42　MongoDB 系统架构[14]

Config服务器：存储集群的元数据信息，包括每个服务器，每个Shard的基本信息和Chunk信息。

Mongo：前端路由，客户端由此接入，且使整个集群看上去像单一数据库，前端应用可以透明使用。

其技术特征如下。

①面向集合的存储：适合存储对象及JavaScript对象命名（JavaScript Object Notation，JSON）形式的数据。

②动态查询：Mongo支持丰富的查询表达式。查询指令使用JSON形式的标记，可轻易查询文档中内嵌的对象及数组。

③完整的索引支持：包括文档内嵌对象及数组。Mongo的查询优化器会分析查询表达式，并生成一个高效的查询计划。

④查询监视：Mongo包含一个监视工具用于分析数据库操作的性能。

⑤复制及自动故障转移：Mongo数据库支持服务器之间的数据复制，支持Master/Slave模式及服务器之间的相互复制。复制的主要目标是提供冗余及自动故障转移。

⑥高效的传统存储方式：支持二进制数据及大型对象（如图片）自动分片以支持云级别的伸缩性。自动分片功能支持水平的数据库集群，可动态添加额外的机器。

（2）CouchDB。

CouchDB[22]是Apache社区基于Erlang/OTP构建的高性能、分布式容错非关系型数据库，如表2-17所示。它充分利用Erlang本身所提供的高并发、分布式容错基础平台，参考Lotus Notes数据库实现，采用简单的文档模型，以JSON格式存储，并对外提供了HTTP/REST接口。

表 2-17　CouchDB数据库

是否开源	是
开源协议	Apache
贡献组织或公司	IBM
开发语言	Erlang
支持操作系统	跨平台
API	C/C++/C#、Erlang、Java、PHP、Perl、Python、Ruby、JavaScript、Lua等
架构	M/S
接口协议	HTTP/REST
应用场景	文档型数据应用，如CMS、blog等
特性	RESTful API：HTTP Get/Put/Post/Delete + JSON 基于文档存储，数据之间没有关系范式要求 每个数据库对应单个文件（以JSON保存），热备份（hot backup） 多版本并发控制（Multi Version Concurrency Control，MVCC），读写均不锁定数据库 用户自定义View 内建备份机制 支持附件 使用Erlang开发（更多的特性）

CouchDB系统架构如图2-43所示，其技术特征如下。

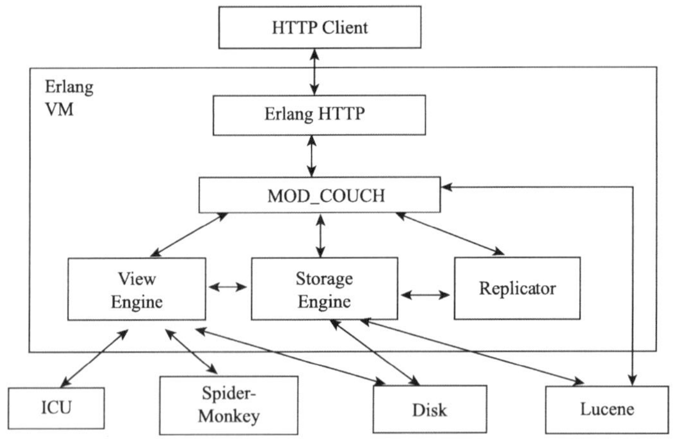

图 2-43　CouchDB系统架构

①RESTful API：HTTP Get/Put/Post/Delete + JSON。

②基于文档存储，数据之间没有关系范式要求。

③每个数据库对应单个文件（以JSON保存），热备份。

④MVCC（Multi Version Concurrency Control），读写均不锁定数据库。

⑤用户自定义View。

⑥内建备份机制。

⑦支持附件。

⑧使用Erlang开发（更多的特性）。

MongoDB和ConchDB的对比分析如表2-18所示。

表 2-18　MongoDB和CouchDB的对比分析

数据库	MongoDB	CouchDB
数据类型	文档型，JSON-like	文档型，JSON-like
分区	连续范围分区	连续范围分区
一致性	强一致性	最终一致性，客户端解决冲突
可靠性	Master/Slave复制集	多Master复制
架构	M/S	M/S

4）Graph-Oriented数据模型

图形结构的数据库同其他行列以及刚性结构的SQL数据库不同，它是一种使用灵活的图形模型。图模型有三种基本元素：节点（node）、边（edge）和属性（property）。图2-44所示为一个社会关系抽象出来的图模型，图模型数据库如表2-19所示。

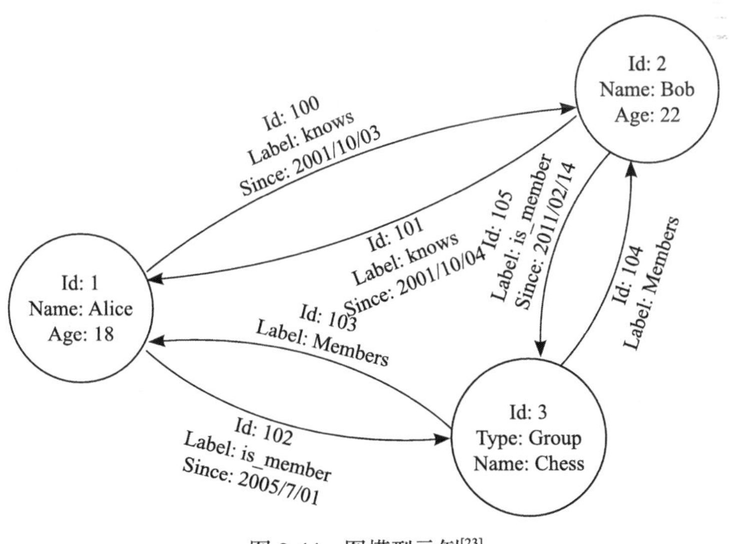

图 2-44　图模型示例[23]

表 2-19　图模型数据库

相关数据库	Neo4J、HyperGraphDB
典型应用	地理位置信息、社交网络、网络拓扑等，专注于构建关系图谱
数据模型	图结构
优势	利用图结构相关算法
劣势	需要对整个图做计算才能得出结果，不容易做分布式的集群方案

节点描述的是所表示的实体，如图2-44中表示了三个节点、两个人物（Alice和Bob）、一个组织（Chess）。

边描述的是节点间的关系，如Alice认识Bob，那么Alice节点和Bob节点之间就可以用边表述其关系。边具有方向性和类型，如图Alice和Bob之间的边是双向的，即Alice认识Bob，Bob也认识Alice，关系类型为knows。

节点和边都具有属性，如Alice这个节点由三个属性：ID，Name，Age。如Alice指向Bob的边，有三个属性：ID，Label和Since。图模型是基于网络的，现实生活中有很多例子均可以抽象成图模型，如地理位置信息、社交网络、网络拓扑等。

（1）Neo4j。

Neo4j 是一个用Java实现、具有ACID特性的图形数据库，如表2-20所示。数据以一种针对图进行过优化的格式保存在磁盘上。作为内核的图存储引擎性能卓越，具有数据库产品应当具备的所有特性，如恢复、两阶段提交、符合XA（由X/Open组织提出的分布式交易处理的规范）等。自2003年起，Neo4j就已经作为24/7的企业级产品使用。Neo4j既可作为不需要任何管理开销的内嵌数据库使用，通过Java-API进行数据操作；也可以作为单独的服务器使用，通过REST接口进行数据操作，方便地集成到PHP、.NET和JavaScript等语言开发的应用系统中。

表 2-20　Neo4j图形数据库

是否开源	是
开源协议	GPL，其中一些特性使用 AGPL（Affero General Public License）/商业许可
贡献组织或公司	Neo Technology
开发语言	Java
支持操作系统	跨平台
API	Java、Python、Ruby
架构	M/S
接口协议	HTTP/REST或嵌入在 Java中

续表

应用场景	适用于图形类数据，社会关系、公共交通网络、地图及网络拓扑
特性	可独立使用或嵌入到 Java应用程序 图形的节点和边都可以带有元数据 自带Web管理功能 使用多种算法支持路径搜索 使用键值和关系进行索引 为读操作进行优化 支持事务（用 Java API） 使用 Gremlin图形遍历语言 支持 Groovy脚本 支持在线备份，高级监控及高可靠性支持使用 AGPL/商业许可

Neo4j的系统架构如图2-45所示。

（2）HyperGraphDB。

HyperGraphDB是一个通用、可扩展、可移植的、分布式、可嵌入的开源数据存储机制，专门为人工智能和语义Web项目而设计，也可以用来作为一个适用于各种规模项目的嵌入式面向对象数据库，如表2-21所示。HyperGraphDB是一个基于Java的产品，构建在BerkeleyDB存储类库之上。

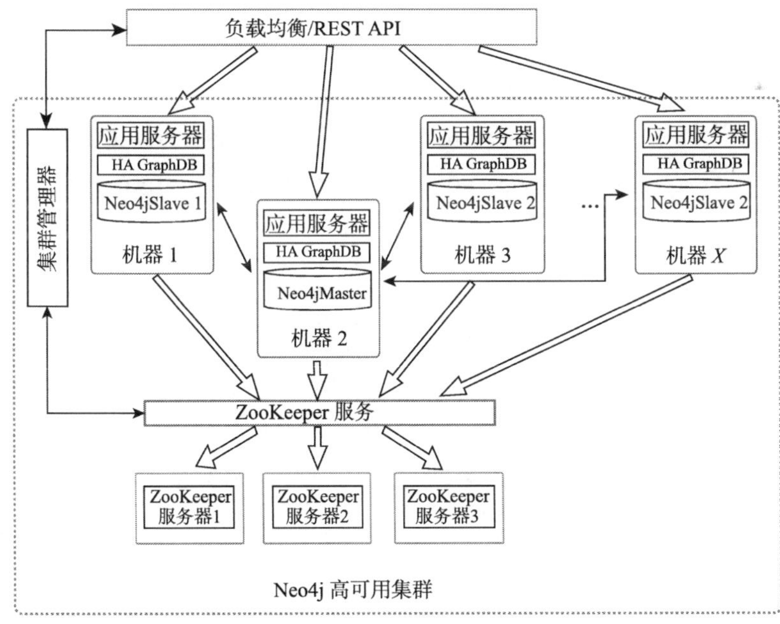

图 2-45　Neo4j系统架构[24]

表 2-21 HyperGraphDB数据库

是否开源	是
开源协议	LGPL
贡献组织或公司	Kobrix Software
开发语言	Java
支持操作系统	跨平台
API	Java，其他未知
架构	P2P
接口协议	不详
应用场景	人工智能和语义Web项目
特性	存储于BerkeleyDB 支持广义图存储 开放，可扩展的类型系统 基本查询系统和图形的遍历算法 支持Java对象直接存储 线程安全的事务处理 提供P2P框架实现数据分发

HyperGraphDB系统架构如图2-46所示。

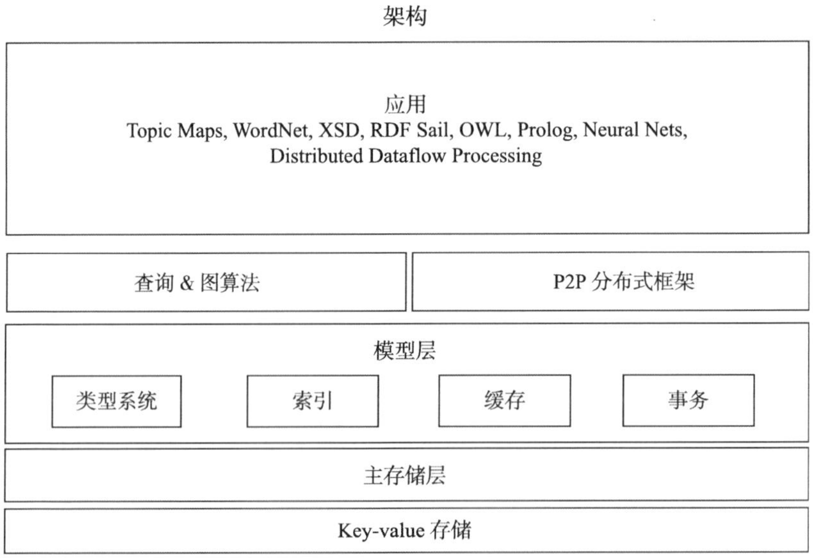

图 2-46 HyperGraphDB系统架构[25]

HyperGraphDB技术特征：①支持广义图存储。开放、可扩展的类型系统。②基本查询系统和图形的遍历算法。③支持Java对象直接存储。④线程安全的事务处理。⑤提供P2P框架实现数据分发。

Neo4j和HyperGraph DB的对比分析如表2-22所示。

表 2-22　Neo4j和HyperGraphDB的对比分析

数据库	Neo4j	HyperGraphDB
数据类型	图模型	图模型
分区	连续范围分区	一致性哈希
一致性	强一致性，支持事务	强一致性，支持事务
可靠性	Master/Slave复制，ZooKeeper保证Master的可靠性	不详
架构	M/S	P2P

2.2.2　分析型数据库系统

1.概述

数据为王是大数据时代的特征，如何有效地从数据中挖掘价值是需要解决的问题。挖掘数据中的价值就是对数据进行分析，数据仓库技术是一种对数据进行分析和管理的手段。所以，在大数据时代，数据仓库呈现出前所未有的机遇。各大IT厂商如IBM、Oracle、SAP、EMC、Teradata等均在大数据领域展开角逐，大举并购，如Oracle收购Sun、IBM收购Netezza、EMC收购Greenplum、SAP收购Sybase、Teradata收购Aster Data等。

显然，大数据使得数据仓库在数据管理系统的地位变得尤为重要，同时由于众多数据仓库产品采用关系型数据库作为存储和管理的重要核心部件，使其面临着众多的挑战，如海量数据下系统的可扩展性问题、非结构化数据的处理、对分析响应实时性的要求。

2.关键技术

典型的数据仓库系统体系架构如图2-47所示。

数据仓库系统通常由源数据层、数据获取层、数据存储层、数据应用层、元数据管理层等部分组成。

（1）数据获取层实现多个业务系统数据的抽取、转换、加载，这些处理步骤也称为ETL（Extraction Transformation Loading）过程。

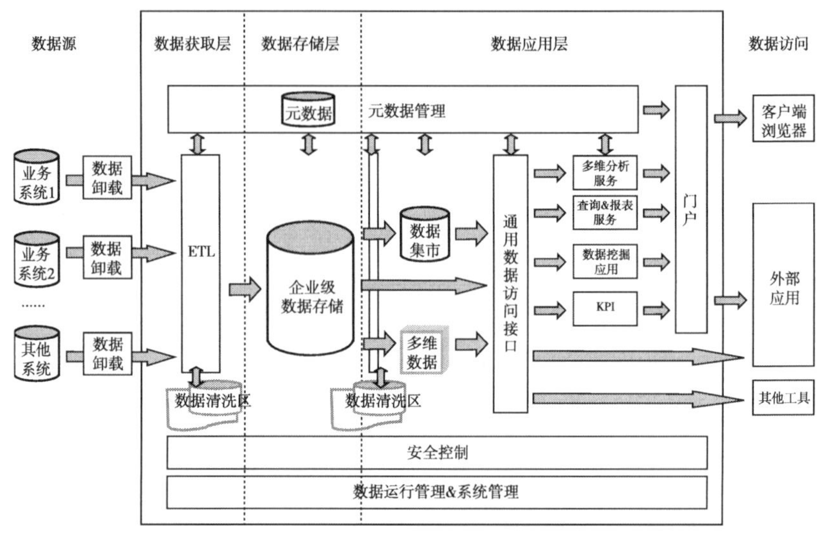

图 2-47　典型的数据仓库系统架构图 [26]

（2）数据存储层负责存储和管理数据，由于数据仓库系统管理着大量的业务系统收集的历史数据，而基于数据平台之上，还将建立大量的查询、报表、多维分析等应用功能，这就要求数据存储层不仅能够有效地存储和管理大量的业务数据，还要能够提供高效的查询访问效率。

（3）数据应用层是数据仓库系统的“窗口”，该层将系统存储的大量数据有效、清晰、灵活地呈现给业务用户。借助数据应用层提供的分析展示功能，可以帮助业务人员高效、便捷地进行数据的统计、分析。数据应用层几乎也是业务人员对数据仓库的唯一接触点。

（4）元数据的功能是管理和存储数据的定义和说明。元数据可分为两大类：其一为业务元数据，从业务角度描述了数据仓库中的数据，它提供了介于使用者和实际系统之间的语义层，使得不懂计算机技术的业务人员也能够“读懂”数据仓库中的数据；其二为技术元数据，其是存储关于数据仓库系统技术细节的数据，也是用于开发和管理数据仓库使用的数据。业务用户和技术用户借助元数据管理层提供的功能和应用，能更有效地理解和使用数据仓库数据。

本节主要分析数据仓库数据库的一些关键技术，其外围功能不在讨论范围之列。

1）架构选择

典型的数据仓库环境具有大量复杂的数据处理和综合分析，要求系统具有很高的I/O处理能力，并且要求存储系统具备足够的I/O带宽与之匹配。因此大多数数据仓库采用大规模并行处理计算机无共享架构（MPP Share Nothing），利用并行化提高访问效率。

2）存储模型

实现数据库物理数据的方法有两种：一是基于行存储，二是基于列存储，如图2-48所示。基于行存储的实现方法把逻辑数据的整条记录存储到数据块中，为了提高查询速度，要为某些列建立B+树等类型的索引；对于基于列存储的实现方法，逻辑数据中的记录不直接按条映射到物理数据中，而是把记录按列分开，将所有记录相同列的值存在一起，同时提供连接数据把记录相应的列值重新组合起来形成记录。

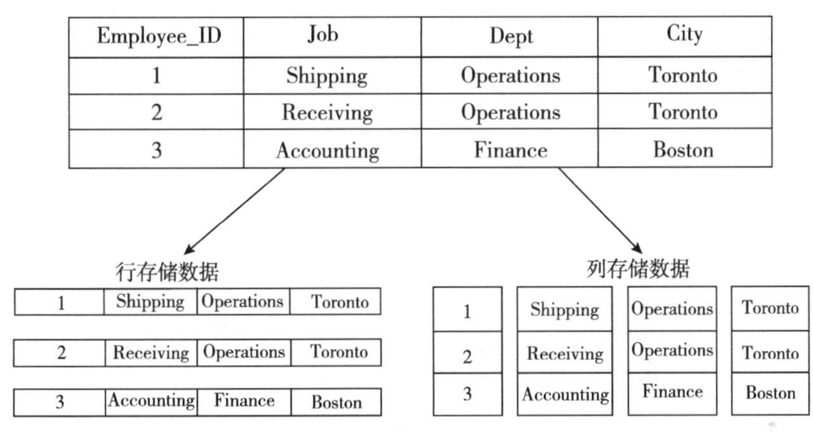

图 2-48　行存储与列存储[27]

行存储比较适合传统联机事务处理（On-Line Transaction Process，OLTP）数据库，因为OLTP应用读写操作以行为单位，且数据量比较小；而列存储适合联机分析处理（On-Line Analytical Processing，OLAP）数据库，因为大多数OLAP应用并不需要选择所有的列，采用列存储可以减少不必要的I/O开销，而且按列存储便于数据压缩，由于相同的列数据类型一致，可以达到很高的压缩比。列存储对于列与列之间的关联效率不高，但混合列存储解决了这个问题，其将若干行作为一个压缩单元，压缩单元内部数据按列进行组织和压缩。混合列存储是介于行存储和列存储之间的折中方案。

3）压缩

对数据进行压缩，一方面可以减少存储占用的数据量，节省存储成本。另一方面，压缩过的数据可以减少传输量，提高处理性能。

压缩算法多种多样，可以根据数据类型的不同自动匹配高效的压缩算法。

4）数据分配

数据分配（或分区）的目的是让数据分散分布在各个节点上，从而解决单机存储的限制，并且可以并行化处理。一般的分区策略如下。

（1）随机分区（Hash分区）。这种模式非常适合基于划分属性的点查询。例如，如果表Table基于telephone-number属性进行划分，那么当进行select * from table where telephone-number=555-333的SQL查询时，就可以将哈希函数应用于555-333，定位到所在节点，然后对这个磁盘进行扫描。将查询引向单个磁盘节省了初始化多个磁盘上查询的启动代价，并且使其他磁盘空闲下来处理其他查询。然而，这种模式不适合非划分属性的点查询，也不适合范围查询，因为一般哈希函数不保持一个范围内的互相贴近。那么，范围查询时需要扫描所有节点所有磁盘。

（2）顺序分区（范围分区）。这种模式很适合划分属性的点查询和范围查询。对于点查询，可以参考划分向量找到元组所在的磁盘。对于范围查询，可以参考划分向量找出元组可能驻留的磁盘的范围。在这两种情况下，将查询范围缩小到那些可能含有感兴趣元组的磁盘。

这种分区方式的优点是，如果查询范围内只有少量元组，那么一般查询只会送到一个磁盘，而不是送到所有磁盘。因为可以将其他磁盘用于其他查询，所以范围查询在具有较好的响应时间的同时还获得了较高的吞吐量。然而，如果范围查询内有许多元组，那么会有许多元组必须从少量的磁盘中检索出来，导致这些磁盘出现I/O瓶颈（造成热点）。

5）索引技术

索引是对数据库表中一列或多列的值进行排序的一种结构，使用索引可快速访问数据库表中的特定信息。

传统行存储数据库一般选择B-树或B+树等方式，而列存储数据库根据其自身特点，利用BitMap索引在某些场景下也会使查询变得高效。而为了实现高速查询处理，一些数据仓库还采用了粗粒度索引技术（如Netezza的ZoneMaps、Exadata的Storage Index）。

总之，索引技术是数据库中提高查询效率的重要手段，在数据仓库环境下索引仍然发挥着重要的作用，且有着各种不同的变化和实现。

6）高级分析功能

传统数据仓库数据库均是基于关系数据库的，因此只能通过SQL接口处理结构化数据，对于非结构化数据或半结构化数据只能在ETL阶段进行清洗转换并加载后进行分析。Hadoop是一种分布式的、高度可扩展的大数据处理框架，依赖于MapReduce，能够很好地、灵活地处理非结构化数据或半结构化数据，并且不依赖专有硬件，成本低廉，因此在数据分析处理中的地位越来越重要。许多数据仓库厂商纷纷支持Hadoop集成，主要的集成方式有两类。

（1）内建MapReduce API：Greenplum和AsterData提供了内建的MapReduce API。MapReduce以UDF（User Defined Function）方式嵌入到SQL语句中，当进行查询解析时触发MapReduce任务。MapReduce操作可以用各种语言（如Java、C++、Python等）描述。

（2）Hadoop连接器：Oracle Exadata、Teradata、Netezza、Sybase IQ、Vertica等均实现了一个Hadoop的连接器，可以将HDFS里的数据采用ETL的方式加载后进行分析。

数据仓库用于决策分析，数据挖掘用于从数据库中发现知识。数据仓库和数据挖掘的结合为决策支持系统（Decision Support System，DSS）开辟了新方向。另外，R语言是一个自由的、有效的、用于统计计算和绘图的语言和开发环境工具包，它提供了广泛的统计分析和绘图技术。许多商业数据仓库纷纷支持数据挖掘和R语言，如Oracle的Advanced Analytics可作为Oracle Database 11g的新选件，可将Oracle R Enterprise与Oracle数据挖掘绑定。Netezza内嵌了一个叫做IBM Netezza Analytics的分析平台，利用这个平台，用户可以利用SQL、Java、MapReduce、Python、R、C、C++等多种语言进行高级分析。另外，Netezza Analytics还集成了可视化工具和传统商业智能（Business Intelligence，BI）工具如统计产品与服务解决方案（Statistical Product and Service Solutions，SPSS）、统计分析系统软件（Statistics Analysis System，SAS）等方便用户使用。Sybase IQ也集成了SPSS、SAS等数据挖掘BI工具。

3.业界现状

1）Teradata

Teradata[28]是全球领先的企业级数据仓库解决方案厂商，Gartner发布的数据仓库魔力象限报告表明Teradata一直处于领先地位。

Teradata的数据仓库产品非常丰富，可以满足不同容量的需求，主要产品如表2-23所示。

表 2-23 Teradata产品家族

	单独软件版本 Teradata v13	小型数据集（5××）	极大容量数据仓库（1×××）	企业级数据仓库（2×××）	极高性能主机（4×××）	企业级动态数据仓库（5×××）
目标定位	可运行于任何基于Intel CPU的服务器平台	应用数据集市应用开发环境	巨量数据的存储与分析	企业级数据仓库	超高性能实时分析平台	企业级数据仓库（Enterprise Data Ware，EDW） 动态数据仓库（Active Data Warehouse，ADW）
可扩展能力（节点数据量）	1节点	1节点	1024节点	45节点	24节点	4096节点
可扩展能力（驱动数据量）	6 TB	7 TB	50 PB	275 TB	24TB	86 PB
适用于	部门级、地市级数据仓库平台	部门级、地市级分析平台，入门级数据仓库	分析型备份环境，超长历史周期数据分析	战略性商务智能，决策支持，快速扫描	操作型商务智能，较少数据量，超高性能	动态混合负载管理，实时数据更新，同时满足战术型和战略型响应时间要求

Teradata整个系统主要包括三个部分，如图2-49所示。

（1）处理节点（node）。每个节点都是对称多处理器结构（Symmetric Muti-Processing，SMP）的单机，多个节点一起构成一个海量并行处理器结构（Massive Parallel Processing，MPP）系统，多个节点之间的内部高速互联是通过一种称为BYNET的硬件实现的。其中每个节点又由解析引擎（Parse Engine，PE）、存取模块处理器（Access Model Processor，AMP）等构成。

PE主要用于进行客户系统（通常是使用Teradata数据库的应用程序的SQL请求）和存取模块处理器之间的通信和交互，其主要功能包括任务控制（session control），SQL语句的解析、优化、查询步骤的生成和分发，并行化预处理和返回查询结果。一个节点上通常只有一个或两个PE在工作。

AMP主要用于处理所有与数据有关的文件系统的操作任务，它是Teradata数据库无共享（Share Nothing）架构的核心表现。通常情况下，一个节点上会有多个AMP在工作，每个AMP分别负责文件系统上不同的、固定的数据的存取操作。

（2）用于节点间通信的内部高速互联网络BYNET。BYNET是一组硬件和

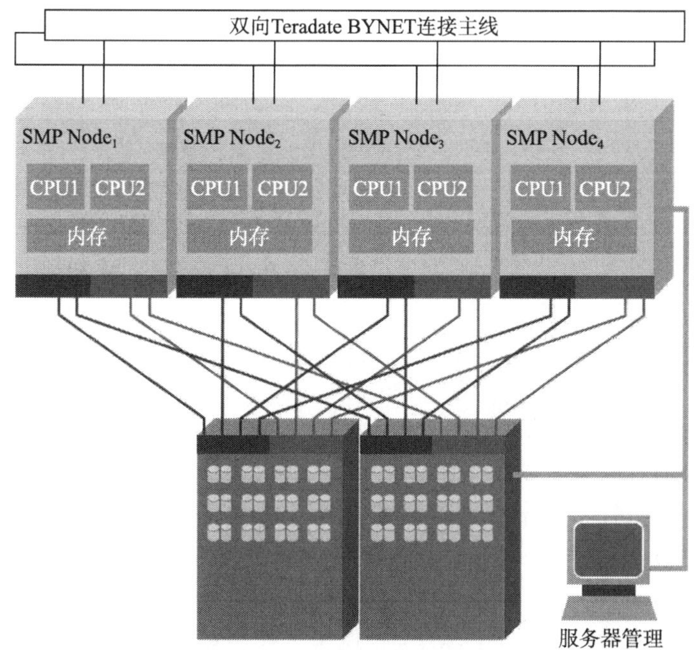

图 2-49　Teradata物理结构图

运行在这组硬件上的一些处理通信任务的软件进程的组合体，用于节点之间的双向广播（bidirectional broadcast）、多路传递（multicast）和点对点通信（point to point communication），同时，BYNET还实现SQL查询过程中的合并功能（每个节点或AMP，均匀分布表中一部分数据，当查询的时候每个节点并行查询，结果汇总到某个节点反馈给查询者，提高查询速度）。

（3）数据存储介质（通常是磁盘阵列）。

Teradata的关键技术如下。

①数据分配。

Teradata实现了自动的数据分配机制，它通过对数据键值的哈希计算将数据记录均匀分布到各AMP；并且解决了传统数据库的“数据重组”问题。

②多维并行技术。

在语句的具体执行中，Teradata实现了多维并行技术，从而大大提高了执行效率。Teradata实现的并行维度有查询并行（多个虚拟进程并行）、步内并行（每个虚拟进程中多进程）和多步并行（SQL语句的并行任务分解）。

③内嵌数据分析。

Teradata内嵌了多种分析功能函数、工具如下。①提供多种OLAP函数：累计和函数CSUM、移动平均函数MAVG、移动和函数MSUM、移动差分函数MDIFF、采样函数SAMPLE、限定函数QUALIFY等。②用户可以自定义函数

UDF。③可嵌入外部厂商的产品功能，如SAS、MicroStrategy等BI功能，以及SilkRoute、SAP等企业管理功能。

（4）数据保护机制。

Teradata通过切分（clique）、回滚（fallback）以及锁保护等方式实现数据保护。

①切分共享磁盘阵列的两个或更多的数据库节点，其具有以下特点：一个切分包含2～8个节点，数量有减少的趋势，热备节点（Hot Standby Node，HSN）逐渐成为标准配置；切分中如果有一个节点宕机，该节点上的AMP会迁移到其他节点，系统仍然可以运行；但是，切分也存在不足，即迁移过程中数据库会重启，且性能有损失。

②回滚在同一集群（cluster）中其他的AMP上保存一份相同的记录来达到包含数据的目的。其具有以下特点：如果一个AMP失效，AMP上的数据仍然可用，用户可以继续使用回滚的表，而不会丢失任何数据；但是，回滚方式存在额外的开销，包括2倍的磁盘空间、2倍的插入、更新、删除的I/O开销。

③Teradata还通过锁机制保护数据，可以防止多用户在同一时刻修改同一数据而影响数据的完整性；Teradata的锁机制可以作用在数据库、表以及记录上，在请求操作时自动加载，请求完成后自动释放；而且用户可以根据需要改变锁的类型。

2）Oracle Exadata

Oracle Exadata[29]是一款支持OLTP和OLAP混合工作负载的数据库一体机，它包含一整套数据库软件、服务器、存储设备、联网设备等，采用集成化设计，可以快速安装部署，并进行了高度可扩展、安全和冗余设计。

Oracle Exadata最初是Oracle与HP合作推出，由Oracle负责数据库、操作系统和存储软件设计，HP负责硬件设计。Oracle收购Sun后，整合Sun的硬件优势和其自身数据库软件优势，放弃与HP合作，推出Oracle Exadata V2，共有三个系列。

（1）Exadata X2-8：需要处理海量数据，为联机事务处理、数据仓储以及混合负载整合等所有应用提供超强性能和可伸缩性。它配备2个八插槽数据库服务器、14个Oracle Exadata Storage Server、InfiniBand交换机和5TB以上的Exadata智能闪存缓存以实现超快的事务响应和高吞吐量。

（2）Exadata X2-2：提供四分之一机架、半机架和全机架三种配置以满足各种应用要求和实现按需轻松伸缩。全机架配置配备8个两插槽数据库服务器、14个Oracle Exadata Storage Server、InfiniBand交换机和5TB以上的Exadata智能闪存缓存以实现超快的事务响应和高吞吐量。

（3）Exadata存储扩展机架：用于扩展Exadata的存储能力和扩展Exadata

X2-2和X2-8以及SPARC SuperCluster的带宽。它专为需要处理下列海量数据的数据库部署设计，如历史或存档数据；Exadata数据的备份或存档；文档、图像、文件和XML数据；大型对象（Large OBject，LOB）和其他大型非结构化数据。

具体的软硬件配置可参考官方资料。

Exadata软件架构如图2-50所示，其基于Oracle RAC架构优化。数据库网格由多个数据库服务器组成，运行的是Oracle Database 11g数据库，采用RAC架构（Share-Disk）；存储网格由多个Exadata Cell组成，不同于传统RAC的存储采用存储区域网络（Storage Area Network，SAN）设备，Exadata Cell可以看做Share-Nothing的存储池，每个Exadata Cell不仅可以实现存储功能，还可以完成大部分的计算任务。

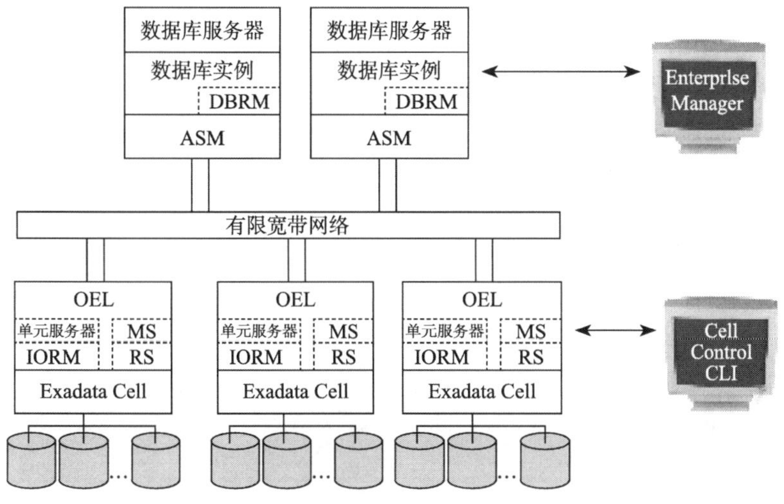

图 2-50　Exadata软件架构

总之，Exadata可以看做在传统RAC架构基础上将存储网络进行Share-Nothing设计，这样使得数据处理可以下放到Exadata Cell，大大提升了查询性能。所以，Exadata的核心是其存储网络。

Exadata是一款数据库一体机，本节主要侧重介绍软件设计上的关键技术。Exadata软件架构包括两部分：数据库服务器和存储网络。数据库服务器上运行的系统是Oracle Database 11g，其关键技术属于传统Oracle数据库的范畴，在此不再赘述。Exadata的核心是其存储网络，为克服传统存储系统的局限性，Oracle Exadata Storage Server通过采用大规模并行架构，显著增加了数据库服务器和存储系统之间的数据带宽，使Exadata可为数据仓库、联机事务处理、混合负载等所有任务提供超强性能。其主要通过以下三大关键技术实现。

（1）Exadata 智能扫描（smart scan）。智能扫描是 Exadata 最重要的一个

功能，它的作用就是把数据处理下放到每个Exadata Cell上运行，然后每个单元只返回符合条件的数据，这样就极大地降低了数据库服务器的负载和网络流量，并充分利用了单元的计算资源和I/O资源。

（2）智能闪存缓存（flash cache）。Exadata拥有高达5.3TB的闪存缓存，通过将经常访问的热数据透明地缓存在高速SSD中解决磁盘随机I/O瓶颈问题，这是Exadata支持OLTP的关键。闪存缓存完全是自动管理，Oracle 会根据数据的访问情况，决定哪些数据放在闪存缓存中。所有的数据都是先写到普通磁盘上，再根据访问情况读取闪存缓存，当闪存缓存发生故障时，数据不会丢失。当然，Oracle提供了可以让用户手动将表或者索引粘贴在闪存缓存中的方式。

除了自动管理的方式外，Oracle还允许用户人工创建闪存，与普通磁盘一样，这些闪存通过自动存储管理（Automatic Storage Management，ASM）输出给数据库使用，用户可以把一些访问频繁的数据文件放在上面。这些闪存不仅是缓存了，所以 ASM 会在Cell和Cell之间镜像。如果某块卡发生故障，那么整个存储单元上的闪存会离线，保证数据不会丢失。

（3）混合列压缩。Oracle的混合列压缩技术，实际上是融合了列压缩的高压缩比和行数据库的访问特性，将两者的优点结合起来。Oracle提出了压缩单元（Compress Unit，CU）概念，如图2-51所示，在一个 CU 内，是一种基于列的存储方式，采用列压缩，但是一个 CU 内保存了行的所有字段信息，所以在CU与CU之间，Oracle还是一个基于行的数据库，访问某一行，总是只在一个 CU 内。每个CU由一些连续的块组成，CU 头文件中记录了每一行的各个列在CU中的分布情况，在混合列压缩模式下，一行通常是跨多个块的。

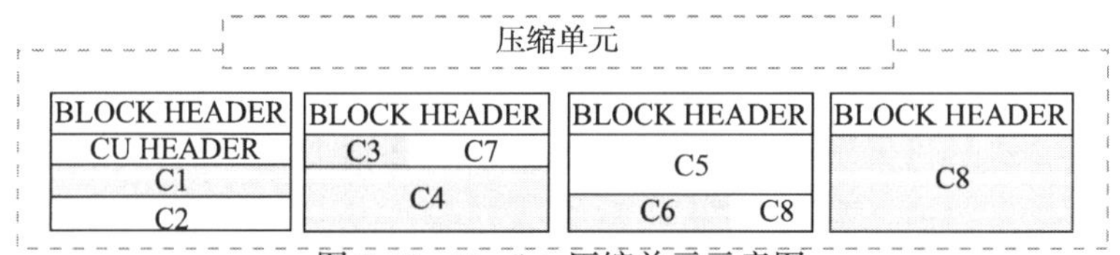

图 2-51　Exadata压缩单元示意图

3）IBM Netezza

Netezza[30]是一款专为数据仓库而设计的一体机，成立于2001年，2010年被IBM收购。其包括三个主要产品：①Netezza 100，这是一个最简配置的一体机，它只是为企业用户体验或试用而产生。其没有高可用特性，当然最大的卖点就是价格便宜。②Netezza 1000，它是Netezza的最主要产品，主要用来进行数据仓库和数据分析。在Netezza被IBM收购之前这个型号的名称是Netezza TwinFin。③Netezza HCA（High Capacity Appliance），与Netezza 1000在技术架构上并没有多大差异。这款产品的卖点是容量大（最大可扩展至10PB），用于数据归档、分析和灾难恢复。

Netezza一体机主要包括四个关键组件：SMP 主机、S-Blades、磁盘存储柜和网络结构。

（1）SMP 主机。由两台高性能的Linux服务器组成，一台是活动的，另一台是备机。BI 应用程序的请求会通过活动的SMP主机提交。SMP主机编译并且生成最优的可执行代码，并分发给 S-Blades 执行。最后收集并汇总S-Blades返回的结果给用户。

（2）S-Blades。S-Blades是Netezza的智能的处理节点，也是 Netezza 魔法发生的地方。每个 S-Blades都是一台独立的服务器，包含了一台标准的刀片服务器和一块 Netezza 特有的数据库加速卡。刀片服务器和数据库加速卡通过 IBM 的 Sidercar 技术整合后，它们在逻辑上和物理上都成为一个整体。Netezza 1000 的每个S-Blades节点包括2个四核的CPU、4个双核的FPGA引擎以及16GB的内存。

（3）磁盘存储柜。磁盘存储柜包含了高密度、高性能的磁盘。每块磁盘包含表的一个数据片，所有磁盘上某个表的数据片合起来组成一个完整的表数据。每块磁盘上还包含另外一块磁盘上的数据镜像，磁盘阵列柜通过高速的通道（3Gbit/s SAS）和 S-Blades 连接在一起。

（4）网络结构。Netezza一体机的各个组件是通过高速网络连接起来的。图2-52描述了其基本网络结构。网络有两种：一种是 IP 网络，另一种是SAS存储网络。IP 网络服务于 SMP 主机与 S-Blades 节点之间以及不同 S-Blades 节点之间的数据通信。IP 网络中的协议是经过深度定制的，专门为了 Netezza 的应用环境而优化，能够支持上千节点之间同时的大数据量传输。SAS 网络连接了 S-Blades 节点与磁盘存储柜，使 S-Blades 能够高速访问磁盘上的数据。

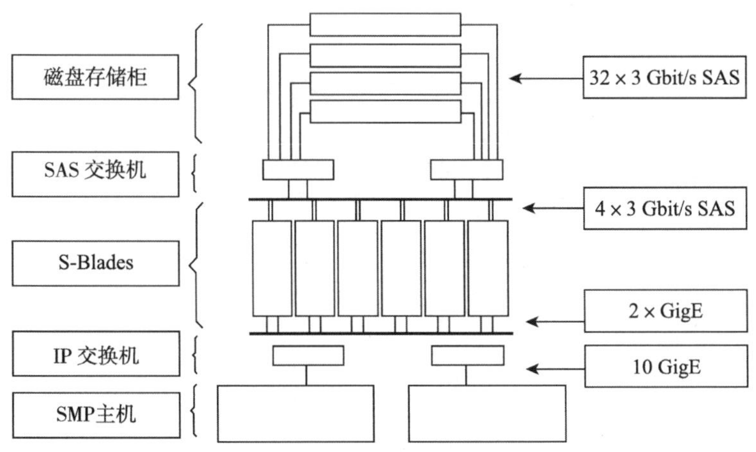

图 2-52 Netezza的基本网格结构

Netezza 一体机的各个部件都存在冗余的备份，如SMP包含两台SMP主机，形成主备关系，而磁盘保存着数据的镜像备份，并且每个刀片服务器底座包含了6个S-Blades，可以把失败的S-Blades透明切换到正常的S-Blades，不存在单点失败的情况，从而保证整体的高可用性。

其关键技术如下。

（1）FPGA数据流处理。Netezza具备高性能的一个重要因素是引入了数据库加速卡和数据流处理概念。这些都包含在 S-Blades 里面，它们极大地增强了一体机数据处理能力。

1个S-Blades 包括1个刀片服务器（8 个 CPU 核）和1块数据加速卡（8 个FPGA核）。正常情况下，在 Netezza 1000 一体机中1个 S-Blades 管理 8 个数据片（data slices）。1个 CPU 核、1个 FPGA 核和1个数据片组成了一个逻辑的处理单元，称为小处理机（snippet processor）。每个小处理机都独立负责一个数据片的处理，当运行查询时，1个S-Blades中就有8个这样的逻辑处理单元并行处理 8 个数据片。

图2-53所示为一个逻辑处理单元（1 CPU 核 + 1 FPGA 核 + 1 数据片）。SMP 主机编译生成可执行的代码片段并将它们分发到 S-Blades 上执行。这个代码片段实际上包含两部分内容：一部分用来配置FPGA的参数；另一部分是 CPU 可执行的程序。通过FPGA对数据的解压、投影、过滤，以及CPU的聚合、链接和汇总等操作，得到最终结果，这些结果经SMP主机收集汇总，返回给用户。总之，Netezza利用FPGA结合CPU的方式进行数据流处理，大大提升了数据处理能力。

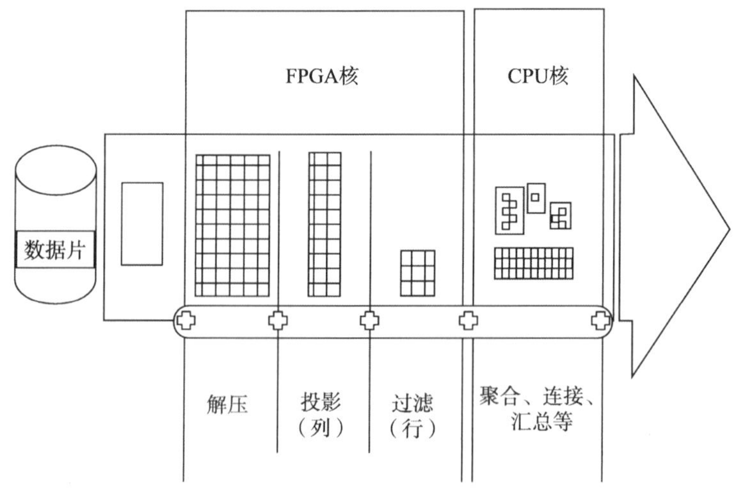

图 2-53　一个处理单元

（2）分区。Netezza 是一个分区的数据库，一个表的数据分布在所有的数据片上。一条记录存储在哪个数据片上是由分区键决定的。有两种方式制定分区键：一是在定义表的时候可以指定一个或多个列作为表的分区键；二是用随机的方式（round-robin）将记录分区。

（3）数据存储。Netezza处理系统（Netezza Process System，NPS）采用行存储而没有像其他数据仓库产品一样采用列存储。列存储带来两个好处：一是有利于数据压缩，二是在只需要抽取表的某几个列的时候会大大减少I/O开销。但列存储最大的问题是不利于表间连接。对于Netezza完全可以利用上述两点（AMPP架构和FPGA数据流处理）大大降低I/O开销，因此，Netezza采用行压缩保留了能够表间join的高性能，同时利用架构和硬件优势提升了I/O处理性能。

（4）压缩。数据仓库中性能的瓶颈往往出现在磁盘上，数据压缩存储的好处是可以减少磁盘的 I/O 压力，FPGA 引擎负责将数据解压缩成可读的内容。Netezza 的压缩对用户是完全透明的，它支持所有的数据类型，不需要任何的调优和管理。压缩算法把记录根据列分成不同的数据列流，对每个列流进行独立的压缩，但在存储的时候保持行结构，这种压缩算法保证了4～32倍的压缩率，极大地减少了磁盘 I/O 的压力。

（5）Zone Maps。Zone Maps 是Netezza 的独特技术，它可以在数据块还没有从磁盘上读出来之前就知道其是否包含查询中包含的数据，如果不包含则直接跳过该数据块。这种方式极大地减少了磁盘的 I/O开销，大大提高了查询的性能。传统的数据仓库则需要先读出数据块，再判断是否需要里面的数据。Zone Maps保存了每张表的每个数据块上各个列的最大值和最小值。默认情况下整数、日期和时间类型的列会生成 Zone Maps 统计信息。在查询时，系统首先会检查Zone Maps，根据 Zone Maps上数据库的范围，决定该数据库是否满足条件，是否需要读入。由上可知，通过Zone Maps可以避免大量不符合条件的数据库读入，从而提高查询性能。

（6）内嵌分析平台及工具。Netezza除了具有传统SQL分析能力，还具备高级分析能力，如进行数据探索和发现、数据变换、模型构建诊断和计分等，这是由于Netezza内嵌了一个叫做IBM Netezza Analytics的分析平台。利用这个平台，用户可以利用SQL、Java、MapReduce、Python、R、C、C++等多种语言进行高级分析，另外，Netezza Analytics还集成了可视化工具和传统BI工具如SPSS、SAS等方便用户使用。

4）Sybase IQ

Sybase IQ[31]是专为高级分析、数据仓库应用和商务智能环境设计的分析型的关系型数据库管理系统（Relational Database Management System，RDBMS），能够处理海量的结构化数据和非结构化数据。Sybase IQ 采用灵活的PlexQ MPP架构、完全列存储和高效数据压缩、专利索引技术和先进的查询优化程序，并且支持全文检索、数据库内分析、集成Hadoop和R语言，与第三方BI工具和数据挖掘工具集成，使得Sybase IQ构成了一个强大而又完整的大数据分析平台。

基于成熟的PlexQ 技术构建的Sybase IQ 采用三层构架。

（1）基本层：数据库管理系统（DataBase Management System，DBMS）。这是一个全共享 MPP 分析 DBMS 引擎，是Sybase IQ 最大的独特优势。

（2）第二层：分析应用程序服务层。其提供 C++ 和 Java 数据库内 API，并可实现与外部数据源的集成和联邦，包括四种与Hadoop 的集成方法。

（3）顶层：Sybase IQ 生态系统。由四个强大且不同的合作伙伴和认证 ISV（Independent Software Vendors）应用程序组成。

Sybase IQ PlexQ MPP架构如图2-54所示。

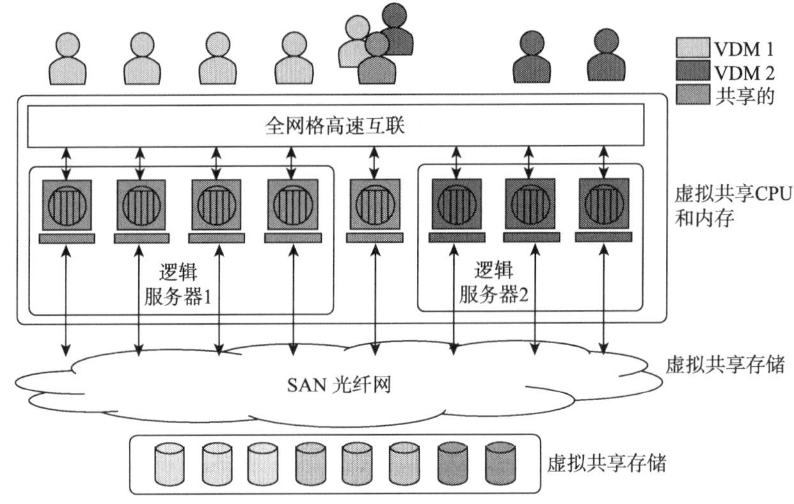

图 2-54 Sybase IQ PlexQ MPP架构

Sybase在2010年推出的Sybase IQ 15.3采用了全共享架构的 PlexQ 技术，该技术重新定义了企业范围的业务信息，可轻松支持涉及海量数据集、海量并发用户数和独特工作流程的多种复杂分析样式，大大增加了效益。与其他 MPP 解决方案不同，Sybase IQ 的 PlexQ 网格技术能够动态管理、可轻松扩展，并且专用于不同组和流程的一系列计算与存储资源中的分析工作量，从而能够以更低的成本来更轻松地支持日益增长的数据量以及快速增长的用户社区。

其关键技术如下。

（1）列存储与数据压缩。一方面，在Sybase IQ中数据按列存储，因此整个数据库是自动索引，而无需为每一列建立不必要的索引。在传统的数据库中，为提高查询性能所建索引占用的磁盘空间往往比数据本身需要的磁盘空间多出3～10倍。而Sybase IQ 存储数据所占用的磁盘空间通常只是原数据文件的40%～60%，是传统数据库所占用空间的几分之一。另一方面，Sybase IQ按列存储，在压缩方面比传统的关系型数据库更加有效，因为同一列中的所有数据域有相同的数据类型，从而可以大幅降低存储成本。而且，采用列存储方式，可以大幅提升数据查询和分析速度。另外，Sybase IQ列存储便于压缩，可以大幅增加数据吞吐量，相应地减少查询响应时间。

（2）并行化。Sybase IQ在处理查询时支持两种类型的并行化。①Inter-Operator并行化：查询树中的多个查询节点并行执行。Inter-Operator并行化使用两个不同的并行化模型实现：管道并行化和Bushy并行化。对于管道并行化，一旦子节点生成第一行，一个父节点便开始产生更多行。对于Bushy并行化，两个查询节点彼此独立的并行执行，无须等待来自对方的数据。②Intra-Operator并行化：一个查询节点内的多个线程并行执行。Intra-Operator并行化通过将输入行分区成子集，并将数据子集分配给不同的线程来实现。Sybase IQ大量使用Inter-Operator和Intra-Operator并行化优化查询性能。

（3）分布式查询处理（Distributed Query Processing，DQP）。它将查询处理分散到Sybase IQ Multiplex中的多个服务器上。一个Sybase Multiplex是一组服务器，均运行Sybase IQ。Multiplex中的服务器连接到一个中心存储，如一个共享的磁盘阵列，永久共享数据。Sybasc IQ Multiplex有一个混合的集群架构，包含永久的IQ数据的共享存储、存储目录元数据的独立的节点存储、私有的临时数据、事务日志。

当Sybase IQ查询优化器认为一个查询可能需要利用多个节点上更多的可用CPU资源时，它会将查询分为并行的“碎片”，这些“碎片”可以在Multiplex的其他服务器上并行执行。分布式查询处理是这样一个过程：将查询分解为多个独立的任务，将这些任务分布到Multiplex中的其他节点上，将结果及时收集和组织并生成最终的查询结果集。

（4）索引。Sybase IQ有9种索引，包括Low Fast 索引、Bit-wise索引、High Group索引、Fast Projection 索引、Word 索引、Compare索引、Time Analytic 索引等，其中Bit-wise索引比较强大，已获得专利认证，其本质上就是一种位图索引。

（5）内嵌分析检索功能。Sybase IQ 15.2版本引入全文检索功能，是业界第一个以列式分析方式提供全文检索和联合查询的数据库；支持当前占主导地位的Web2.0开发工具语言，如Python、PERL、PHP、ADO.NET 以及 OLE-DB；支持用户自定义函数（User Defined Feature，UDF），通过UDF，Sybase IQ集成MapReduce API、预测模型标记语言（Predictive Model Markup Language，PMML）、R、高级分析和数据挖掘算法库；Sybase提供了Sybase IQ与Hadoop集成和联邦，将来自基于Hadoop分析的结果与Sybase IQ中运行的查询进行集成，从而充分利用Hadoop分布式存储的优势，以及数据库对结构化数据的存储效率和分析效率，使云计算平台更加灵活、强大。

Sybase是唯一一家提供四种不同的机制，在标准的SQL查询中将Hadoop数据和分析与一个分析数据库进行集成的供应商（客户端联邦、ETL处理、数据联邦与查询联邦）。利用Hadoop确定大规模结构化数据集和非结构化数据集的相关数据点，然后将这些来自Hadoop的相关数据点集成到Sybase IQ中，与事务数据以及来自其他数据源的结果集进行分析。

5）EMC Greenplum

Greenplum[32]公司成立于2003年，总部在美国加利福尼亚州，专注于新一代数据仓库和大规模分析处理软件解决方案，2010年6月被EMC收购。

Greenplum的核心产品主要分为两部分。

（1）Greenplum UAP

Greenplum UAP是一个统一的大数据分析平台，能够统一分析结构化数据和非结构化数据。该平台由三大组件构成：①Greenplum DataBase，关系型数据仓库，用于分析结构化数据。②Greenplum HD，分析非结构化数据，提供企业版和社区版两个版本。社区版——100%通过开源认证，完全基于Apache Hadoop，包括HDFS、MapReduce、HBase、Pig、Hive、ZooKeeper。企业版——100%兼容Apache Hadoop，与社区版的不同是其文件系统采用MapReduce文件系统，相对HDFS至少有2～5倍性能提升。Greenplum HD提供了一个连接模块HD Module，用来融合Green plumHD和DataBase，将结构化数据和非结构化数据纳入一个统一解决方案。③Greenplum Chorus，将数据科学家团队的生产效率最大化，提供了一个社交网络式的交互功能，允许数据分析家、数据科学家、IT人员、DBA、决策者等参与协作。

（2）Greenplum DCA

Greenplum DCA（Data Computing Appliance）是一款数据仓库一体机，集成了Greenplum UAP软件。

Greenplum是真正的MPP。Share-Nothing架构，系统架构如图2-55所示。Greenplum采用MPP Share-Noting架构，主要由三部分组成。

①主节点：客户端SQL或MapReduce查询的入口，生成查询计划并分发到各个段节点。主节点不参与数据计算，只负责并发控制和调度功能，因此负载很轻。主节点物理上有两个，主备（active/standby）HA模式。

②段节点：数据存储和查询处理节点。

③gNet互联网络：优化的软件互联网络，用于节点间通信。可以运行在通用的万兆位以太网上。

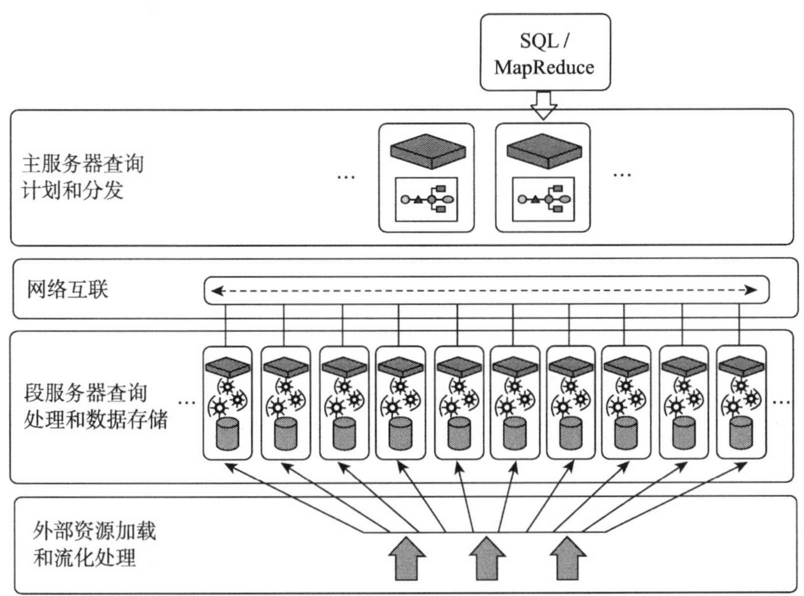

图 2-55　Greenplum MPP Share-Nothing 架构

其关键技术如下。

（1）并行数据流引擎

并行数据流引擎是Greenplum数据库的核心，是真正进行数据处理和分析工作的关键。并行数据流引擎是一个优化的并行处理部件，它处理的数据可以来自本地磁盘、外部文件或应用程序以及gNet互联网络。并行数据流引擎分布在Greenplum数据库的所有段节点上，并能有效地扩展到上千个CPU核。

并行数据流引擎基于超级计算的原则而设计，采用移动计算比移动数据更有效的思想，将计算尽可能地推送到数据所在的节点进行处理。在Greenplum的体系结构中，这种设计是非常有效的，因为每一个段节点会有大量的I/O带宽出入。移动计算可在大规模复杂查询下获得最大处理效率。

Greenplum的并行数据流引擎为同时执行SQL和MapReduce进行了高度优化。它能够直接执行所有的标准SQL查询，包括一些哈希-连接，多级哈希聚合操作等，另外还可以执行任意的MapReduce程序。

（2）并行查询优化器

Greenplum数据库的并行查询优化器负责将SQL查询或MapReduce任务转换成物理的执行计划。它采用基于成本的优化算法，计算多个潜在的执行计划，选择其中最有效的一个。生成的查询计划除了包含一些传统的物理操作如扫描、连接、排序、聚合等，还包括一些并行“运动”操作，它描述了何时以及如何在查询执行过程中进行节点间数据传输。

Greenplum数据库的查询计划中可能存在三种并行“运动”操作：①广播运动（$N:N$），每个段节点广播式地发送所有的目标数据到其他段节点；②重新分配运动（$N:N$），每一个段节点对目标数据根据待连接的列重新哈希并分配各行数据到合适的段节点；③收集运动（$N:1$），每一个段节点将目标数据发送到指定的单个节点（通常是主节点）。

（3）多态数据存储

Greenplum的底层存储形态称为多态数据存储，如图2-56所示，对于每个表或者分区表，由DBA在创建时选择合适的表存储、执行和压缩方式。Greenplum的这种方式抽象了表或分区的详细信息，对用户是透明的，也就是说Greenplum既支持行存储也支持列存储，在表定义时由用户根据应用的读写特点在数据定义接口（Data Define Interface，DDL）语句中显式选择合适的存储方式。

①行存储：这是PostgreSQL原生的存储形态。

②列存储：这是Greenplum3.3.4版本新增的功能，主要是增加了C-Store引擎来实现的。选择这种存储方式，数据将按指定的列进行垂直分区，每一列单独进行存储并压缩。这种方式极大提高了那些只需要其中某些列的查询的效率。

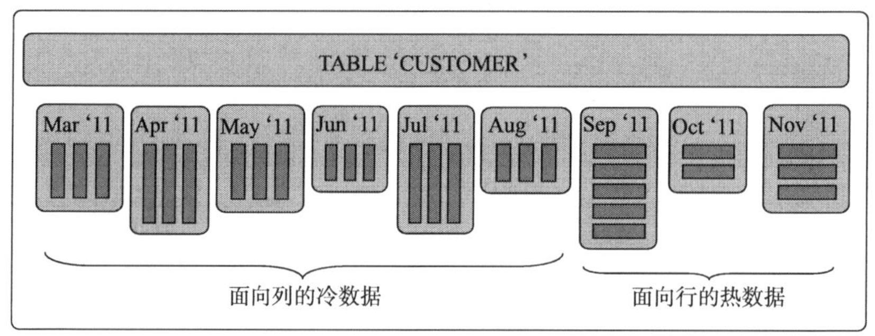

图 2-56　GreenPlum多态数据存储

（4）gNet软件互联网络

在MPP Share-Nothing数据库系统中，在连接或聚合操作时，数据需要跨Segment重新分区，因此数据会频繁移动。互联网络gNet是Greenplum数据内最关键的部件之一，其优化了数据流，允许数据进行连续的流水线处理而不是阻塞在各个节点上，此外，gNet经过优化还可以在通用千兆以太网上扩展到上千个处理节点。

gNet软件互联网络的本质是一个基于超级计算的“软交换机”，它负责在查询计划执行期间的各个“运动”节点之间抽取数据流。具体来说，gNet传送消息、移动数据、收集结果并负责各个段节点之间协调工作。gNet是支撑Greenplum并行查询计划执行时运动节点执行的基础。

（5）多级容错

Greenplum数据库在架构设计上没有单点故障。在系统内部，采用日志和段节点级数据复制来实现冗余并提供自动故障恢复。

系统提供多级冗余和完整性检查。在存储级别，Greenplum数据引擎采用RAID-0+1或RAID-5来保证磁盘高可用。在系统级别，Greenplum通过不断地将所有段节点和主节点内的数据复制到其他节点，以确保单个机器故障不会影响整个数据库的可用性。在网络级别，Greenplum的所有系统采用冗余的网络接口，并在所有参考配置中配备了冗余交换机。

（6）内嵌MapReduce

Greenplum的并行数据流引擎同时提供MapReduce和SQL两种查询方式。Greenplum MapReduce使程序员可以对Greenplum数据库内部或者外部数据源进行大规模并行分析。

（7）MPP Scatter/Gather流技术

Greenplum的MPP Scatter/Gather流（SG流）技术是一种全面并行的数据加载方法，数据从一个或者多个源系统流入数据库的每个节点上，从而实现了数据快速加载能力。

6）HP Vertica

Vertica[33]是一家分析型数据库软件公司，成立于2005年，产品名称为Vertica，由麻省理工学院的数据库研究专家Michael Stonebraker开发的C-Store原型发展而来，于2011年3月被HP收购。Vertica采用列存储方式，每一列数据进行独立存储，并进行主动压缩，能够大大提高查询性能和减少磁盘I/O开销。因此，Vertica作为一款专门为大规模复杂查询优化的数据仓库，有着很强的优势。

Vertica采用MPP Share-nothing架构，可以运行在普通商用Linux Server上，无需专门或定制化的硬件产品。

单个节点内部Vertica的系统架构如图2-57所示。

从数据模型上，Vertica仍然是RDBMS，支持标准SQL，并提供了ODBC、JDBC、ADO.NET等多种数据库驱动，因此可以无缝地与各类ETL工具和BI产品结合。Vertica的每个节点都可以接受SQL查询，并进行SQL解析和优化。

Vertica数据仓库不仅支持数据的查询，也支持数据更新和删除操作。然而，对于读请求（Select）和写请求（Update、Delete）操作是隔离的，即Vertica内部实现了一个混合存储模型，定义了两种不同的存储结构：WOS（Write-Optimized Store）和ROS（Read-Optimized Store）。WOS为写优化专门设计，ROS为读优化专门设计，同时，后台有一个叫做Tuple Mover的进程不断地将数据从WOS移入到ROS进行合并。

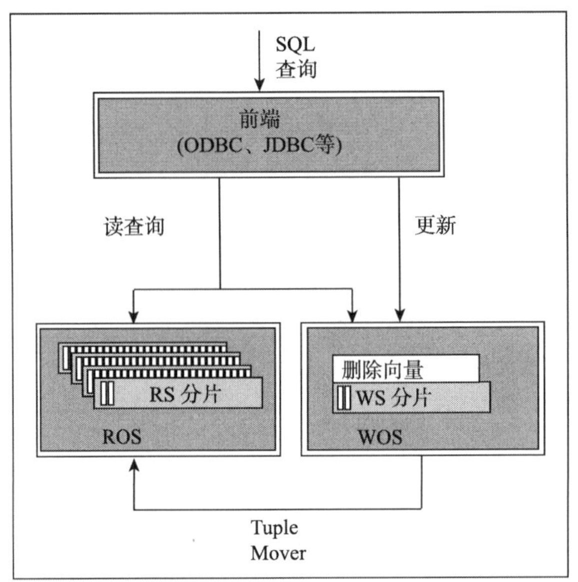

图 2-57 Vertica单节点系统结构

其关键技术如下。

（1）存储机制

Vertica的存储机制设计思想源于开源列存储项目C-Store，也是Vertica的核心。从根本上讲，Vertica是列存储，并对数据进行自动压缩。通过列存储减少查询时扫描的I/O量，再对各列数据压缩是利用计算换空间，以减轻磁盘和网络的I/O负担。

①列存储。Vertica是第一个真正实现列存储的商业化数据仓库，与其他行列混合存储数据仓库（如Exadata、Infobright等）先按照行进行分块然后对块内的行进行列存储的方法不同，Vertica将每一列数据独立存储在磁盘的连续块上。因为对于大多数OLAP系统，在进行数据查询时，只需要取得所需的列，而非被选择行的所有列，所以数据按列存储，能够大大节省磁盘I/O开销。

②主动压缩。Vertica支持多达12种压缩算法，如RLE（Run Length Encoding）、Delta Value encoding、Integer packing for integer data、Block-based dictionary encoding for Character data、Lempel-Ziv compression等。Vertica会根据样列数据自动选择最佳压缩算法，基于列的压缩由于相同数据类型和相同取值范围，通常会大幅度提高压缩效果。

③多个映射存放。微观上，Vertica在数据组织上是采用列存储方式。宏观上，对于某个表，Vertica其实是物理存储了一个表的多个物化视图，称为“映射”。每个映射其实就是一个特定次序排序的表的列的子集。

如图2-58所示，Vertica有一张表sales，数据模式为（oid，pid，cust，date，price）。在实际物理存储时，可能用两个映射存储：sales-prices和sales-customers。Sales-prices的数据模式为（oid，pid，date，price），sales的数据模式为（oid，pid，cust），均为表sales列的子集，并且每一个映射均要指定一个排序键，指定数据在磁盘上存储时按照这个排序键进行有序排序存储。映射也支持来自多个表的列进行组合，以实现外键关联。然后每个映射被分割成多个段分布在各个节点上。

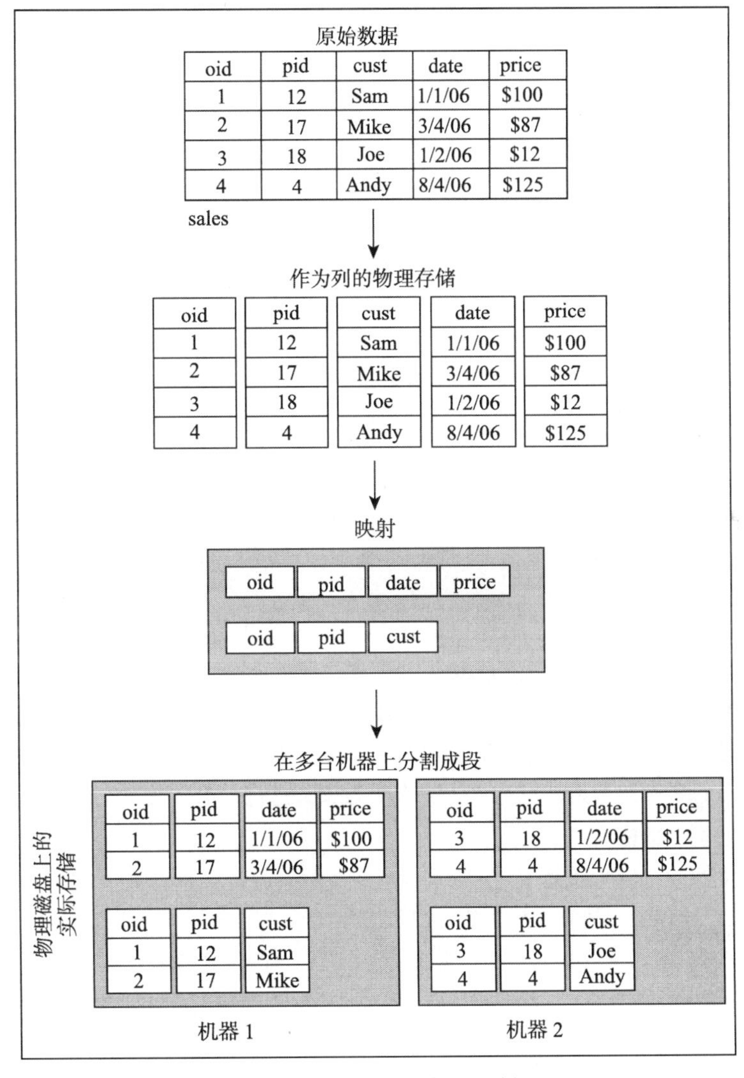

图 2-58　Vertica的存储机制

Vertica到底将一个表的数据模式拆分为多少个映射以及每个映射的数据模式到底是由哪些列组成的，这些都是由Vertica的数据库设计人员根据表的逻辑数据模式、数据样本和查询样本自动优化进行设计的。

④混合存储模型。前面已经介绍过，Vertica实现了两种存储结构：WOS和ROS。WOS是针对写优化的数据结构，它维持在内存中，用来支持快速插入和更新操作，WOS中的数据是未排序并且未压缩的。而ROS是针对读优化和磁盘优化的数据结构，ROS中的数据需要进行排序并压缩，以便于更有效地读取和查询。WOS和ROS中的数据均是按列进行存储的。当分配内存被消耗殆尽的时候，Vertica的后台进程Tuple Mover会将WOS里面的数据移动到ROS中进行合并，这种移动和合并操作是异步的。可以看出，Vertica的WOS和ROS的设计思想其实是LSM-Tree的方式。

（2）自动数据设计

如上所述，Vertica在实际物理存储上是将一个逻辑表映射为多个映射存放的。但用户在使用Vertica时，只需要像使用传统关系数据库一样设计一个逻辑的数据库数据模式，它是由Vertica的数据库设计人员工具自动产生一个合适的物理数据库设计。

数据库设计人员大大简化了数据库的设计，自动根据客户端的查询需求进行优化，让设计和管理人员更多地关注业务需求和逻辑模型设计。

（3）K-Safe高可用性

传统数据库系统为了实现恢复，通常通过日志和两阶段提交保证交易的完整性及可恢复性， 这些手段降低了性能且增加了磁盘空间。

Vertica采用多个映射冗余存储的方式，这样对于每列数据，其实是保存了多个副本，因此实现了高可用性，Vertica将这种技术称为K-Safe。

K-Safe 技术具体是指在Vertica集群内，保证每一个数据库的每一个表的每一列存储在至少K+1台机器上，这样当K台机器不可用，仍然有一个完整的数据库备份可用。这也意味着如果K台或少于K台机器不可用，则任意一台宕机的机器可通过从系统中的其他机器上复制宕机期间最新提交的数据实现恢复。

（4）Hadoop集成

为了应对非结构化数据和半结构化数据，Vertica与Cloudera合作集成了Hadoop。Hadoop集成方式开发了一个Vertica-Hadoop连接，通过自定义InputFormat和OutputFormat API实现Hadoop和Vertica之间数据共享。

第 3 章　大数据处理

3.1 概　　述

随着互联网、移动互联网、物联网的发展，大数据技术逐渐成为新的发展趋势，这种趋势为理解这个世界和作出决策的新方法开启了一扇大门。数据不仅正在变得更加可用，同时也正在变得更加容易被计算机理解。“大数据”发展趋势中增加的大部分数据都是在自然环境下产生的，如网络言论、图片和视频等信息，以及来自传感器的数据等。

2008年，加州大学圣迭戈分校全球信息工业研究院发布的报告《多少信息》显示：2008年美国人消耗了1.3万亿小时信息，平均每人每天消耗12小时信息。美国人总共消耗掉3.6ZB信息和10845万亿文字，相当于每人每天消耗34GB信息和100500文字。2011年，分析调研机构IDC发布的研究报告《从混沌中提取价值》显示：全球信息总量每过两年就会增长一倍，而且这些数据大部分都是非结构化的数据。2011年全球被创建和被复制的数据总量为1.8ZB，相较去年同期，这一数据上涨超过了1ZB。

2012年，《纽约时报》称“大数据时代”已经降临，决策行为将日益基于数据和分析，而并非基于经验和直觉，这不是简单的数据增多的问题，而是全新的问题。大量的新数据也正在加快计算领域的进步，这是大数据时代中的一个良性循环，旨在从互联网时代非结构化数据的庞大“宝藏”中获得知识和洞察力的计算机工具正在迅速发展。其中最前沿的技术是人工智能技术，如自然语言处理、模式识别和机器学习等。

对于这些问题的解决，最初人们使用消息传递接口（Message Passing Interface，MPI）等编程组件直接进行算法实现。但随着应用的增多，这种模式逐渐无法跟上应用增加的速度，如数据的增长要求系统可以动态扩展、可以容错、可以迅速开发应用等。这就需要一种更高层次的“服务”，它可以迅速开发应用，并且可以屏蔽系统扩展性和容错等问题。

于是，分布式计算作为一种“计算服务”被提了出来，这就是分布式计算框架，它对分布式计算的一些技术细节进行了封装（如数据分布、任务并行、任务调度、负载平衡、任务容错、系统容错等），使用户不需要考虑这些细节，而只要考虑任务间的逻辑关系。这样不仅可以提高研发的效率，还可以降低系统维护的成本。

Google是互联网领域第一个面临大数据处理的公司，他们在搜索领域存在数以百计的应用，如爬虫文档、Web日志、倒排索引等，这些应用计算简单，而且模式一致。但是对每个应用都要处理分布式并行、容错、数据分发、负载平衡等细节问题，不仅开发效率低，而且维护成本也很高。针对这种情况，2004年Google提出了MapReduce[6]计算框架，如图3-1所示，它把分布式计算作为一种服务提供给上层应用，从而使开发人员不需要再考虑分布式计算的细节问题，提高了开发效率，并降低了维护成本。

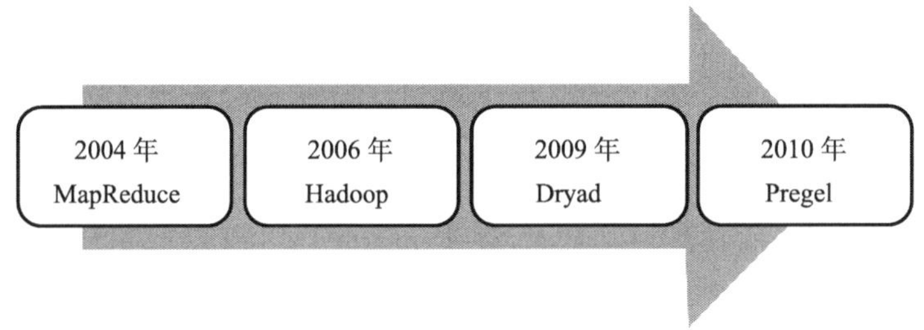

图 3-1　分布式计算框架的发展历史

2006年Apache根据Google的相关论文，推出了开源产品Hadoop，其中的计算框架就是MapReduce（本节涉及的MapReduce的技术分析是结合Google的论文和Hadoop 0.20.2的开源代码得到的）。

从服务能力和服务效果来看，MapReduce框架确实可以解决大部分的大数据问题，但在解决其中部分问题时效率很低，所以Google在2010年推出了Pregel计算框架，替换Google内部的部分MapReduce应用，如网页的PageRank计算、图遍历以及最短路径计算。

为了对抗Google的技术，微软在2009年推出了Dryad计算框架，为其云平台提供计算服务。Dryad是一款通用的分布式计算框架，它适用的计算范围比较广泛。

尽管业界公司可能有各自的计算框架，但从适用计算的角度上划分，分布式计算框架可以分为3类：适用于简单计算的，即一个映射或聚合类操作，以MapReduce计算框架为代表；适用于迭代计算的，以Pregel为代表；适用于复杂计算的，以Dryad为代表。其中，微软的Dryad适用场景较广，按照Dryad论文中的说法，它适用于有向无环图计算。

对于简单计算和迭代计算，它们只需要考虑如何把一个大数据分解成小数据，进行分布式并行计算，这种并行称为数据并行；但是对于复杂计算还需要考虑计算之间的并行。目前这种计算并行依靠人工设计任务流程的有向无环图实现。

3.2　离线数据处理

分布式计算框架（执行层）是云平台的关键组件之一，如图3-2所示，它架构于分布式存储（存储层）之上，其功能是将计算并行、任务调度与容错、数据分发、负载平衡等细节封装起来，对上层应用提供计算服务。图中的语言层是对服务接口的封装，对用户提供类SQL语言的编程界面，不同计算框架的类SQL编程语言也不尽相同。

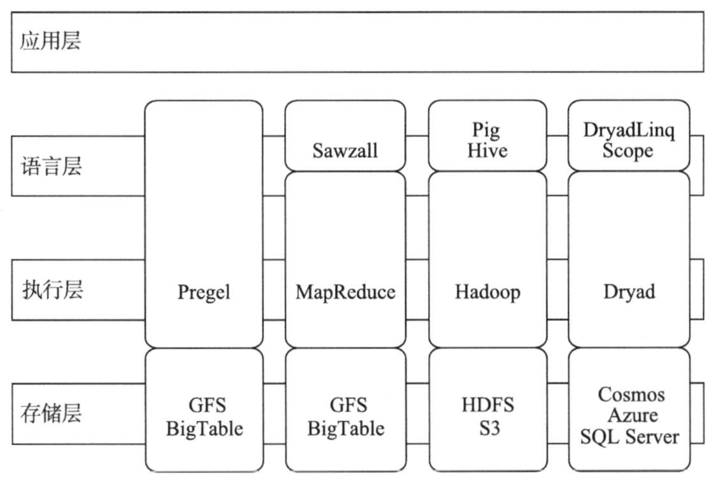

图 3-2　分布式计算框架的服务体系

分布式计算按照计算模型（适用计算），可以划分为三类。

（1）简单计算模型（Map Reduce模型），如图3-3所示。可以抽象为

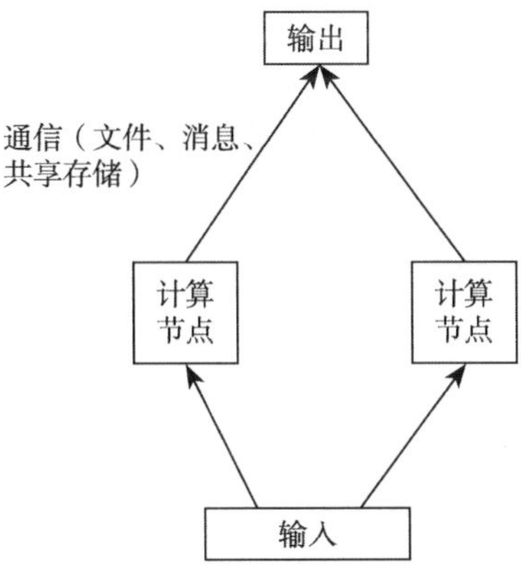

图 3-3　简单计算模型抽象

（OutputKey，OutputValue）←（InputKey，InputValue）

其中，OutputKey和OutputValue可以通过InputKey和InputValue的函数计算得到，这里的计算函数可以是Map计算，也可以是Reduce计算，这种模型称为简单计算模型。

（2）迭代计算模型（整体同步并行计算模型（Bulk Synchronous Parallel Computing Model，BSPCM））[11]，如图3-4所示。迭代计算模型与简单计算模型很相似，其区别在于通信方面，计算的结果需要跟原数据结合进行，这个计算多为Reduce计算。

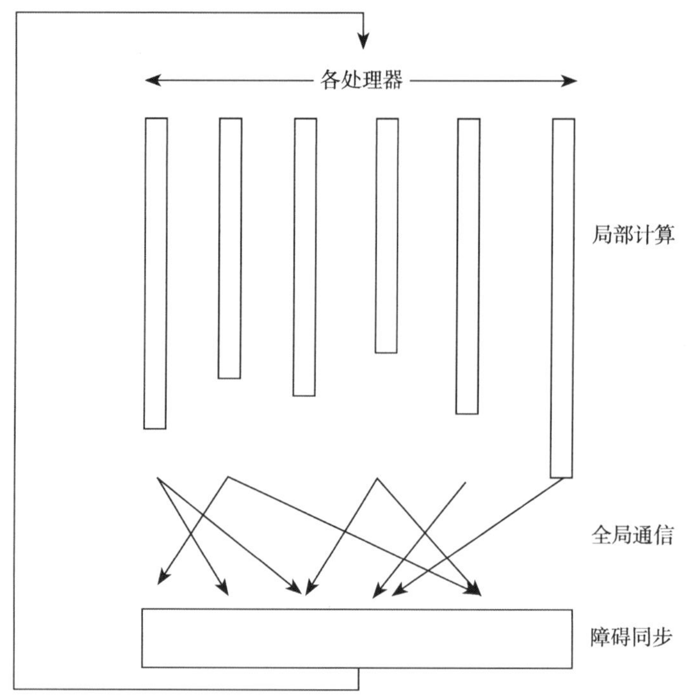

图 3-4　迭代计算模型抽象

（3）复杂计算模型（有向无环图（Direct Acyclic Graph，DAG）模型）[15]，如图3-5所示。它可以用来描述复杂的计算流程，以及这些流程间的依赖关系。图3-5中的计算可以是Map计算，也可以是Reduce计算。显然，可以多次使用简单计算，也可以完成迭代计算和复杂计算。但是，在完成迭代计算时需要付出额外的通信代价；在完成复杂计算时除了要付出大量的通信代价，还需要进行额外的作业控制。从模型的复杂性来讲，它们之间的关系如图3-6所示。

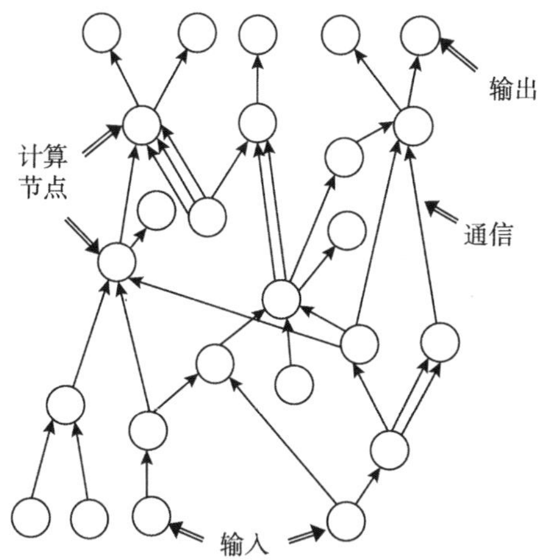

图 3-5　复杂计算模型抽象

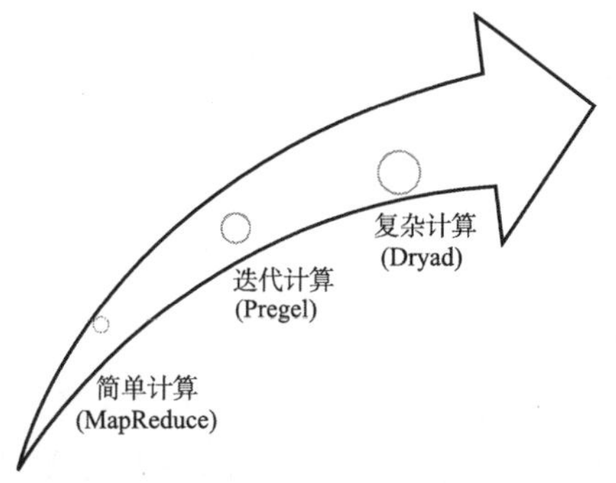

图 3-6　分布式计算模型之间的关系

业界的分布式计算框架按照计算模型可以分为3类，如图3-7所示，本章将选取这3类计算模型的典型框架进行技术分析。其中简单计算模型的典型计算框架是MapReduce计算框架，它是由Google首先提出来的，然后Apache成立了一个Hadoop项目对其进行了开源实现，这个Hadoop的开源版本逐渐成为业界应用的事实标准，所以后面的技术分析将针对开源版本进行；迭代计算模型的典型计算框架是Pregel计算框架，它也是由Google提出来的，Apache也有一个开源项目Hama与之对应，但由于Hama还不够成熟，所以后面的技术分析将针对Pregel进行；复杂计算模型的典型计算框架是Dryad计算框架，它是由微软提出来的，目前没有开源项目与之对应。

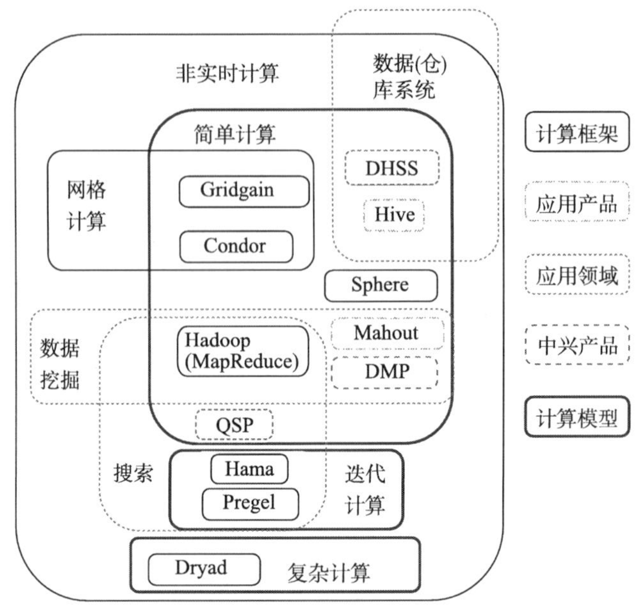

图 3-7　业界的分布式计算框架地图

3.2.1　MapReduce（Hadoop 0.20.2）

MapReduce是由Google提出的一个并行计算框架。它可以在大量PC机上并行执行海量数据的收集和分析任务，并把如何进行任务并行执行、如何进行数据分布、如何容错、网络带宽时延等问题的解决方案进行编码，封装在一个库里面，使用户只需要执行数据运算，而不必关心并行计算、容错、数据分布、负载均衡等复杂的细节。同时它又对上层应用提供良好、简单的抽象接口。

Apache参考Google的论文进行了Java的开源实现——Hadoop，基本上复制实现了分布式文件系统和计算框架MapReduce。

1.系统架构

MapReduce计算框架属于Master/Slave架构。它有两个守护进程JobTracker和TaskTracker，其中JobTracker是Master进程，TaskTracker是Slave进程。TaskTracker通过远程调用JobTracker的进程完成通信，而JobTracker一般只是应答TaskTracker的请求，不会主动发起通信。它们的框架结构如图3-8所示。

JobTracker按照功能可分为六个模块。

（1）作业申请：为用户实例分配一个唯一的作业ID（JobID）。

（2）作业提交：为用户实例提供提交任务的接口。

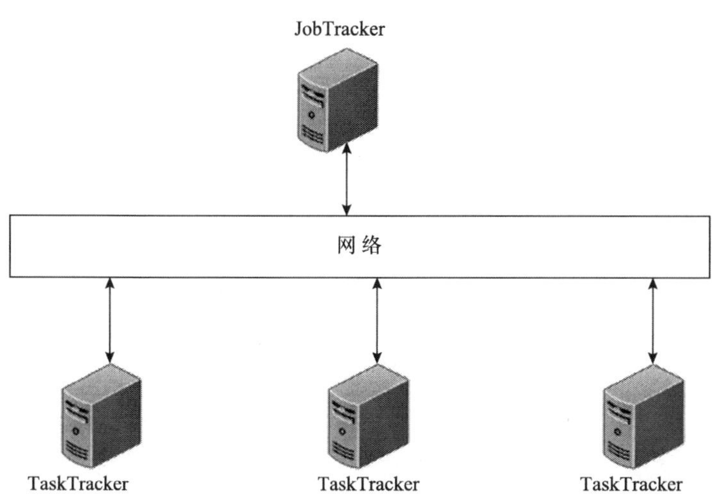

图 3-8　JobTracker和TaskTracker的框架结构

（3）任务初始化：创建作业（Job）对象，创建作业的Map和Reduce任务队列。

（4）作业调度：Map和Reduce任务调度。

（5）作业监控：作业、任务的状态，作业计数器的值等。

（6）任务、节点失败处理：任务重新调度、任务/作业失败、任务/作业删除。

TaskTracker按照功能可分为五个模块。

（1）连接维护：周期性检查与JobTracker的连接。

（2）任务请求汇报：周期性向JobTracker发送一次心跳消息，检查本地的任务数目以及本地磁盘的空间使用情况等，向JobTracker汇报任务的执行状况与是否可以接受新任务。

（3）数据I/O：Map/Reduce数据读入和Map/Reduce数据输出。

（4）任务失败处理：向TaskTracker发出错误报告，TaskTracker释放任务槽。

（5）任务执行：配置运行环境，启动Java虚拟机（Java Virtual Machine，JVM）进程，运行Map/Reduce。

2. 工作流程

MapReduce的灵感来自Lisp和许多其他函数语言的Map和Reduce，用户使用两个函数Map和Reduce实现计算过程。用户自定义的Map函数，接受一个输入对，然后产生一个中间对集（$k1$，$v1$）。MapReduce框架把所有具有相同$k1$的$v1$

聚合在一起，然后把它们传递给Reduce函数。用户自定义的Reduce函数，接受一个$k1$和相关的一个$v1$集合，合并这些$v1$，产生0～1个输出$v2$。

MapReduce数据处理流程如图3-9所示。

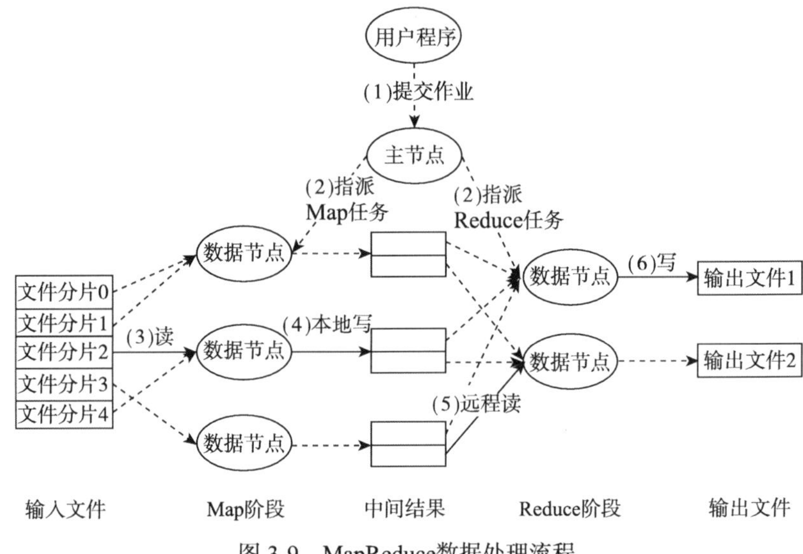

图 3-9　MapReduce数据处理流程

（1）用户把处理程序（MapReduce代码）提交给主节点。

（2）Master根据输入数据（图中的输入文件）的分片创建Map任务队列，一个分片对应一个Map任务；主节点根据用户配置的Reduce数目创建Reduce任务队列；然后把Map和Reduce任务分配给数据节点。

（3）获得Map任务的数据节点，到数据存储节点读取数据（多数情况下，数据存储节点与任务节点是相同的）；读取数据后，Map任务节点开始进行计算（图3-9中的Map阶段）。

（4）Map函数产生的中间键/值对缓存在内存中，当内存达到阈值时，将数据写入到本地磁盘上，通过分割函数把它们写入R个区域（图3-9中的中间结果）。Map任务完成后，在本地磁盘上的缓存对的位置被传送给主节点。

（5）Reduce任务定期向主节点获取这些中间数据的信息，直到得到所有中间数据位置信息。当一个Reduce数据节点得到主节点的传送的中间数据位置信息时，它将使用远程过程调用读取远程数据。当Reduce数据节点读取了所有的中间数据后，通过排序使具有相同键的内容聚合在一起。

（6）Reduce数据节点迭代排序后的中间数据，对于遇到的每一个唯一的中间Key，把Key和相关的中间Value集传递给用户自定义的Reduce函数（图3-9中的Reduce阶段）。Reduce函数的输出被添加到这个Reduce最终的输出文件中

（图3-9中的输出文件）。

（7）当完成所有的Map和Reduce任务后，主节点唤醒用户程序。

3.容错

MapReduce允许数据出现错误、节点内进程错误以及TaskTracker的节点故障，但目前MapReduce无法避免JobTracker的单点故障。当发现错误时，JobTracker通过重新调度任务（个别任务无法重新调度时则放弃）进行容错。

TaskTracker周期性检查并清除以下任务：①一段时间内没有响应的任务；②空间溢出任务；③文件系统错误；④Reduce任务的shuffle错误；⑤JVM错误。然后把出错的任务ID反馈给JobTracker。

JobTracker需要处理任务（Task）失败和作业（Job）失败，其中作业失败往往是由任务失败造成的。当JobTracker发现一个任务执行失败时，它会重新调度这个任务，如果重新调度四次（系统默认四次，可以进行配置）后，这个任务仍然失败，则标记这个任务是不可恢复任务。如果一个作业的不可恢复任务达到一定的阈值，则标记这个作业为失败作业，并删除它所有的任务，包括执行的和未执行的。

当JobTracker发现一个节点故障时，它会重新调度这个节点上的所有未完成的任务和已完成的Map任务。已完成的Reduce任务不需要重新调度，因为它的结果已经保存在HDFS中。

4.任务分配与调度

MapReduce配置了三个任务调度器：FIFO（First Input First Output）调度器、优先级调度器以及公平调度器。目前默认使用的是FIFO调度器。

（1）FIFO调度器是早期版本MapReduce采用的策略。每个作业可以使用整个集群，因此，作业必须等待，直到轮到自己运行。当有空闲资源出现时，只有当前一个作业不需要该资源时，后一个作业才能利用该资源。

（2）优先级调度器在FIFO调度器的基础上引入了优先级策略。通过设置mapred.job.priority属性或者利用setJobPriority()方法设置作业的优先级（VERY_HIGH、HIGH、NORMAL、LOW、VERY_LOW），先执行优先级最高的作业的任务，但是，优先级并不支持抢占。

（3）公平调度器（Fair Scheduler）。针对Map任务和Reduce任务，TaskTracker有固定数量的槽。一个TaskTrackere默认有两个Map槽和两个Reduce槽（即可以同时运行两个Map任务和两个Reduce任务），任务槽的具体数目可以根据TaskTracker核的数量与内存大小配置。

默认情况下，每个用户都拥有自己的池，如图3-10所示。可以用Map和Reduce的槽数定义用户池的最小容量，也可以设置每个池的权重。

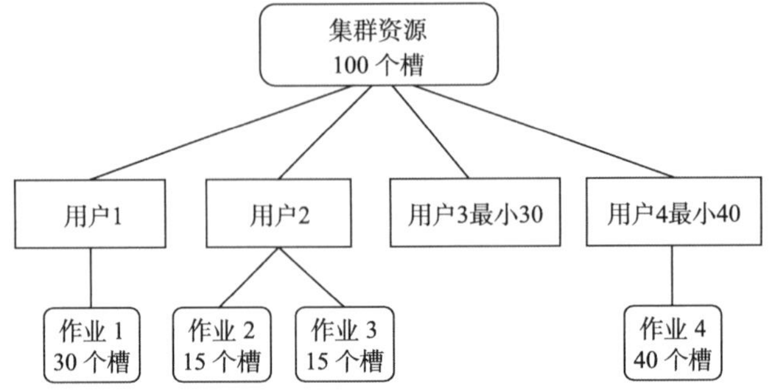

图 3-10　Hadoop MapReduce Fair任务调度器

公平调度器支持抢占，如果一个池在一定时间内未得到公平的资源分配，公平调度器会终止过多资源的作业，把槽让给资源不足的池。

3.2.2　Pregel

许多实际应用问题中都涉及大型的图算法，如网页链接关系和社会关系图等。这些应用具有相同的特点：图的规模超大，常常达到数十亿的顶点和上万亿的边。这给需要在其上进行高效计算的应用提出了巨大的挑战。

（1）构建专用分布式框架：每次引入新算法或数据结构都需要花很大精力。

（2）依赖现有的分布式平台，如MapReduce等，存在易用性和性能等问题，不适用于图算法（图算法更适合消息传递模型）。

（3）单机无法适应问题规模的扩大。

（4）现存的并行图模型系统没有考虑大规模系统比较重要的问题，如容错性等。

Google提出一个适合处理这类问题的迭代计算框架——Pregel，在每一次迭代中，每一个顶点都能接收来自上一次迭代的信息，并将这些信息传送给下一个顶点，并在此过程中修改其自身的状态信息、以该顶点为起点的出边的状态信息，或改变整个图的拓扑结构。同时，Pregel具有高效、可扩展和容错的特性，并隐藏了分布式相关的细节，展现给用户的仅是一个表现力很强、很容易编程的大型图算法处理计算框架。

Pregel计算系统的灵感来自Valiant提出的大同步模型。Pregel计算由一系列的迭代组成，每一次的迭代称为超步（superstep）。在每一次的超步中，计算框架都会调用用户针对每个顶点自定义的函数。

用户自定义函数定义了对于一个顶点*V*以及一个超步S中需要执行的操作。

该函数可以将前一轮迭代（S-1）中发送给V的消息读入，并将该消息通过下一轮迭代（S+1）发送给另外的顶点，并且在此过程中修改V的状态以及其出边的状态。消息通常通过顶点的出边发送，但一个消息可能会被发送到许多已知ID的特定顶点上去。

这种计算模式在同步性上的特点使得推算程序执行的语义变得简单，并且能够在Pregel系统层面保证程序在异步系统中是天然的对死锁，以及具有临界资源竞争免疫的功能。理论上，即使与足够并行化的异步系统进行对比，Pregel程序的性能也有一定的竞争力。因为在通常情况下的图计算应用中，顶点的数量要远远大于机器的数量，所以必须要平衡各机器之间的负载，以使各个超步之间的同步不会增加额外的延迟。

1.系统架构

Pregel是为Google的集群架构而设计的。每一个集群中包含了上千台机器，这些机器分列在众多机架上，机架之间有着非常高的内部通信带宽。集群之间是内部互联的，但地理上是分布的。该系统提供了一个名称服务系统，所以任务间可以通过逻辑名称标识各自绑在某台机器上。Pregel属于Master/Slave架构，如图3-11所示。其中主节点负责：①节点维护；②数据分布；③全局同步；④通知节点进行数据备份；⑤错误恢复。从节点也称为工作节点，它负责：①数据计算；②数据备份；③消息收发。

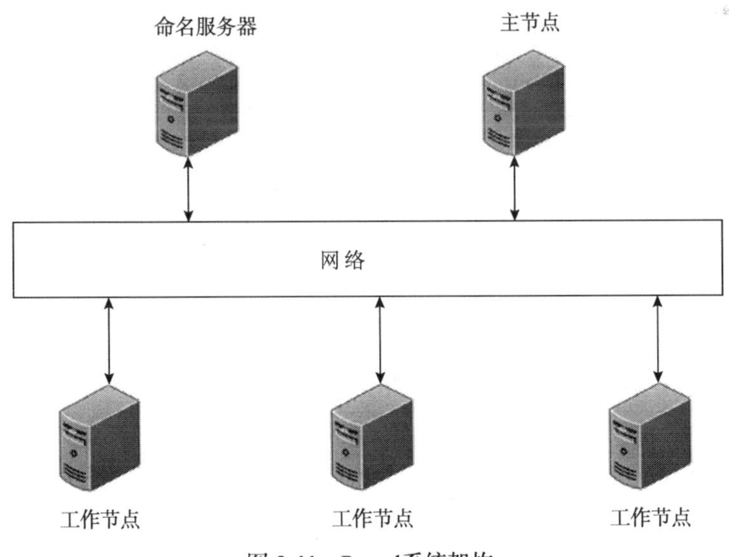

图 3-11 Pregel系统架构

（1）节点维护。每个计算节点都有一个全局唯一的节点ID，主节点内部维护着一个计算节点列表，记录每个计算节点的ID、地址信息和节点存活状态。

（2）数据分布。Pregel将输入数据分解成许多的分区，每一个分区包含了一些顶点和以这些顶点为起点的边，默认的分区函数仅通过将顶点ID mod N。主节点把这些分区分配给计算节点，每个节点可以有一个或多个分区（类似于一致性哈希）。主节点上的计算节点列表也记录着节点上的分区分布。

（3）全局同步。主节点负责全局同步，这个同步过程称为障碍同步（barrier）。主节点会发送相同的指令到所有的计算节点，然后等待从每个计算节点的应答。如果任何一个计算节点失败了，主节点便进入恢复模式；如果障碍同步成功，主节点增加全局超步的索引，并进入下一个超步。

（4）通知节点进行数据备份。在每一个超步的开始阶段，主节点会通知计算节点，让它保存计算节点上分区的状态到持久存储设备，包括顶点值、边值以及接收到的消息。

（5）错误恢复。主节点通过ping消息确定计算节点是否出错。如果一个计算节点在一段时间内没有收到ping消息，该计算节点上的计算就终止。如果主节点在一定时间内没有收到计算节点的反馈，就会认为该计算节点发生了故障。主节点重新分配这些节点上的分区到其他可用的计算节点上。此外，主节点还保存着整个计算过程的统计数据，以及整个图的状态，如图的大小、出度的柱状图、处于活动状态的顶点的个数、消息在当前超步中传输的计时，以及所有用户自定义的聚合等。主节点在内部运行了一个HTTP服务展示这些数据信息的监控。

2.工作流程

Pregel的数据输入是一个有向图，该有向图的每一个顶点都有一个唯一的ID，并拥有一些属性，这些属性可以被修改，其初始值由用户定义。每一条有向边都和其源顶点关联，并且也拥有一些用户定义的属性和值，同时还记录了其目的顶点的ID。

在每一次的超步中，顶点的计算都是并行的，每一次执行用户定义的同一个函数。每个顶点可以修改其自身的状态信息或以它为起点的出边的信息，计算从前一个超步中接受的消息，然后把结果以消息的形式传送给其他顶点以便下一个超步使用，或者修改整个图的拓扑结构。

在不考虑出错的情况下，一个Pregel的工作流程图如图3-12所示。

（1）应用向主节点提交任务，主节点计算数据资源分布与计算节点资源。

（2）主节点告诉哪些计算节点将参与计算，这些计算节点维护分区的顶点状态。

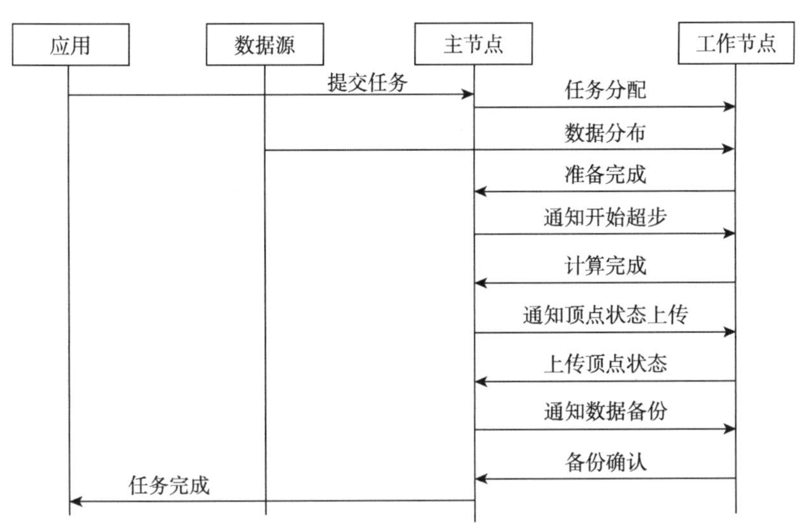

图 3-12　Pregel工作流程图

（3）计算节点获得数据。

（4）数据准备完成后，通知主节点。

（5）主节点通知超步开始。

（6）计算节点进行计算，进行消息的异步传输，并接受其他节点传过来的消息。

（7）计算和通信完成后，通知主节点。

（8）主节点收到所有计算节点完毕的消息后，通知计算节点汇报活动节点的数目。

（9）如果活动节点数目为0，则任务完成。否则通知所有计算节点进行数据备份。

（10）计算节点完成数据备份后，通知主节点。

（11）主节点通知下一个超步开始，回到步骤（6）。

Pregel程序的输出是所有顶点输出的集合。通常Pregel程序的输出是和输入时同构的有向图，但是并非一定是这样，因为在计算的过程中，可以对顶点和边进行添加和删除，如一个聚类算法，就有可能从一个大图中选出满足需求的几个不相连的点；一个对图的挖掘算法就可能仅输出了从图中挖掘出来的聚合数据等。

3.容错

Pregel的容错是通过检查点（checkpoint）保证的。在每一轮超步的开始阶段，主节点会通知计算节点保存分区的状态（包括顶点值、边值）以及接收的消息到持久存储设备。主节点也会阶段性的保存聚合的值。

主节点通过周期性的ping消息确定计算节点是否出错。如果一个计算节点在一段时间内没有收到ping消息，该计算节点上的计算就终止。如果主节点在一定时间内没有收到计算节点的反馈，就会认为该计算节点发生了故障。

当一个或多个计算节点发生故障时，被分配到这些计算节点的分区的状态信息就丢失了。主节点重新分配这些分区到其他可用的计算节点上，这些计算节点会在超步S开始时，从检查点中重新加载这些分区的状态信息。该超步可能是在失败的计算节点上最后运行的超步 S'之前的阶段，此时失去的几个超步需要被重新执行。对检查点的频率也要基于一定的策略，这样才能平衡检查点的开销和恢复执行的开销。

Google正在开发一个叫做封闭恢复（confined recovery）的检查点策略，用来提高检查点和恢复执行的开销效率。除了基本的检查点策略，计算节点还会对其发送出去的消息进行日志记录。恢复会被限制在丢失的分区（lost partition）上，该分区从检查点中进行恢复。系统会通过回放消息日志重新计算失去的超步到S'阶段。通过这种方式，就可以节省在恢复分区计算时消耗的资源和时间，并可以减少恢复分区计算时的延迟。此外，对发送出去的消息进行保存会产生一定的开销，但是通常计算节点上的磁盘读写带宽不会让这种保存操作成为瓶颈。

3.2.3 Dryad

Dryad和DryadLINQ是微软硅谷研究院创建的研究项目，主要用来提供一个基于Windows操作系统的分布式计算平台，DryadLINQ提供一种高级语言接口，使普通程序员可以轻松地进行大规模的分布式计算，它结合了微软Dryad和LINQ两种关键技术，被用于在该平台上构建应用。Dryad与微软体系结构中的位置关系，如图3-13所示。微软于2011年宣布，停止对Dryad进行版本升级，转向投入Hadoop的开发。

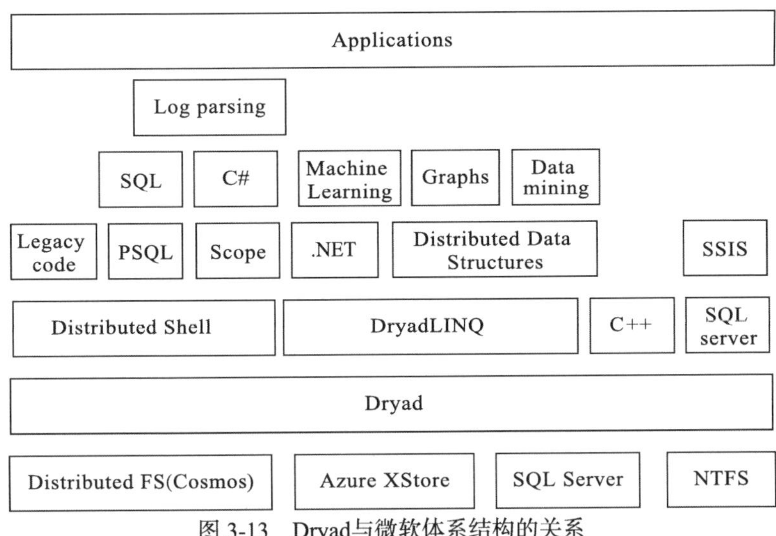

图 3-13　Dryad与微软体系结构的关系

1.系统架构

Dryad系统总体构建用来支持有向无环图类型数据流的并行程序。Dryad的整体框架根据程序的要求完成调度工作，自动完成任务在各个节点上的运行。在Dryad平台上，每个Dryad工作表示为一个有向无环图，如图3-14所示，图中的每个节点表示一个要执行的程序，节点之间的边表示数据的传输。

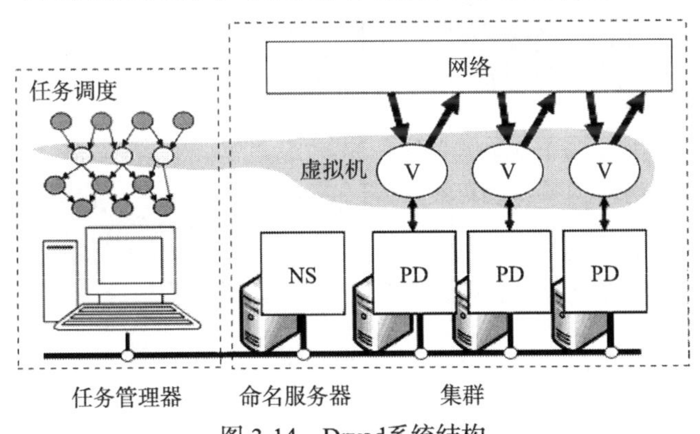

图 3-14　Dryad系统结构

Dryad系统框架组件如下。

（1）任务管理器（Job Manager，JM）：每个任务的执行被一个任务管理器控制，该组件负责实例化这个任务的工作图；在集群上调度节点的执行；监控各个节点的执行情况并收集一些信息；通过重新执行提供容错；根据用户配置的策略动态地调整工作图。

（2）集群（cluster）：用于执行工作图中的节点。

（3）命名服务器（Name Server，NS）：负责维护集群中各个机器的信息。

（4）维护进程（PDaemon，PD）：进程监管与调度工作。

当用户使用Dryad平台时，需要在任务管理节点上建立自己的任务。每一个任务由一些处理过程以及这些处理过程中的数据传递组成。任务管理器获取无环图之后，便会在程序的输入通道准备，当有可用机器的时候便对它进行调度。任务管理器从命名服务器那里获得一个可用的计算机列表，并通过一个维护进程调度这个程序。

2.工作流程

Dryad通过一个有向无环图的策略建模算法，提供给用户一个比较清晰的编程框架。在这个编程框架下，用户需要将自己的应用程序表达为有向无环图的形式，节点程序则编写为串行程序的形式，然后用Dryad方法将程序组织起来，如图3-15所示。用户不需要考虑分布式系统中关于节点的选择，且节点与通信的出错处理手段都简单明确，内建在Dryad框架内部，满足了分布式程序的可扩展性、可靠性和性能的要求。

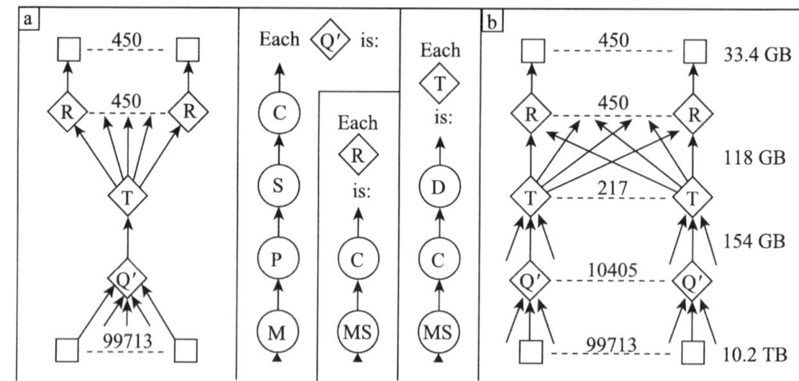

P：parses lines（解析线）；D：hash distribute（哈希分布）；S：quicksort（快速排序）；C：count occurrences（事件计算）；MS：merge sort（合并分类）；M：non-deterministic merge（未确定合并）

图 3-15　Dryad程序组织

Dryad采用虚节点解决分布式并行问题。根据机器的性能，一台真实的物理节点可能会包含一个或者几个虚节点（逻辑节点）。可以把任务程序分成Q等份（每一份就是一个虚节点），Q要远大于资源数。现在假设有S个资源，那么每个资源就承担*Q/S*个等份。当一个资源节点离开系统时，它所负责的等份要重新均分到其他资源节点上，一个新节点加入的时候，要从其他节点“偷取”到一定数额的等份。

Dryad的执行过程可以看做一个二维的管道流的处理过程。其中，每个节点可以具有多个程序的执行，通过这种算法可以同时处理大规模数据。

如图3-16所示，在每个节点进程（vertex process）上都运行一个处理程序，并且通过数据管道（channel）的方式在它们之间传送数据。二维的Dryad管道模型定义了一系列的操作，可以用来动态地建立并且改变这个有向无环图。这些操作包括建立新的节点、在节点之间加入边、合并两个图以及对任务的输入和输出进行处理等。

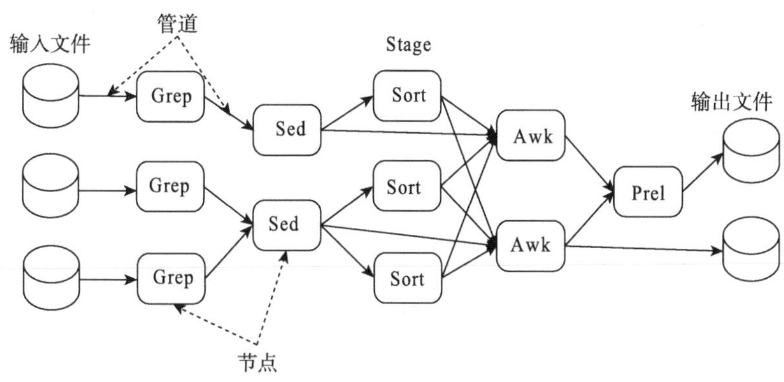

图 3-16　Dryad任务结构

微软的Dryad与谷歌的MapReduce映射原理相似，但不同的是Dryad通过DryadLINQ实现分布式程序编程设计。通过使用DryadLINQ编程，普通的程序员编写的大型数据并行程序能够轻易运行在大型集群里。DryadLINQ开发的程序是一组顺序的LINQ代码，它们可以针对数据集做任何无副作用的操作，编译器会自动将其中数据并行的部分翻译成并行执行的计划，并交由底层的Dryad平台完成计算，从而生成每个节点要执行的代码和静态数据，并为所需要传输的数据类型生成序列化代码。

DryadLINQ使用和LINQ相同的编程模型，并扩展了少量操作符和数据类型以适用数据并行的分布式计算，它是基于.NET强类型对象、表达力更强的数据模型，支持通用的命令式和声明式编程（混合编程），从而延续了LINQ代码即数据（treat code as data）的特性。

如图3-17所示，LINQ本身是.NET引入的一组编程结构，可以像操作数据库中的表一样操作内存中的数据集合。DryadLINQ提供一种通用的开发/运行支持，而不包含任何与实际业务、算法相关的逻辑，Dryad和DryadLINQ都提供

API。DryadLINQ使用动态的代码生成器，将DryadLINQ表达式编译成.NET字节码，这些编译后的字节码会根据调度执行的需要，被传输到执行的机器上。字节码中包含两类代码：完成某个子表达式计算的代码和完成输入输出序列化的代码。

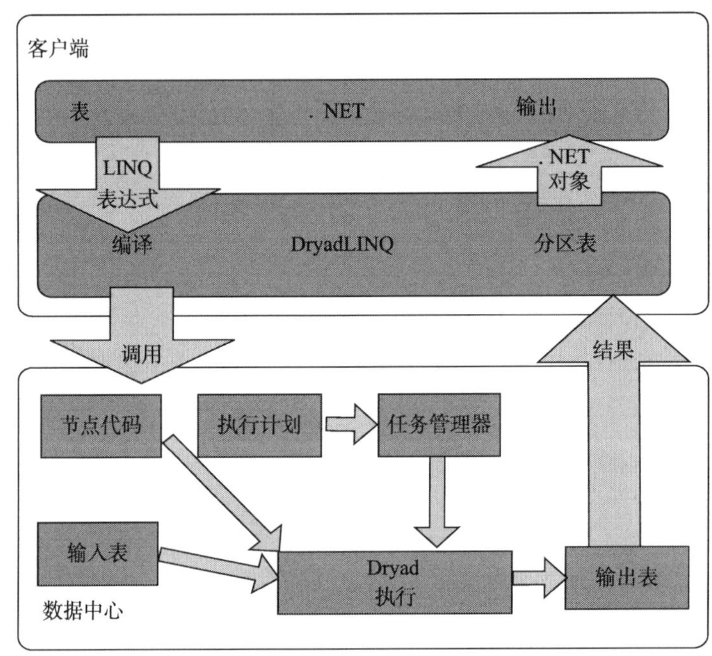

图 3-17 DryadLINQ系统架构

DryadLINQ表达式代码示例片段如下。

```
Collection collection;
bool IsLegal(Key k);
string Hash(Key);
var results = from c in collection
where IsLegal(c.key)
select new { Hash(c.key),c.value };
```

这种表达式并不会立刻计算，而是在需要其结果时才进行计算。DryadLINQ设计的核心是在分布式执行层采用一种完全函数式的、声明式的表述，用于表达数据并行计算中的计算。这种设计使得应用可以对计算进行复杂的重写和优化，类似于传统的并行数据库，从而解决了传统分布式数据库SQL语句功能受限与类型系统受限问题，以及MapReduce模型中的计算模型受限和没有系统级的自动优化等问题。

3.3　实时数据处理

数据的价值随着时间的流逝而降低，所以事件出现后必须尽快处理，最好在数据出现时便立刻对其进行处理，发生一个事件进行一次处理，而不是缓存起来成批处理，这是流计算产生的原因。

实时搜索、高频交易、社交网络等新应用的出现将传统数据处理系统推向了极限。这些新应用需要可扩展性好、能处理高频数据流和大规模数据的流计算解决方案。虽然MapReduce等分布式批处理技术能处理的数据量越来越大，但这些技术不适用于数据的实时处理，也无法简单地将MapReduce变成一个实时计算框架。实时数据处理系统和批量数据处理系统在需求上有着本质的差别，这个差别主要体现在消息管理（数据传输）上。实时处理系统需要维护由消息队列和消息处理者组成的实时处理网络，消息处理者需要从消息队列取出一个消息进行处理、更新数据库、发送消息给其他队列等。主要体现在以下几个方面。

（1）消息处理逻辑的代码所占比例很少，主要关注消息框架的设计与管理，需要配置把消息发送到哪里、部署消息处理者、部署中间消息节点。

（2）健壮性与容错性：需要保证所有的消息处理者和消息队列正常运行。

（3）伸缩性：当一个消息处理者的消息量达到阈值时，需要对这些数据进行分流，以及配置新的处理者来处理分流的消息。

对于一个分布式消息处理系统，分解到最后就是消息队列和消息处理者的组合，而消息处理无疑是实时计算的基础。Twitter的Storm和Yahoo的S4（Simple Scalable Streaming System）就是在该背景下提出的解决方案。

3.3.1　Storm

Storm是一个由BackType开发的分布式、容错的实时计算系统，它托管在GitHub上，遵循Eclipse Public License 1.0。Storm为分布式实时计算提供了一组通用原语，如同MapReduce框架的Map与Reduce，可用于“流处理”，实时处理消息并更新数据库。Storm的工程师Nathan Marz认为：“Storm可以方便地在一个计算机集群中编写与扩展复杂的实时计算，Storm之于实时处理，就好比Hadoop之于批处理。Storm保证每个消息都会得到处理，而且它很快——在一个小集群中，每秒可以处理数以百万计的消息。更棒的是你可以使用任意编程语言做开发。”

Storm的主要特点如下。

（1）简单的编程模型。类似于MapReduce降低了并行批处理的复杂性，Storm降低了进行实时处理的复杂性。

（2）可以使用各种编程语言。可以在Storm上使用各种编程语言，默认支持Clojure、Java、Ruby和Python。要增加对其他语言的支持，只需实现一个简单的Storm通信协议即可。

（3）容错性。Storm会管理工作进程和节点的故障。

（4）水平扩展。计算是在多个线程、进程和服务器之间并行进行的。

（5）可靠的消息处理。Storm保证每个消息至少能得到一次完整处理。任务失败时，它会负责从消息源重试消息。

（6）快速。系统的设计保证了消息能得到快速处理，使用ZeroMQ作为其底层消息队列。

（7）本地模式。Storm有一个“本地模式”，可以在处理过程中完全模拟Storm集群，因此可以快速进行开发和单元测试。

1.系统架构

Storm系统架构如图3-18所示，集群由一个主节点和多个工作节点组成。主节点运行了一个名为“Nimbus”的守护进程，用于分配代码、布置任务及故障检测。每个工作节点都运行了一个名为“Supervisor”的守护进程，用于监听工作、开始并终止工作进程。Nimbus和Supervisor都能快速恢复，而且是无状态的，因此它们变得十分健壮，两者的协调工作是由Apache ZooKeeper完成的。

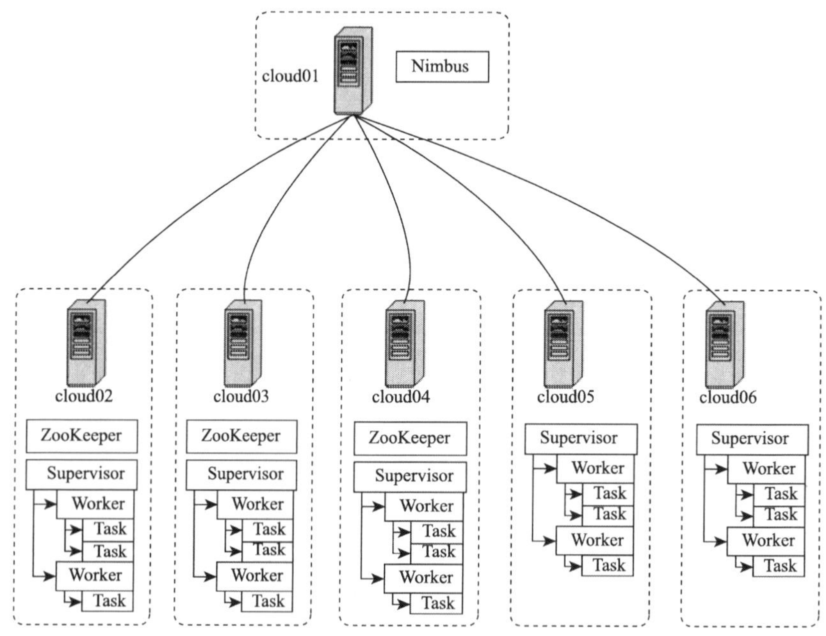

图 3-18 Storm系统架构

图中的Worker是工作进程，每个Worker负责一个计算，Worker可以包含多个并行的Task线程，这些Task的计算是相通的。Worker上Task线程的数目是由用户配置的并行度和Worker数目间接确定的。

2.工作原理

Storm的术语包括消息流、消息源、消息处理者、任务、工作进程、消息分发策略和拓扑。其中，消息流统指被处理的数据，消息源是源数据，消息处理者是经过处理的数据，任务是运行于消息源或消息处理者中的线程，工作进程是运行这些线程的进程，消息策略规定了消息处理者接收什么作为输入数据。拓扑是由消息分发策略连接起来的消息源和消息处理者节点网络，如图3-19所示。

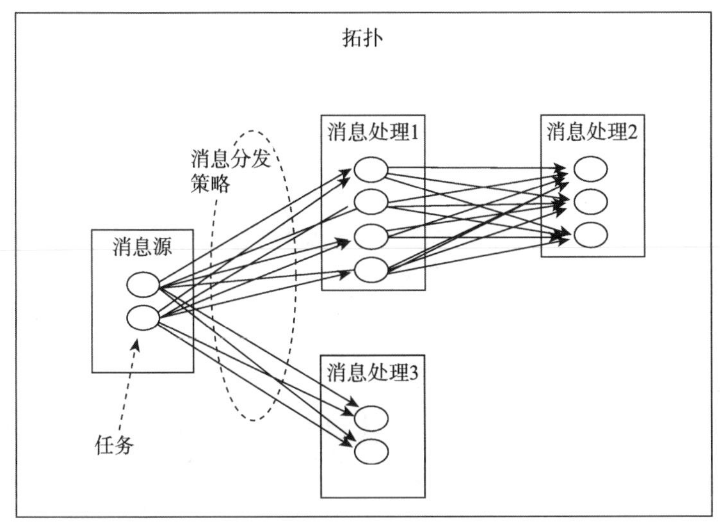

图 3-19　Storm工作流程

1）计算拓扑

一个实时计算应用程序的逻辑在Storm中被封装到拓扑对象里面。Storm的拓扑会一直运行，除非用户显式杀死它。一个拓扑是消息源和消息处理者组成的有向图，大多数情况是有向无环图，而链接消息源和消息处理者的则是Stream组。

2）消息流

消息流是Storm中最关键的抽象，它是一个没有边界的元组（tuple）序列。对消息流的定义主要是对消息流中元组的定义，即对元组里的每个字段的定义（类似于数据库中的表和属性）。元组的字段类型可以是integer、long、short、 byte、string、double、float、boolean和byte array；也可以自定义类型——需要实现对应的序列化器。

每个消息流在定义的时候会分配一个ID。OutputFieldsDeclarer定义了一些方法让你可以定义一个Stream而不用指定这个ID，在这种情况下这个Stream会有个默认的ID：1。

3）消息源

消息源是一个拓扑里面的消息生产者。一般消息源会从一个外部源读取数据并且向拓扑里面发出消息。消息源可以是可靠的也可以是不可靠的。可靠的消息源可以重新发射消息，不可靠的消息源不会重新发射消息。

消息源可以发射多条消息流，使用OutFieldsDeclarer.declareStream可以定义多个消息流，然后使用SpoutOutputCollector发射指定的消息流。

消息源类里面最重要的方法是nextTuple，或者发射一个新的消息或者返回已经没有新的消息了。要注意nextTuple方法不能阻塞消息源（block spout）实现，因为Storm在同一个线程上面调用所有消息源的方法。

另外两个比较重要的消息源方法是ack和fail。Storm通过ack和fail保证拓扑的可靠性（容错），消息成功处理时会调用ack标记数据处理的进度（类似于断点），如果消息处理失败，则调用fail恢复。

4）消息处理者

消息处理逻辑被封装在消息处理者里面，如过滤、聚合、查询数据库等，复杂的消息流处理往往需要经过很多步骤，即经过多步消息处理者。消息处理者可以简单地做消息流的传递，也可以发射多条消息流，使用OutputFieldsDeclarer.declareStream定义消息流，使用OutputCollector.emit选择要发射的消息流。

消息处理者的主要方法是Execute，它以一个消息作为输入，消息处理者使用OutputCollector发射消息，消息处理者必须要为它处理的每一个消息调用OutputCollector的ack方法，以通知Storm这个消息处理完成了。一般的流程是：消息处理者处理一个输入消息，发射0个或者多个消息，然后调用ack通知Storm已经处理过这个消息了，Storm提供一个IBasicBolt自动调用ack。

5）消息分发策略

消息流组用来定义一个消息流应该分配给消息处理者上面的多个任务。Storm里面有如下六种类型的Stream组。

（1）Shuffle组：随机分组，随机派发消息流中的消息，保证每个消息处理者接收到的消息数目相同。

（2）Fields组：按字段分组，如按Userid分组，具有同样Userid的消息会分到相同的消息处理者，而不同的Userid则会被分配到不同的消息处理者。

（3）All组：广播发送，对于每一个消息，所有的消息处理者都会收到。

（4）Global组：全局分组，这个消息被分配到Storm中的一个消息处理者的其中一个任务，即分配给ID值最低的那个任务。

（5）Non组：不分组，即消息流不关心到底谁会收到它的消息。目前这种分组和Shuffle组是一样的效果，有一点不同的是Storm会把这个消息处理者放到其订阅者的线程里面执行。

（6）Direct组：直接分组，这是一种比较特别的分组方法，用这种分组意味着消息的发送者指定由消息接收者的某个任务处理这个消息。只有被声明为Direct Stream的消息流可以声明这种分组方法，而且这种消息必须使用emitDirect方法发射。消息处理者可以通过TopologyContext获取处理它的消息的TaskID（OutputCollector.emit方法也会返回TaskID）。

6）可靠性

Storm保证每个任务会被拓扑完整地执行。Storm会追踪由每个消息源任务产生的任务树（一个消息处理者处理一个任务之后可能会发射别的消息，从而可以形成树状结构），跟踪这棵任务树直到这棵树被成功处理完。每个拓扑都有一个消息超时的设置，如果Storm在这个时间内检测不到某个消息树有没有执行成功，那么拓扑会把这个消息标记为执行失败，并且会重新发射这个消息。

为了利用Storm的可靠性，在发出一个新的消息以及处理完成一个消息时必须通知Storm，这都是由OutputCollector完成的。通过它的emit方法通知一个新的消息产生了，通过它的ack方法通知一个消息处理完成了。

7）任务

每一个消息源和消息处理者会被当做很多任务在整个集群里面执行。每一个任务对应到一个线程，而Stream组则是定义怎么从一堆任务发射消息到另外一堆任务。可以调用TopologyBuilder.setSpout和TopBuilder.setBolt设置并行度来决定有多少个任务。

8）工作进程

一个拓扑可能会在一个或者多个工作进程中执行，每个工作进程执行整个拓扑的一部分。对于并行度是300的拓扑，如果使用50个工作进程执行，那么每个工作进程会处理其中的6个任务。Storm会尽量均匀地将拓扑分配给所有的工作进程。

9）配置

Storm里面有一堆参数可以调整Nimbus、Supervisor以及正在运行的拓扑的行为，一些配置是系统级别的，一些配置是拓扑级别的。它们的默认配置在default.xml里面，但可以通过定义Storm.xml覆盖这些默认配置，也可以在代码里面设置一些拓扑相关的配置信息，如使用StormSubmitter。当然，这些配置的优先级是default.xml < Storm.xml < TOPOLOGY-SPECIFIC。

3.实例工作流程

一个拓扑的工作流程可描述为以下步骤，特别注意的是控制信息（包括执行代码）的交流都是通过ZooKeeper进行的，Nimbus和Supervisor不存在直接通信；数据通信是任务之间通过端口使用Socket实现的。

1）上传拓扑的代码

首先由Nimbus$Iface的beginFileUpload、uploadChunk以及finishFileUpload方法把用户的jar包上传到Nimbus服务器上的/inbox目录。

```
/{Storm-local-dir}
 |
 |-/Nimbus
      |
      |-/inbox                // 从Nimbus客户端上传的jar包在这个目录里面
          |
          |-/Stormjar-{uuid}.jar //上传的jar包，其中{uuid}表示生成的一个uuid
```

2）运行拓扑之前的一些检查

拓扑的代码上传之后，Nimbus$Iface的submitTopology方法负责对这个拓扑进行处理，首先要对Storm本身以及拓扑进行一些校验。

（1）检查Storm的状态是否是活动的。

（2）检查是否已经有同名的拓扑在Storm中运行了。

（3）因为应用会在代码里面给消息源和消息处理者指定ID，Storm会检查是否有两个消息源和消息处理者使用了相同的ID。

（4）任何一个ID都不能以“_”开头，这种命名方式是系统保留的。

3）建立拓扑的本地目录

在Nimbus上为这个拓扑建立本地目录。

```
/{Storm-local-dir}
 |
```

```
|-/Nimbus
   |
   |-/inbox                    // 从Nimbus客户端上传的jar包在这个目录里面
   |   |
   |   |-/Stormjar-{uuid}.jar // 上传的jar包，其中{uuid}表示生成的一个uuid
   |
   |-/Stormdist
      |
      |-/{Topology-ID}
        |
        |-/Stormjar.jar      // 包含这个拓扑所有代码的jar包（从Nimbus/
                                inbox里面移过来的）
          |
          |-/Stormcode.ser      // 这个拓扑对象的序列化
          |
          |-/Stormconf.ser      // 运行这个拓扑的配置
```

4）建立拓扑在ZooKeeper上的心跳目录

Nimbus要求每个Supervisor的任务每隔一定时间要发送一个心跳信息，以保证拓扑还在正常运行。如果有任务超时，Nimbus会认为这个任务出错了，然后进行重新分配。Zookeeper上面的心跳目录如下。

```
|-/Taskbeats                    // 所有任务的心跳
  |
  |-/{Topology-ID}            // 保存这个拓扑的所有的任务的心跳信息
     |
     |-/{Task-ID}            // 任务的心跳信息，包括心跳的时间，任务运行
                                时间以及一些统计信息
```

5）计算拓扑的工作量

Nimbus对每个拓扑都会计算其需要多少个任务，然后根据拓扑定义中给的parallelism hint参数来设定消息源/消息处理者的任务数目，并且分配对应的Task-ID，并且把分配好Task的信息写入ZooKeeper上的/Task目录下。

```
|-/Tasks                        // 所有的任务
  |
  |-/{Topology-ID}            // 这个目录下面ID为{Topology-ID}的拓扑
                                所对应的所有的Task-ID
     |
```

```
    |-/{Task-ID}        // 这个文件里面保存的是这个任务对应的Component-
                           ID：可能是Spout-ID或者Bolt-ID
```

{Task-ID}文件里面存储的是消息源/消息处理者的ID，这是一个细化工作量的过程。例如，假设拓扑里面有一个消息源和一个消息处理者，其中消息源的Parallelism是2，Bolt的Parallelism是4，那么这个拓扑的总工作量是6，即一共有6个任务，那么/Tasks/{Topology-ID}下面一共会有6个以Task-ID命名的文件，其中两个文件的内容是消息源的ID，四个文件的内容是消息处理者的ID。

6）把计算好的工作分配给Supervisor

Nimbus给Supervisor分配工作的单位是任务，Assignment表示一个拓扑的任务分配信息。

（defrecord Assignment [Master-Code-Dir node→Host Task→Node+Port Task→Start-Time-Secs]）

其核心数据就是Task→Node+Port，它是从Task-ID到Supervisor-ID+Port的映射，即把这个任务分配给某台机器的某个端口。工作分配信息会写入ZooKeeper的目录。

```
/-{Storm-zk-root}               // Storm在ZooKeeper上的根目录
 |
 |-/assignments                // 拓扑的任务分配信息
   |
   |-/{Topology-ID}          // 保存的是每个拓扑的分配信息包括：对应的
                                Nimbus上的代码目录，所有Task的启动时间，
                                每个任务与机器、端口的映射
```

7）正式运行拓扑

启动拓扑就是向ZooKeeper对应的目录写入拓扑的信息。

```
|-/Storms                        // 这个目录保存所有正在运行的拓扑的ID
  |
  |-/{topology-ID}           // 这个文件保存这个拓扑的一些信息，包括拓扑
                                的名字，拓扑开始运行的时间以及这个拓扑的
                                状态（具体看StormBase类）
```

8）Supervisor领取任务

Supervisor周期性地通过心跳信息，到ZooKeeper中检查是否有分配的任务。

（1）查看Storm里面有没有新提交的、没有下载的拓扑的代码，如果有，就把这个新拓扑的代码下载下来，而不管这个拓扑是否由它负责。

（2）删除那些已经不再运行的拓扑的代码。

（3）如果Nimbus给它指派了新任务（Task-ID对应到的拓扑的消息源或者消息处理者），则把这些任务交给工作进程处理。

9）Worker执行

（1）首先到ZooKeeper上查看分配的任务（Task-ID）。

（2）然后根据这些Task-ID找出所对应的拓扑的消息源/消息处理者。

（3）计算出它所代表的这些消息源/消息处理者会给哪些任务发送消息。

（4）建立到步骤（3）里面所计算的任务的连接，然后在需要发送消息的时候就通过这些连接发送。

10）拓扑的终止

除非显式地终止一个拓扑，否则它会一直运行，可以用Storm kill {Stormname}命令终止一个拓扑。

调用这个命令的同时，Storm-cluster-state的remove-Storm！命令也会被调用，把ZooKeeper上面的/Tasks和/assignments，以及/Storms下面的有关这个Topology的数据都会被删除，这些数据（或者目录）之前都是由Nimbus创建的。还剩下/taskbeats以及/taskerrors下的数据没有清除，这块数据会在Supervisor下一次从ZooKeeper上同步数据的时候删除（Supervisor会删除那些已经不存在的拓扑相关的数据）。这样这个拓扑的数据就从Storm集群上彻底删除了。

3.3.2　S4

S4是Yahoo发布的一个通用的、可扩展性良好、具有部分容错能力、支持插件的分布式流计算平台，在该平台上程序员可以很方便地开发处理流数据的应用。

Yahoo开发S4的主要目的是处理用户反馈：在搜索引擎的“cost-per-click”广告中，根据当前情景上下文（用户偏好、地理位置、已发生的查询和点击等）估计用户点击的可能性。S4借鉴MapReduce，不同处理模块间的“流数据”均采用<Key，Value>的格式。

S4的设计目标如下。

（1）使用分散、对称的结构（decentralized and symmetric architecture）：无中心节点和特殊功能节点（方便部署和维护）；提供简单的编程接口。

（2）设计一个由普通硬件组成的高可用、可扩展性良好的集群。

（3）最小化延时（minimise latency）：使用本地内存，尽量避免磁盘I/O。

（4）可插拔的结构以满足通用和定制的需要。

（5）设计思想要比较友好：容易编程、比较灵活。

但S4集群运行时不允许添加或删减节点，并且允许故障时的数据丢失，而且也未考虑系统的负载平衡性与健壮性等。

1.系统架构

S4提供客户端（client）和适配器（adapter），供第三方客户端访问S4集群，这就构成了S4系统的三个部分，即客户端（client）、适配器（adapter）和简单可缩放流处理系统的集群（Simple Scalable Streaming System Cluster，S4 Cluster）。这三个部分通过通信协议发送、接收消息，如图3-20所示，client和adapter之间的交互采用TCP/IP协议；adapter和S4集群之间的交互采用UDP协议。

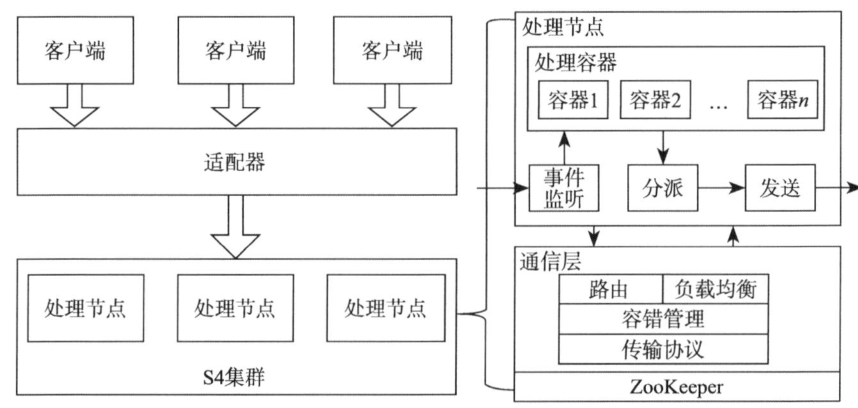

图 3-20 S4系统架构

在机房的云计算集群中搭建S4 Cluster，整个系统的架构如图3-21所示，S4集群由多个节点组成，这些节点是对称的，所有节点功能一样，之间没有主从关系（类似于P2P）。

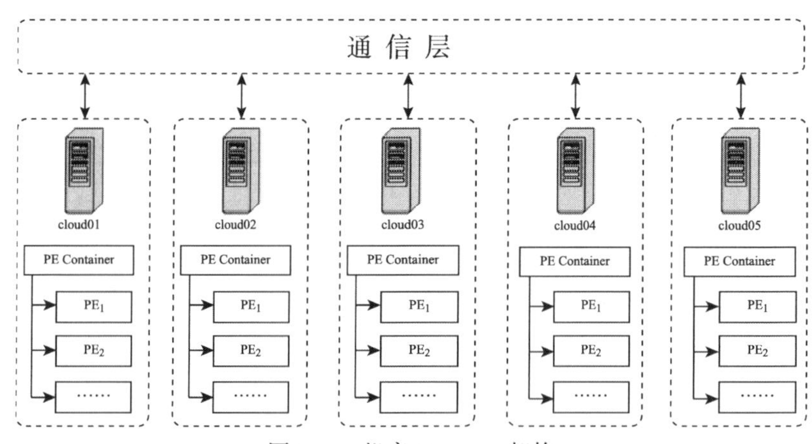

图 3-21 机房S4 Cluster架构

为了使整个集群架构满足业务的要求，S4架构在设计时主要考虑了以下几点。

（1）S4系统架构的Actor模式。为了能在普通机型构成的集群上进行分布式处理，并且集群内部不使用共享内存，S4架构采用了Actor模式，这种模式提供了封装和地址透明语义，因此在允许应用大规模并发的同时，也提供了简单的编程接口。S4系统通过处理单元（Processing Elements，PE）进行计算，消息在处理单元间以数据事件的形式传送，PE消费事件发出一个或多个可能被其他PE处理的事件，或者直接发布结果。每个PE的状态对于其他PE不可见，PE之间唯一的交互模式就是发出事件和消费事件。框架提供了路由事件到合适的PE和创建新PE实例的功能。S4的设计模式符合封装和地址透明的特性。

（2）集群的P2P对等架构。为了简化部署和运维，从而达到更好的稳定性和扩展性，S4采用了对等架构，集群中的所有处理节点都是等同的，没有中心控制。这种架构将使得集群具有很好的扩展性，处理节点的总数理论上无上限，同时，S4没有单点容错的问题。

（3）通用模块的可插拔特性。

（4）S4系统使用Java开发，采用了极富层次的模块化编程，每个通用功能点都尽量抽象出来作为通用模块，而且尽可能让各模块实现可定制化。

（5）部分容错。基于ZooKeeper服务的集群管理层将会自动路由事件从失效节点到其他节点。除非节点状态显式地保存到持久性存储，否则节点故障时，节点上处理事件的状态会丢失。

（6）节点通信模式。节点间通信采用简单的Java对象（Plain Ordinary Java Object，POJO）。

2.关键组件

1）Client

S4中所有事件流由Client触发。Client是S4提供的第三方客户端，它通过Driver组件与Adapter进行交互，并通过Adapter从S4集群接收或者发送消息。

2）Adapter

Adapter负责和S4 Cluster交互，接受客户端请求发送到S4 Cluster，监听S4 Cluster返回数据并发送到客户端；它和Client之间的交互采用TCP/IP协议，以提高通信的可靠性；而和S4集群之间的交互采用UDP协议，以提高传输速率。

Adapter也是一个Cluster，其中有多个Adapter节点，Client可以通过多个Driver与多个Adapter进行通信，这样可以保证单个Client在分发大数据量时Adapter不会成为瓶颈，也可以确保系统支持多个Client应用并发执行的快速、高效和可靠性。

3）S4 Cluster

S4集群中包括多个处理节点，这些处理节点通过通信层进行交互。节点的结构如图3-22所示。

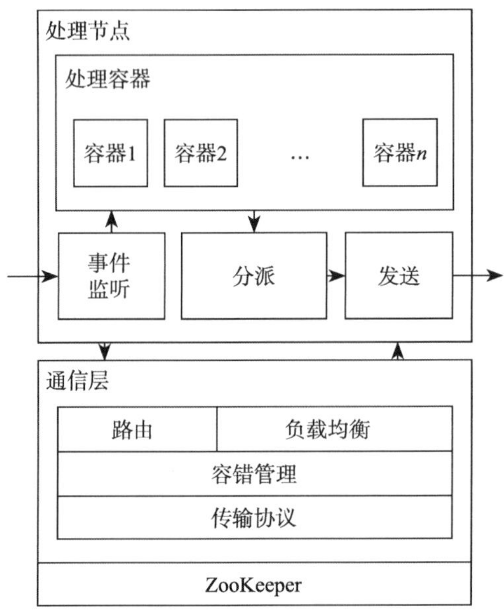

图 3-22 处理节点

4）处理单元（Processing Node，PN）

处理单元是S4中最基本的计算单元。每个PE的实例由四个要素唯一标识：①由一个PE类和相关配置定义的功能；②PE所消费的事件的类型；③这些事件所带关键字的属性（keyed attribute）；④这些事件所带关键字的属性的Value值。

处理单元是一个逻辑节点，负责监听到来的消息，并对消息进行处理，然后通过通信层将事件在集群中分发。S4在分发事件时，主要依据事件的Key值，对其进行哈希运算，根据哈希值在集群中把任务分发/路由到不同的PN节点。PN中的事件监听器将监听到的事件传递给PE容器（PEC），PE容器以适当的顺序调用适当的PE。

以上设计的一个结果是，所有包含特定属性值的事件会到达相应的PN上，并被路由到PN内相应的PE上。每个编键的（keyed） PE 能够映射到一个确定的PN，映射的规则需要通过一个哈希函数作用于PE的属性值上。

每个PE只消费那些事件类型、属性Key、属性Value都和自己标识相匹配的事件。注意系统平台会为每个属性值初始化一个PE。每当事件中出现一个新的单词，S4就为其创建一个新的PE实例。

有一种特别的无Key的PE，即没有属性Key和属性Value。这种PE消费相关类型的所有事件，被用做初始化和PE的克隆。无Key的PE一般在一个S4集群的输入层使用，在这里事件会被赋予一个Key。

有一些内置的PE用来处理如统计、聚合、连接等标准任务。许多任务可以使用这些标准PE完成，不需要额外的编码。所处理的业务任务使用一个配置文件定义，另外使用S4的sdk可以很容易地编写定制的PE。

对于有大量唯一Key的应用，可能有必要随着时间的推移清除PE对象。最简单的方法是给每个PE对象加一个时间戳。如果在一个特定的时间段内没有这个PE相关的事件到达，就可以将其清除。当系统回收内存时，PE对象被清除，其之前的状态也丢失了。这种内存管理策略比较简单，但是并不高效。为了使服务质量最大化，应该在系统可用内存和对象对系统整体性能影响的基础上最恰当地清除PE对象。设想一种PE对象可以提供其优先级或重要性的方案，这个值是由应用决定的，因此其逻辑应该由应用开发者实现。

PN上包含PE容器、事件监听器、分派以及发送，下面分别对其进行介绍。

（1）PE容器（processing element container）是一个PE的容器，其中包含了很多个PE。PEC内部有一个阻塞队列，事件被放入到此队列中。PEC根据接收的事件调用对应的PE实例，若不存在该PE实例，则调用无属性的PE（无Key和Value属性）克隆一个PE实例。每个PE实例存在一个生存时间。

（2）事件监听器（event listener）负责监听PN端口，并接收从其他PN发送过来的事件。

（3）Dispatcher和Emiter：S4根据关键字的属性的取值分发/路由事件到不同的节点和处理单元。具体流程是，PE处理完逻辑后根据其定义的输出方法可以输出事件，事件交由Dispatcher与通信层进行交互并由Emiter输出至逻辑节点。总之，所有包含特性属性值的事件在理论上都能通过哈希函数到达相应的PN，并被路由到PN内的PE上处理。

5）通信层

集群管理功能：故障恢复（failover）到备用节点，逻辑节点到物理节点的映射。它自动检测硬件故障并更新相应物理节点和逻辑节点之间的映射。发送消息时只指定逻辑节点，发送者不会感知物理节点的存在或故障导致的逻辑节点重映射。

API：通信层的API提供几种语言的绑定（如Java、C++）。遗留系统可以使用通信层的API以循环的模式发送输入事件到S4集群中的节点。

网络协议：通信层使用一个插件式的架构选择网络协议。事件可能以可靠或不可靠的方式发送。控制消息可能需要可靠发送，而数据消息可能不需要可靠发送以达到最大化吞吐量。

ZooKeeper协作管理：通信层使用ZooKeeper分配物理节点到这些S4任务集群。一个活动节点的集合被分配给特定的任务，剩余的空闲节点仍然留在池中以备需要时使用（如故障恢复或动态负载均衡）。特别地，一个空闲节点可能同时作为多个不用任务的多组活动节点的冷备。

6）配置管理层

配置管理系统主要用于对集群的操作，包括为S4任务创建和销毁集群、分配新的物理节点到S4任务集群中、把空闲的集群作为多个不用任务的多组活动节点冷备。这里的一致性保证交由ZooKeeper处理。

3.S4工作流实例

S4将一个流抽象为由（K，A）形式的元素组成的序列，这里K和A分别是键和属性。在这种抽象的基础上S4设计了能够消费和发出这些（K，A）元素的组件，也就是PE。PE在S4中是最小的数据处理单元，每个PE实例只消费事件类型、属性Key、属性Value都匹配的事件，并最终输出结果或者输出新的（K，A）元素。

如图3-23所示，以计算单词数目的Top-K为例，解释S4的数据处理流程。

输入事件包含了一个英文报价单（Quote）文档。Quote事件没有Key，直接发送给S4。

PE1：监听Quote事件。PE1是一个无key的PE对象，处理所有Quote事件。对文档中每一个唯一的word，PE1对象对其计数并发出一个新的WordEvent事件，将word作为key。PE1对象监听以word为key发出的WordEvent事件。例如，Key为word=“said”的WordCountPE对象（PE2）。

PE2：接受所有word=“said”的WordEvent类型事件。当一个Key为word=“said”的WordEvent事件到达，S4以word=“said”为key查找WordCountPE对象。

如果WordCountPE对象存在，则该PE对象被调用，计数增加，否则初始化一个新的WordCountPE对象。

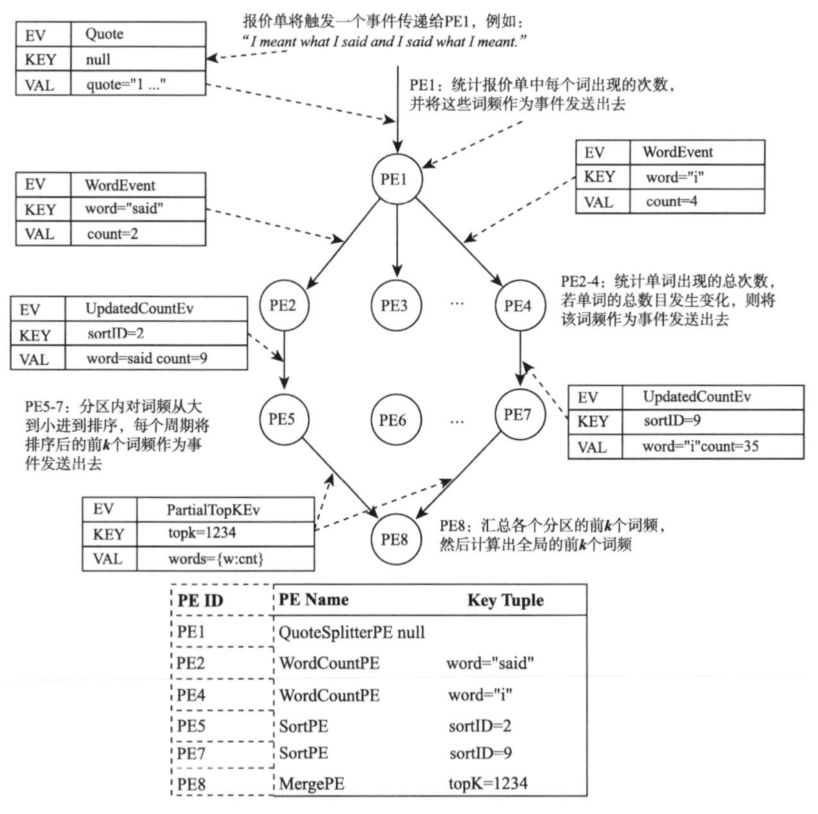

PE ID	PE Name	Key Tuple
PE1	QuoteSplitterPE null	
PE2	WordCountPE	word="said"
PE4	WordCountPE	word="i"
PE5	SortPE	sortID=2
PE7	SortPE	sortID=9
PE8	MergePE	topK=1234

图 3-23　S4工作流实例

当一个WordCountPE对象增加其计数时，它就将更新后的计数发送给一个SortPE对象（如PE5）。SortPE对象的key是一个[1，*n*]之间的随机整数，*n*是想要的SortPE对象的总数。当一个WordCountPE对象选择了一个sortID之后，在其后续生存期就一直使用这个sortID。使用一个以上SortPE对象是为了更好地在多个节点/处理器之间分布负载。例如，key为word="said"的WordCountPE对象发送一个UpdatedCountEvent事件给一个key为sortID=2（PE5）的SortPE对象。每个SortPE对象在收到UpdatedCountEvent事件时就更新其Top-*K*列表。每个SortPE对象定时发送其作为部分的Top-*K*列表给一个单独的MergePE对象（PE8），使用任意一个约定的属性键，在这个列子中是Top-*K*=1234。MergePE对象（PE8）合并从SortPE得到的列表，然后得到最后的Top-*K*列表。

从该工作流实例可以看出，整个S4工作流是由PE对象构成的，这些PE对象都是相对独立的计算单元，它们消费与其匹配的事件，各个PE之间通过消息传递发送事件，构成了整个事件的分析过程。

第 4 章　大数据挖掘

4.1　并行数据挖掘

4.1.1　概述

随着待挖掘数据的数据结构由简单到复杂、数据规模由小量到海量，数据挖掘软件的发展也相应经历了单机计算、集群计算、网格计算等几个阶段，目前已进入融合并行计算、分布式计算和网格计算的云计算时代。云计算技术保证了海量数据挖掘的精确性和高效性，具体体现在以下几个方面。

（1）云计算建立了虚拟存储体系，实现了分布式数据资源集中管理、统一管理；虚拟云存储管理系统的建立是为数据挖掘提供数据资源的有效保证。

（2）云计算建立迁移策略和负载均衡体系。迁移策略体系考虑了数据传输对网络负担造成的影响和节点负载情况，并通过集中式管理，为海量数据挖掘提供效率保证。

（3）云计算提供任务并行化管理，如建立并行任务通信机制、并行任务调度机制、并行任务失效恢复机制等，为并行数据挖掘提供有效性和高效性保证。

4.1.2　系统架构

基于云计算平台的并行数据挖掘系统架构如图4-1所示。本系统架构主要分为四层。

（1）云计算平台：提供适应于数据存储、数据管理、数据计算的分布式文件系统、分布式数据库、并行计算框架等，可根据实际需要进行适当的配置。

（2）数据ETL（Etracting Translating Loading）：可以采集各种形式的数据源，包含数据库数据、文档数据以及网页数据，在实现时只需要设计相应接口或者直接从网络上抓取；另外，一些基本的数据清理、数据转换、结构化数据/非结构化数据预处理等工作也需要在存储前进行。

图 4-1　并行数据挖掘系统架构图

（3）并行数据挖掘分析引擎：主要设计适应于云计算平台的并行计算框架，包含并行数据挖掘算法、模型的评估与结果展示，并提供向上和向下的调用接口。

（4）数据挖掘应用：调用数据挖掘的能力模型或者直接使用数据挖掘的结果，揭示数据隐含的价值并加以利用。

此架构既可以作为一个完整的挖掘应用系统直接使用，也可以将并行数据挖掘引擎模块单独作为中间件应用于基于云计算的应用平台中。

4.1.3　关键技术

1. 挖掘算法并行化分析

对于算法是否能够利用MapReduce进行并行化处理，需要针对具体的算法进行具体分析。但也有一些初步的、通用的指导原则可供参考。

（1）首先要判断算法中是否有并行处理的步骤：在理论分析时既要考虑主要步骤的并行性，也要考虑其中细小计算的并行化，这是前提也是基础。

（2）要判断算法理论上是否满足MapReduce并行化的条件：即算法对处理的数据是否可以分割，而且对分块处理后的结果能否进行合并以得到最终的结果。

（3）要保证算法MapReduce操作的时间复杂度不能太大：即算法不能迭代太多次，因为每次启动MapReduce都很耗时（包含在每个节点上启动新进程、数据通过网络传输等一系列操作）；最终需要保证MapReduce并行化后的算法效率是提升的，否则就没有必要进行MapReduce并行化。

（4）当然还要考虑算法MapReduce化后结果的正确性：即并行化之后的处理结果要与串行处理结果一致。

1）分类算法并行化分析

针对传统的常用分类算法，在给出算法基本原理的基础上，对其进行简单的MapReduce并行化分析，如表4-1所示。

表 4-1 分类算法并行化分析

名称	基本原理	效率分析	MapReduce并行化分析
C4.5	C4.5算法是一种决策树算法，是对ID3算法的改进，包括用信息增益选择属性、在构造树的过程中进行剪枝、属性的离散化处理等	时间复杂度为 $O(nm^2+kmn)$ 空间复杂度为 $O(n)$	C4.5算法在决策树构造的过程中，最耗时的阶段是属性数据的统计，可把每层决策树生成前的属性统计进行并行化处理。 计算简单，适合MapReduce并行化
KNN	KNN算法是根据距离函数计算待分类样本x距离最小的K个样本作为x的K个最近邻，最后根据x的K个最近邻判断x的类别	时间复杂度为 $O((n+m)d+km)$ 空间复杂度为 $O(km)$	KNN算法可分为三个部分：第一部分是距离的计算；第二部分是排序并选择K近邻；第三部分是投票决策。对距离的计算、投票决策均可以并行实现。 计算不简单，适合MapReduce并行化
Bayes	利用贝叶斯原理，通过计算待分类数据可能类别的最大后验概率，确定最终的类别	时间复杂度为 $O(nkm)$ 空间复杂度为 $O(\|V\|km)$	Bayes算法的训练和测试均可以并行执行：训练时将整个训练样本集分成若干部分，在每个部分上统计频率，然后把统计结果相加实现；测试时也可将测试样本集分成若干部分，对每个部分分别进行测试，最后将测试结果汇总输出。 算法并行计算相对简单，可进行MapReduce并行化
SVM	在线性条件下，在原空间寻找两类样本的最优分类超平面；而在非线性条件下，首先将原始模式空间映射到高维的特征空间，然后在该特征空间中寻找最优分类超平面	时间复杂度为 $O(mn^2)$ 空间复杂度为 $O(lm)$	算法内部计算太复杂，不太适合MapReduce并行化

续表

名称	基本原理	效率分析	MapReduce并行化分析
神经网络	神经网络是人脑思维模拟系统的一个复杂的结构模拟，是多个神经元连接而成的多层网络，可模仿基本形式的人脑神经元的功能。实质上，神经网络是一个不依赖于模型的自适应函数估计器，不需要模型就可以实现任意的函数关系	时间复杂度为 $O(nmT)$ 空间复杂度为 $O(lm)$	尽管神经网络能够并行处理，但是因为具有学习能力、适应能力和容错特征，算法复杂度很高，不太适合MapReduce并行化

注：n为训练样本个数，m为训练数据特征维数，k为每一维属性不同属性的数目。特别地，对于KNN算法，k为近邻的个数；对于Bayes方法，$|V|$为不同目标值的个数；对于SVM算法，l为支持向量的个数；对于神经网络算法，T为迭代周期数，l为隐层单元个数

2）聚类算法并行化分析

针对常用的聚类算法，在给出算法基本原理的基础上，对其进行简单的MapReduce并行化分析，如表4-2所示。

表 4-2　聚类算法并行化分析

名称	基本原理	效率分析	MapReduce并行化分析
K-means	K-means算法首先随机地选择k个对象，每个对象代表一个簇的初始均值和中心；对剩余的每个对象，根据其与各个簇的均值的距离，将其指派到最相似的簇。然后计算每个簇的新均值。这个过程不断重复，直到准则函数收敛	时间复杂度为 $O(nki)$ 空间复杂度为 $O(k)$	K-means算法从逻辑功能上分为三部分：聚类中心初始化、迭代更新聚类中心、聚类标注；这三部分均可以并行计算。 其中的并行化计算相对简单，适合MapReduce并行化
CLARANS	CLARANS算法与K-means算法一样，也是以聚类中心划分聚类的，一旦k个聚类中心确定了，聚类马上就能完成。不同的是，K-means算法以类簇的样本的均值代表聚类中心，而CLARANS算法采用在每个簇中选出一个实际的对象代表该簇。其余的每个对象聚类到与其最相似的代表性对象所在的簇中	时间复杂度为 $O(n^2)$ 空间复杂度为 $O(ks)$	CLARANS算法从逻辑功能上分为三部分：聚类中心和邻居样本初始化、迭代更新聚类中心、聚类标注；这三部分均可以并行计算。 其中的并行化计算相对简单，适合MapReduce并行化

续表

名称	基本原理	效率分析	MapReduce并行化分析
DBSCAN	DBScan算法是一种基于密度的聚类算法，与划分和层次聚类算法不同，它将簇定义为密度相连的点的最大集合，能够把具有足够高密度的区域划分为簇，并可在有噪声的空间数据中发现任意形状的聚类	时间复杂度为$O(n^2)$ 空间复杂度为$O(n)$	DBScan算法从逻辑功能上分为三部分：样本抽样、对抽样样本进行聚类、聚类标注；这三部分均可以并行计算。 其中的并行化计算相对简单，适合MapReduce并行化
BIRCH	BIRCH算法利用层次方法的平衡迭代规约和聚类，是一个综合的层次聚类方法，它用聚类特征和聚类特征树概括聚类特征，该算法通过聚类特征可以方便地进行中心、半径、直径及类内、类间距离的计算	时间复杂度为$O(n)$ 空间复杂度为$O(n)$	算法不适合对分割的数据进行处理，而且是增量计算的，不适合MapReduce并行化
Chameleon	Chameleon（变色龙）算法是在一个层次聚类中采用动态模型的聚类算法。在它的聚类过程中，如果两个簇间的互联性和近似度与簇内部对象间的互联性和近似度高度相关，则合并这两个簇。基于动态模型的合并过程有利于自然的聚类的发现，而且只要定义了相似度函数就可应用于所有类型的数据	时间复杂度为$O(n^2)$ 空间复杂度为$O(n)$	算法不适合对分割的数据进行处理，不适合MapReduce并行化
STING	STING算法是一种基于网格的多分辨率聚类技术，它将空间区域划分为矩形单元，针对不同级别的分辨率，通常存在多个级别的巨型单元，这些单元形成了一个层次结构：高层的每个单元被划分为多个第一层的单元	时间复杂度为$O(n)$ 空间复杂度为$O(l)$	算法的数据分割并不是简单的块分割，其内部并行机制不适合MapReduce并行化

注：n为样本个数，k为类簇个数，i为算法迭代次数，s为每次抽样的个数，d为样本的属性个数

3）关联算法并行化分析

针对常用的传统关联分析算法，在给出算法基本原理的基础上，对其进行简单的MapReduce并行化分析，如表4-3所示。

表 4-3　关联分析算法并行化分析表

名称	基本原理	效率分析	MapReduce并行化分析
FP-growth	FP（Frequency Pattern）-growth（频繁模式增长）算法也是决策树算法，在产生候选项目集时采用模式增长的方法递归挖掘全部频繁模式，并且仅需扫描事务数据库两次。它采用分而治之的思想：在经过第一遍扫描后，将提供频繁项集的事务数据库压缩成一棵频繁模式树（或称为 FP-Tree），但仍保留项集关联信息。然后，将这种压缩后的事务数据库分成一组条件数据库（一种特殊类型的投影数据库），每个条件数据库关联一个频繁项集，并分别挖掘每个条件数据库	时间复杂度为 $O(nt\log t+2^t)$ 空间复杂度为 $O(nt+2^t)$	FP-growth算法需要扫描两次事务数据库：第一次是找出事务数据库中频繁一项集；第二次是根据降序排序后的频繁一项集，建立频繁模式增长树；最后通过遍历频繁模式增长树进行关联规则的挖掘；这三部分均可以并行化进行。 算法并行化相对简单，适合MapReduce并行化
WFP	基于加权的优化算法（Weighted Frequency Pattern，WFP）是在FP-growth算法的基础上，发现频繁一项集，然后构建频繁模式增长的兄弟孩子树，通过遍历构造的频繁模式树找到频繁项集，最后从加权频繁项集计算出满足加权最小支持度和最小置信度的强关联规则	时间复杂度为 $O(nt\log t+2^t)$ 空间复杂度为 $O(nt+2^t)$	WFP算法中，有两部可使用并行化：发现频繁项集一项集、构建频繁模式增长的兄弟孩子树并找到频繁项集。 算法并行化相对简单，适合MapReduce并行化
Apriori	Apriori（先验算法）通过项目集数目的不断增加逐步完成频繁项目集发现。算法大体分为两步：第一步，从根据候选项目集生成的逐层迭代找出频繁项目集；第二步，产生关联规则	时间复杂度为 $O(n2^t)$ 空间复杂度为 $O(2^t)$	Apriori算法通过迭代的方法逐步发现频繁k项集，在每次迭代过程中，需要扫描事务数据库获取候选项集中每个项集的支持度计数，这一操作可以采用并行化。 算法并行化相对简单，适合MapReduce并行化
Sampling	Sampling 算法属于基于抽样的优化算法：先使用数据库的抽样数据得到一些可能成立的规则，然后利用数据库的剩余部分验证这些关联规则	时间复杂度为 $O(n/k\times 2^t)$ 空间复杂度为 $O(2^t)$	本算法中用于发现大项目集的算法（如Apriori算法）内部可进行并行化，故整个算法可实现并行化。 算法并行化相对简单，适合MapReduce并行化

续表

名称	基本原理	效率分析	MapReduce并行化分析
Partition	Partition算法属于基于划分的优化算法：首先将大容量的数据库从逻辑上分成几个互不相交的块，每块用关联挖掘算法（如Apriori）生成局部的频繁项目集，然后把这些局部的频繁项目集作为候选的全局频繁项目集，通过测试它们的支撑度得到最终的全局频繁项目集	时间复杂度为$O(n\times 2^t)$ 空间复杂度为$O(2^t)$	本算法中用于发现大项目集的算法（如Apriori算法）内部可进行并行化，故整个算法可实现并行化。 算法并行化相对简单，适合MapReduce并行化。
DHP	基于哈希的优化算法（Direct Hashing and Pruning，DHP）利用散列技术改进产生2频繁项目集的方法：把扫描的项目放到不同的哈希桶中，每对项目最多只可能在一个特定的桶中，这样可以对每个桶中的项目子集进行测试，减少了候选集生成的代价	时间复杂度为$O(n2^t)$ 空间复杂度为$O(2^t)$	此算法内部不适合MapReduce并行化

注：n为样本个数，t为属性个数，k为总样本与抽样样本的比值，m为种群大小

2.挖掘算法并行化设计

对于数据挖掘算法的并行化设计，没有必要针对所有算法进行详细分析与设计。因此，这里主要选择两个有代表性的算法进行具体分析与设计，它们分别代表了简单MapReduce并行化设计和复杂MapReduce并行化设计。但是对于具体数据挖掘算法的MapReduce并行化设计，还是会给出一些通用性的指导原则。

（1）算法MapReduce并行化设计指导原则如下。

①算法能否从执行先后顺序上划分为几个模块，如预处理、训练、测试等，这是多个MapReduce进行顺序执行的基础。

②在每个模块内部，考虑是否有可并行执行的步骤，是否在理论上具备MapReduce并行化的条件，数据是否可分割、可合并。

③对于理论上具备MapReduce并行化的，还要判断具体执行时的时间复杂度，即不能迭代太多次。

④在计算资源充足、并行化操作较多的情况下，可考虑多个Map函数、Reduce函数并行执行的情况，这种情况一般是数据源不同，但操作可独立并行进行。

（2）算法并行化设计时可利用的MapReduce特性如下。

①Map函数的输入一般来自数据源（文本、数据表），并有数据格式转化，即把输入文件转化为Key/Value对；Map函数输入也可来自前一次MapReduce的运算结果。

②Map函数的结果按照Key值划分，分配给Reduce函数处理。Reduce函数处理的Key一般对应于一个值的列表。

③Map函数可以从不同的数据源导入数据，并行执行；Reduce函数同样也可以并行执行。

④所有的Map函数和Reduce函数都是独立进行的。

1）简单MapReduce并行化设计

有些算法天然具备MapReduce并行化（如KNN算法），其训练样本和测试样本之间的相似性计算是独立的，而且输入数据集可分割成N块，并在不同节点上同时进行处理；云计算平台已经提供了数据分割和不同节点间通信的机制，其MapReduce并行化设计显得相对简单。

KNN算法的MapReduce并行化设计如下。

利用Map函数计算每个测试样本与所有训练样本之间的相似距离，利用Reduce函数计算每个测试样本最近的K个训练样本，并由这K个训练样本中的主要类别决定最终测试样本的类别。其简化的MapReduce流程图如图4-2所示。

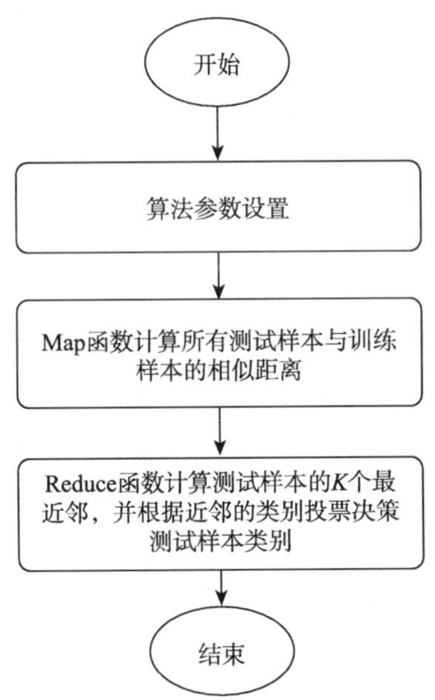

图 4-2　简化的KNN算法MapReduce流程图

其中，Map函数、Reduce函数的Key/Value对设计参考如下。

Map（Key, Value）

输入：<Key, Value>对，其中Key为训练数据和测试数据的行标，Value是数据的内容，如属性、类标签等。

输出：<Key′, Value′>对，其中Key′是测试的行标，Value′是测试数据与训练数据之间的距离相似值、训练数据的类别标签两者的结合。

Reduce（Key，Value）

输入：Map函数的结果。

输出：<Key′, Value′>对，其中Key′是测试数据的行标，Value′是预测的测试数据的类别标签。

2）复杂MapReduce并行化设计

有些算法，特别是计算步骤相对复杂的算法，其内部往往具备多个MapReduce并行化的条件（如贝叶斯算法），在对其进行详细的分析之后，发现在数据预处理阶段、数据训练阶段、数据测试阶段均可以进行MapReduce化设计，这三个阶段具体的并行化步骤如下。

（1）数据预处理阶段：统计训练样本中每个属性最大最小值（可选，见MapReduce1）、对训练样本与测试样本分别进行离散化（见MapReduce2、MapReduce4）。

（2）数据训练阶段：计算训练样本中每个类别出现的概率、每个类别下各个属性值的条件概率（见MapReduce3）。

（3）数据测试阶段：对测试样本进行测试，选择能使后验概率最大的类别标签作为其预测的类别标签（见MapReduce5）。

由于以上每个MapReduce的具体Map过程、Reduce过程相对简单，下面将两者结合进行简单说明，如图4-3所示。

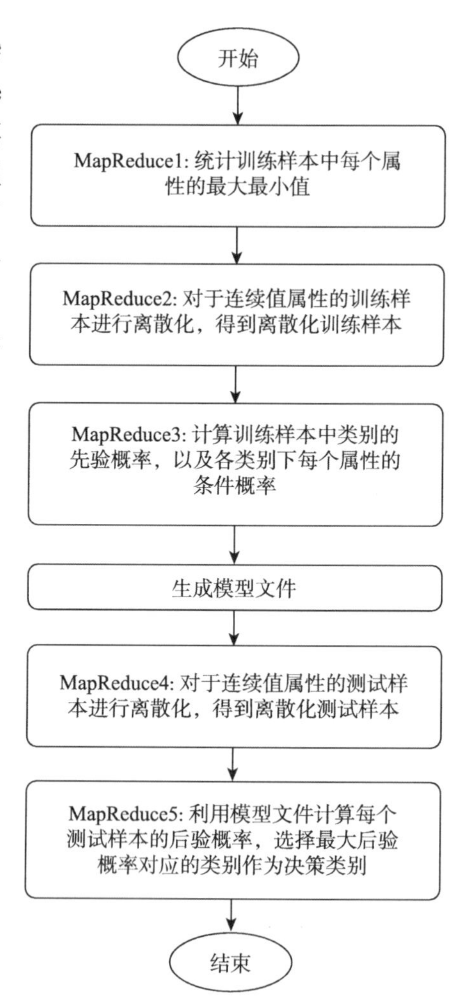

图 4-3　贝叶斯算法MapReduce简化流程图

MapReduce1

Map1（Key，Value）

输入：<Key，Value>对，其中Key是训练数据的行标，Value是相应数据的内容，如属性名、属性值。

输出：<Key′,Value′>对，其中Key′是训练数据的行标，Value′是属性名、属性最大最小值的结合。

Reduce1（Key，Value）

输入：Map函数的结果

输出：<Key′,Value′>对，其中Key′是训练数据的行标，Value′是属性名、属性最大最小值的结合。

MapReduce2

Map2（Key，Value）

输入：<Key，Value>对，其中Key是训练数据连续属性的行标，Value是相应的属性名、属性值。

输出：<Key′,Value′>对，其中Key′是训练数据连续属性的行标，Value′属性名、属性的离散化值。

Reduce2（Key，Value）

输入：Map函数的结果。

输出：<Key′,Value′>对，其中Key′是训练数据连续属性的行标，Value′是属性名、属性的离散化值。

MapReduce3

Map3（Key，Value）

输入：<Key，Value>对，其中Key是离散化训练数据的行标，Value是相应的类别标签、属性名、属性值。

输出：<Key′,Value′>对，其中Key′是类别标签、属性名与属性值这三者的结合，Value′是类别概率、条件概率。

Reduce3（Key，Value）

输入：Map函数的结果。

输出：<Key′,Value′>对，其中Key′是类别标签、属性名与属性值这三者的结合，Value′是类别概率、条件概率。

MapReduce4

Map4（Key，Value）

输入：<Key，Value>对，其中Key是测试数据连续属性的行标，Value是相应的属性名、属性值。

输出：<Key′,Value′>对，其中Key′是测试数据连续属性的行标，Value′是属性名、属性的离散化值。

Reduce4（Key，Value）

输入：Map函数的结果。

输出：<Key′, Value′>对，其中Key′是测试数据连续属性的行标，Value′是属性名、属性的离散化值。

MapReduce5

Map5（Key, Value）

输入：<Key, Value>对，其中Key是测试数据行标，Value是测试数据、模型文件的相关内容，包含相应的属性名、属性值、类别概率、条件概率等。

输出：<Key′, Value′>对，其中Key′是类别标签、属性名与属性值这三者的结合，Value′是Key′出现的频度。

Reduce5（Key, Value）

输入：Map函数的结果。

输出：<Key′, Value′>对，其中Key′是类别标签、属性名与属性值这三者的结合，Value′是Key′出现的频度。

4.2 搜索引擎技术

4.2.1 概述

搜索引擎[34]是一种从各类业务或应用系统上采集数据，并将其进行存储、加工和重新组织后，向用户提供查询和结果展示的信息检索系统。它是数据存储系统在获得了海量数据后，实施数据管理的必然步骤和重要工具，使得人们在面临大数据时，可以通过输入简单的查询语句，就可以获得自己需要的信息集合。

广义上的搜索引擎等同于信息检索[35]，是指把信息按一定的方式组织起来，并根据用户需要找出有关信息的过程和技术。狭义的信息检索就是信息检索过程的后半部分，即从信息集合中找出所需要信息的过程，也就是通常所说的信息查询。

狭义上的搜索引擎又叫Web检索，百度、Google等就属于这一类。互联网上网页总数已达到50多亿页，并且以每月近千万的数目递增。Web检索的内容非常丰富，有网页、文档、语音、视频等；文档、音/视频的文件类型也是多种多样的，有pdf、doc、excel、mov、mp3等格式。Web检索系统以一定的策略在互联网中搜集、发现信息，对信息进行理解、提取、组织和处理，并为用户提供检索服务，从而起到信息导航的目的。人们通常所说的搜索引擎，实际上就是指Web检索。

业界对搜索引擎的分类有多重标准，标准不同，分类体系也不同。一般意义上讲，有三大搜索引擎分类标准，即学术分类法、需求分类法和工业分类法，如图4-4所示。

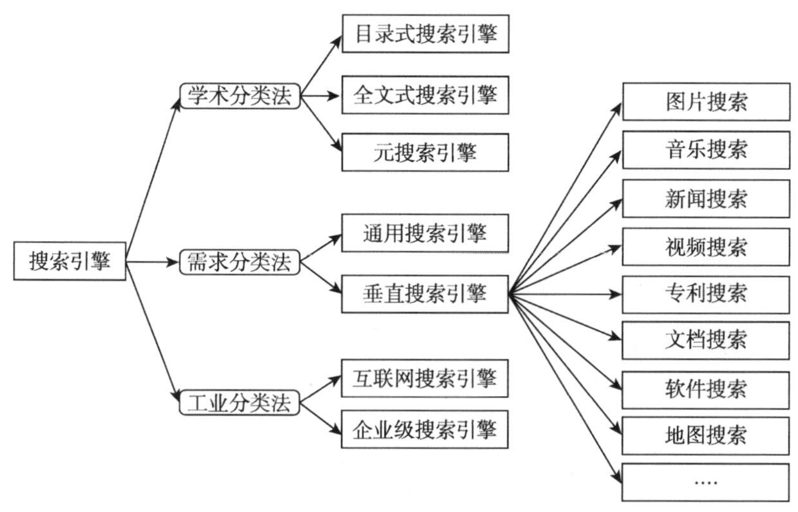

图 4-4　搜索引擎分类体系

在学术分类法中，按照技术架构和服务提供方式的不同，将搜索引擎分为目录式搜索引擎、全文式搜索引擎和元搜索引擎三类。

在需求分类法中，根据搜索引擎能够满足的用户信息需求的能力，将搜索引擎细分为通用搜索引擎和垂直搜索引擎，其中垂直搜索引擎又包括网页搜索、新闻搜索、图片搜索、音乐搜索和视频搜索等不同的类型。

在工业分法中，则考虑搜索引擎面对的市场不同，将搜索引擎细分为互联网搜索引擎和企业级搜索引擎两大类，而互联网搜索引擎根据服务领域的不同，又进一步细分为通用型搜索和垂直型搜索。

4.2.2　系统架构

作为互联网应用中最具技术含量的应用之一，优秀的搜索引擎需要复杂的架构和算法，以此支撑对海量数据的获取、存储以及对用户查询快速而准确的响应。

在架构层面，搜索引擎需要具备对数以百亿计的海量网页进行获取、存储和处理的能力，同时还要保证搜索结果的质量。如何获取、存储并计算如此海量的数据？如何快速响应用户的查询？如何使得搜索结果能够满足用户的信息需求？这些都是搜索引擎面临的核心问题。

图4-5是一个通用的搜索引擎技术架构示意图[36]，搜索引擎由许多技术模块构成，各自负责整体功能的一部分，相互配合形成了完整的搜索架构。

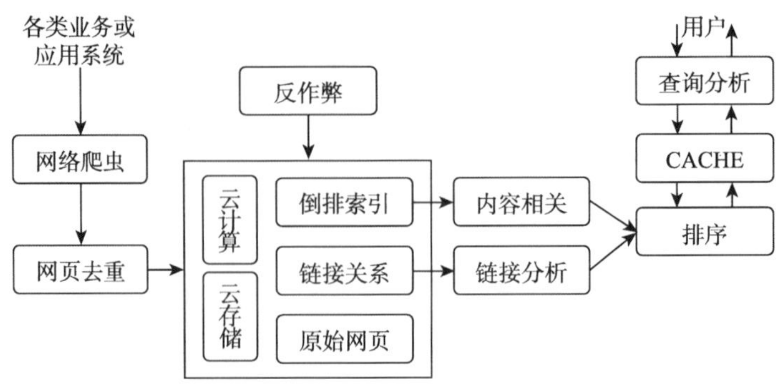

图 4-5 搜索引擎技术架构[36]

搜索引擎抓取的信息源自互联网网站的网页，这些网页被网页爬虫抓取并保存到本地，因此互联网页面中有相当大比例的内容是完全相同或者近似重复的，网页去重模块会对此进行检测，并去除重复的内容。

在此之后，搜索引擎会对网页进行解析，抽取出网页的主体内容，以及网页中包含的指向其他页面的链接。为了加快响应用户查询的速度，网页内容需要通过倒排索引这种数据结构进行保存，而网页之间的链接关系也会保存下来。之所以要保存链接关系，是因为这种关系在网页排序时有重要的价值，搜索引擎会通过链接分析判断网页自身的相对重要性，这对于为用户提供高质量的搜索结果具有很大的帮助。

由于网页数量太多，搜索引擎还需要保存网页原始信息以及一些中间处理结果，只使用少量或者单台机器来处理这些数据和信息显然不能满足需求，所以商业搜索引擎公司为此开发了一整套云存储和计算平台，使用数以万计的普通计算机搭建集群支撑海量信息的可靠存储和计算架构。优秀的云存储和计算平台是大型商业搜索引擎的核心竞争力。

当然，数据的采集、存储、加工都属于搜索引擎的后台计算系统，它的主要价值是解决如何向用户提供准确、全面、实时、可靠的搜索引擎。如何响应用户查询并实时提供准确结果构成了搜索引擎前台计算系统。

搜索引擎在收到用户的查询后，首先会对查询词进行一系列的处理，推导出用户真正的查询意图，然后在缓存中进行查找，如果能够在缓存中直接找到满足用户需求的信息，那么就可以将这个结果直接返还给用户；如果缓存中不存在用户需要的信息，那么搜索引擎就需要检索系统到倒排索引中去实时查找，并对查到的结果进行排序。排序时，一方面考虑了查询和网页的内容相关性，另一方面则考虑了网页滋生的质量、可信度和重要性。综合上述因素，形成最终的排序结果，返还给用户。

搜索引擎作为互联网上用户上网的虚拟入口，对于网络流量的引导和分流至关重要，某些网站为了商业利益，使用各种手段将网络的搜索排名提高到与其网页质量不相称的位置，严重影响了用户的搜索体验。如何自动发现作弊网页并对其进行惩罚，也成为当前搜索引擎的重要组成部分。

4.2.3　关键技术

1.网页爬虫

现在互联网上存在数以百亿千亿计的网页，这些网页存储在不同的服务器上，分布在世界各地的数据中心和机房。 对于搜索引擎，要抓取互联网上所有的网页几乎是不可能的，从目前公布的数据看，容量最大的搜索引擎也不过抓取了整个网页数量的40%左右。一方面是因为抓取技术存在瓶颈，无法遍历所有网页，有许多网页无法从其他网页的链接中找到；另一个方面是因为存储技术和处理技术的问题，如果按照每个页面的平均大小为20KB计算（包含图片），那么100亿网页的容量是100 × 2000GB，即使能够存储，下载也存在问题（按照一台机器每秒下载20KB计算，那么需要340台机器不停地下载一年时间，才能把所有网页下载完毕）。同时，由于数据量太大，在提供搜索时也会影响效率。

网络爬虫将分布在不同服务器和数据中心的网页抓取下来并存储到本地，在本地形成网页的镜像设备后建立索引，从而能够快速地响应用户的查询需求。网络爬虫具有重要的作用，它是搜索引擎系统关键且基础的构件。

一个通用且简单的网络爬虫框架[36]如图4-6所示，它的基本原理是：首先人工地从互联网中精心选择一部分网页，作为种子URL并存储到待抓取URL队列；接着，爬虫调度器从这些待抓取的URL队列中依次读取出URL，并进行DNS解析，把链接地址转换为网络服务器的IP地址；然后将IP地址及相对路径名称提交给相关网页下载器，网页下载器接收到下载任务后，通过IP地址及域名信息与远程服务器建立连接、发送请求、并下载网页，一方面将其存储到页面库中，为后续的页面分析处理及索引建立打基础，另一方面提取下载网页中的URL放入到已抓取URL队列中，避免重复抓取；对于新下载的网页，抽取出其中包含的所有出链URL，如果某个链接还没有出现在已抓取URL队列，那么就将其放到待抓取URL队列的末尾，之后再进行抓取；这样循环往复，直到处理完待抓取URL队列中的所有网页，才算完成了一次完整的抓取任务。

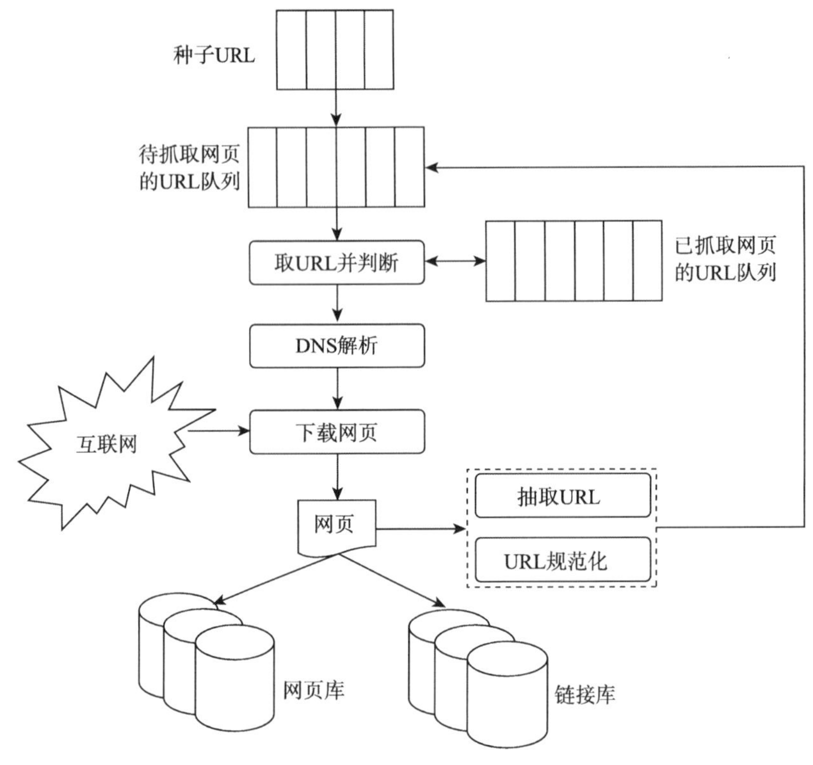

图 4-6　网络爬虫框架图 [36]

在爬虫与远程服务器通过SOCKET方式建立连接后，它们将通过HTTP方式进行通信。服务器在收到爬虫的请求后，会按照HTTP头信息和HTTP体信息的顺序依次发送内容。爬虫在获取了网页头信息后，对其进行解析，获得状态码、网页内容长度、转向信息、连接状态、网页内容编码、网页类型、网页字符集、传输编码等信息。根据返回码判断Web服务器是否针对该请求转向，如果转向，则应该重新组装消息体发送请求；然后根据传输类型、网页体的大小，申请内存空间准备接收，如果超出预定接收大小，则放弃该网页；根据网页类型判断是否获取该网页，如果满足获取条件，则继续进行网页体信息的获取。爬虫获得了网页体信息后，提取链接信息和相应的锚文本链接描述信息，形成网页链接结构库。在读取体内容时，由于网页头信息中给定的网页体大小可能存在错误，所以网页体信息读取应该是处在一个循环体中，直到不能读到新的字节为止。另外服务器长时间不响应的情况也时有发生，需要设定超时机制，超时后放弃该网页。接收的数据如果超出预定接收大小，也放弃该网页。

在下载所有网页后，整个互联网网页可以划分为已下载网页集合、已过期网页集合、待下载网页集合、可知网页集合、未知网页集合五种类型。其中已下载和已过期网页都属于已经下载到本地的网页，不同的是后者的内容与当前时刻的互联网网页内容不同；待下载网页集合是指出现在待抓取URL队列的网页，这些网页马上就要被爬虫下载；可知网页是指那些既不属于已经下载的网页，也不属于待下载的网页，但是总可以通过链接关系发现的网页；未知网页则是指那些无法被爬虫发现的网页，这部分网页的数量在总体上占据了较大的比例。

1）重爬检测

如果爬虫不对爬取的网页进行检测，往往会出现对物理上同一个网页进行重复爬取的现象。造成网页重复搜集的原因，一方面是搜集程序没有记录清楚哪些是已经访问过的URL，另一方面则是域名与IP的多重对应关系。

为了解决第一个原因造成的重复搜集，搜索引擎的爬虫通常会定义两个表："未访问URL表"和"已访问URL表"。"未访问URL表"中存储准备取入待访问队列的URL，"已访问URL表"中存储已经请求过网页的URL。爬虫将访问过的URL、未访问过的URL分别作MD5（Message Digest Algorithm 5）摘要，获得其唯一标识，建立两个哈希集合。对于新解析出的网页URL，首先根据已经访问过的URL的MD5集合判断是否已经抓取过，如果没有则放入未访问URL库，否则就直接放弃。

记录未访问和已访问的URL信息，可以保证搜集的网页中所有URL都不相同。但是域名与IP的对应关系比较复杂，它会导致即使网页URL不同，也有可能指向相同的物理网页的情况。域名与IP的对应关系存在四种情况：一对一、一对多、多对一、多对多。一对一不会造成重复搜集，后三种情况都有可能造成重复搜集。虚拟主机和DNS轮转会导致一个IP对应多个域名的情况；而DNS轮转有时还会使得多个IP只对应一个域名；当一个站点有多个域名时，会出现多个IP对应另外多个域名的情形。要解决IP和域名复杂对应关系带来的问题，就需要找出那些指向同一物理位置URL的多个域名和IP，这是一个逐渐累积的过程。首先要累积一定数量的域名和IP（如100万个），然后把这些域名和IP对应的首页和首页链接出的最开始几个页面抓取回来，对其进行比较，如果比较结果一样，则归为一组，以后可以只选择其中的一个进行搜集。选择的时候应该优先选择有域名的，因为有的网站禁止直接用IP访问。

2）抓取调度

搜索引擎的爬虫在抓取网页前，首先要维护一个待抓取网页的URL队列，按照该队列中的URL顺序依次抓取网页。网页抓取策略就是利用不同的方法确定待抓取URL队列中URL的顺序。

无论是哪一种爬虫，不管使用何种的抓取策略，目标都是一致的，即优先选择重要的网页进行抓取。网页的重要性可以按照不同的评判标准选择不同的方法，但大多是按照网页的流行性定义的。如入链数、网页排行算法等就是比较常见的网页流行性评价指标。

目前经试验证明有效且比较有代表性的网页抓取策略包括深度优先遍历策略、宽度优先遍历策略、非完全PAGERANK策略、OPIC（Online Page Importance Computation）策略和大站优先策略。

（1）深度优先遍历策略有点像古代封建帝王的继承体系，首先由长子继承，长子过世，由长孙继承，长孙不在了，由长孙的兄弟继承，如果上面这些人都不在了，可以考虑由次子继承，以此类推。反映在树结构中，就是深度遍历策略。由于互联网结构非常复杂，如果采用深度优先策略，往往无法保证优先采集重要的网页。

（2）宽度优先遍历策略是一种极其简单但是非常有效的网页抓取策略，它虽然原始但效果却相对很好，常用做爬虫网页抓取的基准策略。所谓宽度优先遍历策略，就是“什么都不管”策略，即将已下载网页中抽取出的URL链接直接追加到URL队列的末尾，并不做任何额外的网页重要性评估工作。但是宽度优先遍历策略却达到了按照网页重要性进行排序的效果，这是因为其倾向于将入链数较多的网页优先下载。

（3）非完全PAGERANK策略实际上与PAGERANK策略一脉相承，只是PAGERANK算法是个全局的策略，在所有网页下载完成后，再利用其进行计算才是有意义的。但是爬虫在运行过程中，不可能抓取到所有网页，因此只能在一个不完整的网页集合内计算PAGERANK。非完全PAGERANK算法的基本思想就是将已下载网页及待下载网页组成大的网页集合，在此基础上进行PAGERANK计算，然后将待抓取URL队列中的网页按照PR值从高到低进行排序，形成网页抓取优先级。但是已下载网页和待下载网页的数量随时会发生变化，不可能每抓取一次网页就更新一次PAGERANK值。PAGERANK值更新的时机是按照非完全PAGERANK算法进行网页更新时需要注意的问题，通常的解决方案是：下载网页数量累积到一个预先设定的值时，才会对网页集进行PAGERANK值更新。但是在进行下一轮PAGERANK计算前，可能从某些已经下载的网页中抽取出来的URL具有比当前待抓取网页列表中的URL更高的下载优先级，这些URL是否需要优先下载，如何计算PAGERANK值也是问题。一个可能的解决方案是：爬虫系统赋予这些抽取出来但又没有PAGERANK值的网页一个临时PAGERANK值，然后将链入到该网页的所有网页的PAGERANK值进行汇总，得到该网页的PAGERANK值，如果这个值高于目前待抓取网页列表中的某些PAGERANK值，那么该网页应该优先下载。非完全PAGERANK策略相对比较复杂，而且效果也并不一定比宽度优先策略好。

（4）OPIC策略则比非完全PAGERANK策略要好一些，它的思路与非完全PAGERANK策略很像，可以看做一种改进版的PAGERANK策略。其基本流程是：首先为每一个页面赋予相同的CASH，等某个页面下载后，就将自己的CASH平均分配给自己的链出网页，并将自己的CASH清零。对于待抓取URL队列中的网页，按照自己现有的CASH进行优先级排序。与非完全PR策略相比，OPIC策略不需要迭代计算，速度非常快，适合于实时计算使用。实验表明，OPIC策略是一种较好的网页重要性衡量标准，效果要略优于宽度优先遍历策略。

（5）大站优先策略最容易理解，它以网站为单位衡量网页的重要性，对于待抓取URL队列中的网页，根据所属网站进行归类，待下载网页数量最多的网站具有优先下载权。其本质上就是大网站优先，因为大网站比小网站包括更多的网页，而且大网站的网页质量也相对较高。实验表明，大站优先策略能够获得比宽度优先遍历策略更好的效果。

总体而言，在爬虫的诸多调度策略中，效果最好的为OPIC策略，其次是大站优先策略，然后是宽度优先遍历策略和非完全PAGERANK策略，最差的是深度优先遍历策略。

3）更新抓取

互联网上的网页更新频繁，随时都在出现新页面或者内容有所变化的页面。爬虫并非只是将网页抓取到本地就完成任务了，它还需要保证本地下载的网页与互联网页面的一致性，这就需要保持本地内容与互联网内容的同步。网页更新策略是影响内容同步性的重要因素，其要寻找一个合适的时机重抓已经下载的网页，以尽可能保持本地镜像与互联网网页的同步性。常见的网页更新策略包括统一重访策略、历史参考策略、用户体验策略和聚类抽样策略等方式。

（1）统一重访策略不区分网站、网页，对所有已经访问过的网页，在固定的时间周期内全部进行重爬。这种办法简单、易实现，对所有网页一视同仁，但是全网重爬的效率较低。

（2）历史参考策略的出发点很直接，就是过去经常更新的网页在未来也可能会频繁更新。所以，要预测某个网页未来的更新时机，只要参考过去的更新情况就可以了。具体实现时，可以用泊松分布对网页的变化进行建模，并以此预测网页下次更新的时间。为了节省资源、提高效率，有些实现方法还将网页进行了划分，将变化的建模和探测集中在主题内容上，而忽略广告栏或者导航栏等不太重要的区域。

（3）用户体验策略是利用用户通常只浏览搜索引擎返回的前三页内容的特点来更新网页的。有时即使本地镜像中的某些网页在内容上发生了较大的变化，搜索引擎也不会更新网页。所以判断一个网页是否需要进行更新取决于网页内容的变化对于搜索排名的影响，影响越大的网页，需要越快更新。用户体验策略的方法会保存网页的多个历史版本，并根据过去每次网页变化对搜索排名的影响得到一个平均值，并以此判断网页更新的优先级。

无论是历史参考策略还是用户体验策略，都强烈依赖于网页的历史更新信息，这无疑会加大搜索系统的存储负担，而且对于首次抓取到的没有历史版本的网页，则无法估计其更新周期。

（4）聚类抽样策略认为网页具备的一些属性决定了其更新的周期，属性类似的网页，其更新周期也类似。所以，可以根据上述更新属性，将网页进行归类，从而将同一类别内的网页设置为相同的更新频率。而要计算同类别网页的更新周期，只需要对类别内的网页进行采样，将采样网页的更新周期作为所有该类别网页的更新周期。如此就可以解决对历史网页的依赖以及新网页的冷启动问题。通常用于更新网页聚类的特征有静态和动态两大类，其中静态特征包括网页的大小和内容、图片的数量、链接的深度、PAGERANK值等；动态特征包括这些静态特征的变化，如图片数量的变化、入链出链的变化等。但是对于数以亿计的网页进行聚类，难度比较大。有人提出了一些简化的做法，如将属于同一个网站的所有网页看成一个分类，以该网站的典型网页的更新周期作为网站的更新周期。虽然效果上不一定很好，但因为节省了聚类的过程，在计算效率上还是可取的。

4）暗网抓取

暗网指目前搜索引擎按照页面链接关系分析无法抓取到的互联网网页。一些典型的垂直型网站的网页就属于暗网，它们通常与外界网站的联系很少，其内容是以数据库的形式存储的，只有用户在网站的组合查询界面输入检索词后，才能获得相关数据。常规的爬虫无法抓取并索引这些网站的内容。

要抓取暗网的网页内容，需要开发与常规爬虫机制不同的系统，这些爬虫系统有时候也称为暗网爬虫。暗网爬虫必须具备将暗网数据从数据库中挖出来的能力，它主要解决爬虫信息覆盖率的问题。目前大型搜索引擎服务提供商都将暗网挖掘作为重要的研究方向，因为其直接关系到搜索引擎所提供结果的全面性。

暗网爬虫为了挖掘数据库中的内容，需要模拟人的行为，填写相关内容并提交表单。暗网爬虫的技术挑战来自于：①需要精心挑选查询组合，一方面减轻被访问网站服务器的压力，另一方面需要尽量覆盖垂直网站所有的网页；②需要在被访问网站提供查询文本框中填入合适的查询内容。

垂直网站往往给用户提供多个查询输入框，不同输入框代表了搜索对象某个方面的属性，通过组合这些属性可以有效缩小搜索的范围。所以一个简单的方法就是将各个输入框所有的查询值组合起来形成查询，从而抓取所有的垂直网站的数据。但这么做不太可能，也没有必要，因为很多组合实际上是无效的，而且这对被访问网站也造成了巨大的流量压力。

Google提出一套叫做富信息查询模板的技术。所谓查询模板就是在向搜索引擎提交查询时，只将部分属性赋了值，其他属性不赋值，这些属性组成了一个查询模板。如果模板中只有一个属性被赋值，此查询模板被称为一维模板，有两个属性被赋值则称为二维模板，以此类推。而富信息查询模板则专指对于某个固定的*N*维模板，如果对这*N*维属性分别赋值形成不同的查询组合，搜索引擎返回的内容之间差异较大，那么该查询模板就是富信息查询模板。为了加快富信息查询模板的查找速度，减少提交的查询数目，Google还提出一种叫做站内查询信息模板（Insite Search Information Template，ISIT）的技术方案，其基本思路是：首先从一维查询模板开始，对一维查询模板逐个考察，看其是否包含富信息查询模板，如果某个查询模板是富信息模板，那么将这个一维模板扩展到二维模板，再依次考察对应的二维模板，以此类推，逐步增加维度，直到不能查找到富信息查询模板为止。这种方式可以找到绝大多数富信息查询模板。Google的测评结果表明，这种方式与完全组合方式相比，可以有效提高系统效率。

上述的富信息查询模板没有提及如何确定查询输入值的问题。因为在暗网爬虫正式运转起来之前，其对于网站的内容一无所知，需要人工提供一些种子查询关键词表，然后以此为基础，向垂直搜索引擎提交查询，并下载返回的结果页面，从中自动挖掘出相关的关键词形成信息的查询列表，依次将新的查询词提交搜索引擎。如此反复，直到无法下载新的内容位置为止。通过这种人工启发结合递归迭代的方式，可以尽可能覆盖数据库里的所有记录。

5）爬虫陷阱

爬虫陷阱是一种通过用户浏览行为动态生成网页的形式来欺骗爬虫的手段。某些电商网站往往会在用户访问的网页URL中添加用户访问的产品顺序信息，这样只要用户点击一次连接，服务器就会自动记录能够反映用户购物行为的详细信息进行后续分析。如某个产品x的动态页面网址是/x，该网页包含一个指向产品y的页面，假设其网址为/x/y，再假设产品y的页面上也有一个指向产品x的链接叫/x/y/x。这样爬虫可能认为/x/y/x所指向的页面与/x指向的页面是两个完全不同的页面内容，而实际上这两个地址指向了同一个产品x。一个极端的情况是，当服务器在每次用户点击某个动态链接时，都创建一个新的链接入口，这样爬虫待抓取的网页是无穷无尽的，爬得越多，新生成的页面就越多，而这些虚假的页面并没有实际内容或者只是指向已经被访问的页面。

爬虫陷阱无论是对爬虫，还是对被访问网站都有害无益，浪费了网络带宽和磁盘空间，通常采用限制URL长度或者限制同域名URL数量的方式避免这种情况发生。所谓限制URL长度的方式，就是设置URL有效长度，当爬虫遇到一个长度超过这个预先设置值的URL时，就将这个URL忽略掉；限制同域名URL数量的方法也比较容易实现，以保证在一批新添的URL中每个站点平均分配。

6）链接处理

为了从下载的网页中提取超链接URL，可以使用解析器寻找标签<a>并获取超链接属性的值。但是这样提取出的URL并不是最终的结果，还需要进行一系列的处理，包括网页类型过滤和URL规范化。

要对网页类型进行过滤，首先需要设置一些禁止或者允许的网页类型列表，然后通过判断网页文件后缀名的方式实现类型过滤；对于那些没有后缀的网页，可以发送HTTP头信息的请求给服务器，然后检测响应回来的CONTENT-TYPE字段值进行文件类型的判断。

URL规范化是将一个URL转换为标准格式的过程，不同的爬虫因为应用场景不同会采用不同的规则，有些规范化步骤需要应用经验型的推理规则。常见的URL规范化规则有：①删除端口号；②为根目录添加斜杠；③为可能的目录添加斜杠；④删除URL分块信息（如跟在正常URL后面#xx部分的内容）；⑤删除缺省的后缀名称（如index.html）；⑥解码转义字符；⑦编码禁用字符（如空格）；⑧统一转化为小写字母；⑨将相对路径转化为绝对路径。

2.文档理解

文档理解框架如图4-7所示，爬虫从互联网下载相关网页文档后，形成原始网页库和网页链接结构库；分析子系统对原始网页库中的网页进行编码类型和类型转换，形成规范化的标准网页；通过网页解析和净化模块，提取网页的重要信息，如URL标识、标题、描述、关键词和正文等，将网页内容进行压缩，

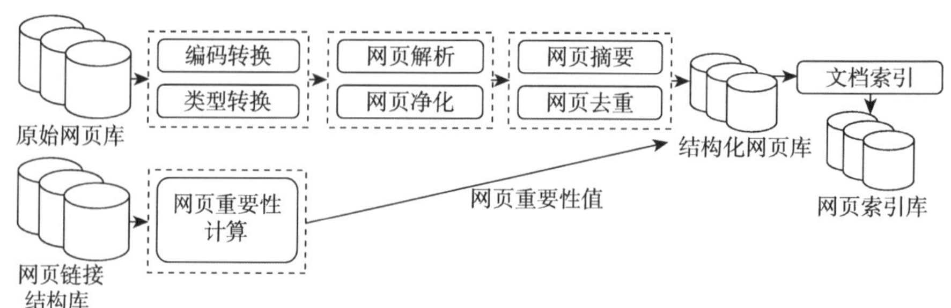

图 4-7 文档理解框架

并在此基础上进行网页去重，进一步优化网页的存储空间；再根据不同关键词提取对应的网页摘要，最后形成结构化的文档对象，包括文档的ID、标题、URL、时间、关键词、摘要等内容，并存储到相关文件系统中。此外，分析子系统还将根据爬虫搜集的网页链接结构数据库，离线计算出每一个网页的链接重要性，并作为文档的一个属性存储到网页对象库中。为了后续生成搜索结果页方便，需要能够直接根据文档ID定位文档的结构化信息。因此，还需要通过为结构化文档库建立一套索引机制，以获得网页索引库。这样只需要通过文档ID就可以从缓存或者本地文件中快速提取出相关信息，从而快速提取出检索文档结果页。

1）格式转换

搜索引擎抓取的不仅是HTML文本和普通文本文件，还可以是pdf、mp3、excel等类型的网页文档。这些类型的文件可以通过检查HTTP响应头中的网页类型描述字段进行识别，字段值[37]常常包括“text/html”、“text/plain”、“text/xml”、“application/msword”、“application/pdf”、“application/postscript”、“text/rtf”、“application/vnd.ms-powerpoint”等。

这些类型的文件可以通过相应的转换程序生成为.html或者.txt文件，同样可以为用户提供检索服务。

2）编码转换

Web网页常常会包含多种字符集和编码[37]，搜索引擎在下载网页后必须采用统一的字符集和编码方案对其进行转换，常见的中文编码包括简体中文的GBK、GB2312、ISO-2022-CN、GB18030和繁体中文的BIG5、BIG5HKSCS、EUCTW等。UNICODE是一种兼容性最好的字符集，可以使用不同的编码方案（UTF8、UTF16等），而且可以通过编码转换程序将所有不同中文编码的网页转换成统一的UNICODE网页。

网页编码转换的一般过程是：首先通过获取Web服务器返回的HTTP头信息中的charset字段、网页中meta标签里的charset属性，甚至每个网页元素的charset属性形成的网页候选编码集合，然后通过自动编码识别程序，统计网页中各种编码出现的频率，将频率最高的编码识别为网页最终的编码类型，最后通过标准的编码转换程序，将目标网页转换成指定编码格式的新网页。

3）网页解析

网页的表示是网页内容分析的基础，在网页内容分析过程中通常需要两个层次的表示：抽象表示和量化表示。抽象表示以网页制作规范为依据和出发点，构造出能体现网页结构和内容重要性等信息的模型，其目的是充分利用网页制作规范，挖掘出网页中隐含的信息，为后续量化表示提供更多可利用信息，对于HTML网页，最常用的方法是构造网页的标签树；量化表示则是从计算机处理的角度出发，利用信息检索领域的技术和从网页中挖掘的隐含信息，生成可以直接用于计算机计算的表示模型，如向量空间模型等。

网页解析主要解决网页的抽象表示问题，该项任务是从半结构化的网页中抽取出有价值的能够代表网页的属性，如锚文本、网页标题、正文标题、正文等，然后将这些属性结合起来组成一个网页对象，这个过程也称为网页结构化。实现网页结构化往往需要两个步骤：①建立HTML标签树；②识别正文。

HTML中的标签通常分为三类：①规划网页布局的标签，如各种常用的容器标签如<P>、<td>等；②描述显示特点的标签，如规范其包含的内容显示方式的各种重要信息标签如<I>、<b>等。③超链相关的标签，如<herf>等。给定一个HTML网页，为了要构造其标签树，首先通过顺序读入容器标签，获得标签树的框架；然后，处理每个内容块（对应标签树的一个结点）中的超链标签、图片标签和重要信息标签，识别标签中的相关文字，这样就构造了一棵基本的标签树。在这个过程中，实质上就可以抽取出网页标题、正文标题等内容了，但是正文的内容还需要进一步处理。

正文通常由文本块组成，而网页中的文本块又可以分为三种类型：主题型文本块、目录型文本块和图片型文本块。主题型文本块是指包含正文内容的文本块，目录型文本块则是描述超链接的文本块，而图片型文本块则是描述图片信息的文本块。目录型文本块和图片型文本块中的内容在建立标签树的过程中，很容易被识别和抽取。而主题型文本块中的内容则五花八门，有可能包含的是正文内容，也有可能是其他噪声内容。因此，要抽取正文，就必须对主题型文本块的类型进行投票选择，即设定一系列满足正文类别的规则，然后通过对每个规则进行适配和打分，在此基础上利用投票择多判决。如果主题型文本块符合正文文本块的大多数规则，那么就将其判成正文文本块。最后，按照深度优先策略将标签树中的正文文本拼凑成网页的正文内容。

网页解析提取了网页中的结构化信息，生成了网页对象，为后续的工作扫清了障碍。而网页净化则常常作为网页解析中的一个关键步骤，它提取的是主题内容是关键信息，消除了网页中的噪声，进一步压缩了空间，净化了网页提取的内容。

4）网页净化

在浏览Web网页时，会发现网页主要包含两部分内容：一部分体现了网页的主题信息，如新闻网页中的新闻部分，这部分称为主题内容；另一部分则是与主题无关的内容，如广告、链接、联系信息、网站LOGO等，这部分称为噪声内容。噪声有时会分布在主题周围，偶尔也会夹杂在主题内容中间，这些与主题不相关的噪声内容（如广告文字等）会影响搜索的效果和效率，所以快速准确地识别并清除网页内的噪声内容是提高搜索引擎结果准确性的一项关键性技术。通过网页净化（也叫网页去噪），一方面可以减少噪声内容的干扰，聚焦网页主题内容的处理，从而提高处理结果的准确性；另一方面还能显著简化网页内标签结构的复杂性，从而减少网页的大小，节省后续处理过程的时间开销和空间开销。网页净化已成为Web信息系统预处理环节中一个必不可少的工作，除了用于检索和索引，还可以用于搜索引擎分析的分类及消重环节，提高分类或消重的准确性。

目前对于网页净化方法的分类主要有启发式方法和机器学习方法，而实际上大多数净化方法都是这两者的融合，很少用纯粹的启发式方法去噪，在采用机器学习的去噪方法中，同样也需要一些启发式的规则辅助。还有一种分类方法是将网页去噪分为单模型去噪和多模型去噪，在网页去噪中针对不同的网页集合，如果采用的是同一个模型，即是单模型去噪，否则就是多模型去噪，如图4-8所示。

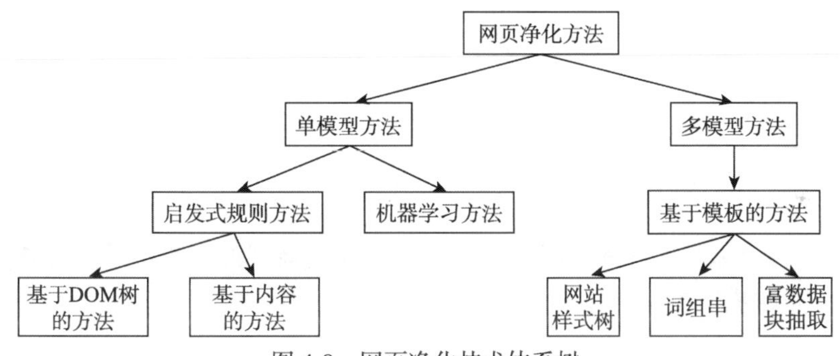

图 4-8　网页净化技术体系树

5）多模型净化方法

多模型净化方法指对于不同子集的网页采用不同的模型，目前这类方法主要是利用网页模板内容检测去噪。模板是指一个网站中各个网页重复出现的内容，如导航条、广告、隐私说明、联系方式等。由于网页模板通常是一些和网页主题关系不大的内容，因此可以通过对模板内容的检测和删除实现网页净化。但对于不同网站，模型的参数都不一样，因此该类方法属于多模型网页去噪方法。其一般的处理流程是：先检测整个网站的内容或结构的模板（模板检测），然后当这个网站的某一个网页需要处理时，就删除这个网页的模板内容，剩下的就是净化之后的内容，各种多模型网页去噪方法的不同之处主要在于检测网站模板的方法。

检测网站模板常常需要经过两个步骤：筛选候选网站模板和确定最终网站

模板。在第一个步骤中，根据看待网页的方式可以有不同的解决方案。当把网页看做一个无结构的字符串时，可以通过抽取字符串子串的方式提取候选网站模板，典型的有词组串方法，其通过抽取高频的词组串确定网站的模板。网页还可以看做一些内容块组合而成的结构体，此时可以通过判断内容块关键词熵的方式抽取网站模板，典型的有网站样式树方法，在网站样式树这个数据结构上根据节点分支和内容的分布计算节点的熵，决定这个节点是否是模板。从结构的重复度出发，认为某个子结构出现的次数越多，其是模板的可能性越大，如可以在少量网页的基础上通过在两个不同网页的DOM 树之间映射节点和子树检测模板。

多模板网页净化方法的优点是准确率较高，缺点是通用性较差，需要为不同的网站寻找不同的模板，而且在网站采样的网页数量不足时，会发生模板检测不全的情况。

6）单模型净化方法

单模型净化方法对所有网页采用同样的模型，总体上可以分为两类：一类是单纯基于启发式规则的网页去噪方法；另一类是基于机器学习的网页去噪方法。

典型的启发式网页去噪方法利用网页的结构、内容及视觉元素特征，采用贪心策略应用已定义的启发式规则去除噪声数据。例如可以利用页面的DOM结构，依据一些规则对页面内一些元素进行裁减；再比如以网页链接关系中的锚点文本作为提取目标对模板进行标记，生成对应模板的提取规则，然后依据模板的提取规则对网页主题信息进行提取。典型的有基于视觉的网页切分算法（Vision-based Page Segmentation，VIPS），其把网页视为可视化块的集合，通过视觉特征和位置特征将页面划分为不同的分块，然后在此基础上采用一定的规则去除噪声。

基于机器学习的网页净化方法的主要流程包括三个步骤：①生成训练数据；②训练生成分类器；③应用分类器去除网页噪声。有一种方法是先预定义一个标签集合，然后对这个标签集合内的DOM树节点进行训练，得到一个分类器，从而应用这个分类器对一个给定的网页进行分类，进而去除网页噪声。还有一种基于信息熵的方法，其主要关注链接和最具信息量的网页，从而降低模板内容的权重，最后在此基础上进行网页去噪。

单模型净化方法对所用网页采取同样的模型，这大大提高了净化的效率，但是单模型净化方法准确率还有很大的提高空间。

7）网页去重

统计结果表明，近似重复网页的数量占全体网页数量的29%，而完全相同的页面大约占全部页面的22%，即互联网中有大量的网页是完全相同或大概相近的。

近似重复网页有多种类型，有的是完全相同，有的则是稍有修改，例如同一个网页的不同版本，有的时间上新一点，有的时间上旧一点，有的则是格式不同；再比如内容相同的网页，有的是HTML格式，有的是Pdf格式。内容重复大体上可以归纳为四种类型：①完全重复，内容和格式完全相同；②内容重复，内容完全相同，但格式不同；③布局重复，部分重要内容相同，但是布局和格式相同；④部分重复，部分重要内容相同，但是布局和格式不同。如何快速准确地发现这些内容上相似的网页，已经成为提高搜索引擎服务质量的关键技术之一。

发现完全相同或者近似重复的网页对于搜索引擎有很多好处：①如果能够找到这些重复的网页并去重，可以节省一部分存储空间，进而利用这部分空间存放更多有效的网页内容，同时也提高了搜索引擎的搜索质量和用户体验；②通过对以往重复网页信息的分析，可以总结出相关的模式和规律，进而可预先发现重复网页，在今后网页收集的过程中避开这些网页，提高网页搜集的速度；③如果某个网页的镜像度较高，说明该网页的内容比较受欢迎，也就预示了该网页比较重要，在搜集网页时应该赋予较高的优先级。当搜索引擎响应用户的信息需求给出结果排序时，也应该给予较大的权重；④当用户点击了一个死链接时，可以将用户引导到另一个内容相同的页面，这样就可以有效提升用户的检索体验，从而改善搜索引擎系统的服务质量。

近似网页去重的任务主要指去掉网页中主题内容重复的页面，所谓主题内容是指去掉了导航条、LOGO、版权、链接等信息后剩下的文本。实现网页去重，有一个通用的处理流程框架，该框架对于给定的文档，首先要通过特征抽取手段抽取出一系列能够表征文档主题内容的特征集合，这一步骤要求尽可能保留文档的重要信息，摒弃无关信息，从而加快计算速度，减少存储空间需求，但这也意味着可能会丢失重要信息，不同的算法在速度和准确性上做了全面考虑；文档转换成特征集合后，可以直接进入查找相似文档的阶段。但搜索引擎要面对数以亿计的网页，算法效率很重要，因此实用算法在特征集合的基础上，会对信息做进一步的压缩，抽取出信息指纹。与特征抽取阶段一样，此时也会面临信息丢失的情况，需要权衡压缩率和准确率的问题。从文档特征中提取出信息指纹后，可以通过相似度计算判断哪些网页是近似重复页面。如果比较的是集合，常采用JACCARD相似性系数计算指纹的相似度及文档的内容相似度；如果比较的是二进制数字，可以采用海明距离计算指纹乃至文档的内容相似度。但无论采取哪一种算法，在面对大数据量时，通过一一比较文档相似度，显然效率太低。实际中，有时会根据文档的某些特性进行文档分组及组内建立倒排索引等方式加快文档相似查找。对原始文档集合进行分组后，对于待查文档，就可以先找到比较相似的文档组，然后再和组内的网页一一比较实现网页去重的过程，这样就可以大大减少比较的次数，提升系统的效率。

网页去重发生在网页下载后、索引建立前，典型的网页去重算法包括SHINGLING算法、I-MATCH算法、RANDOM PROJECTION算法、SIMHASH算法和SPOTSIG算法等。当然在实际生产环境中，除了考虑网页正文判重，有时还需要结合网页的链接及URL进行网页近似重复检测。

8）网页分类

网页分类是一种通过对某一特定类别的网页样本进行训练，获得该类别网页的形式化描述，在此基础上训练分类器，进而对未知类别的网页进行类别判断的过程及技术。

网页自动分类技术有助于有效组织和处理海量的Web信息，在搜索引擎中具有重大意义。文本分类主要用途有：相关性排序会根据不同的网页类型做相应的排序规则；根据网页是索引页面还是信息页面做不同的调度策略；在做页面信息抽取时，会根据页面分类的结果做不同的抽取策略；在做检索意图识别时，会根据用户点击的URL所属的类别推断检索串的类别等。网页分类技术可以实现个性化信息推送，先对网页进行分类，然后抽取用户感兴趣的网页并对用户的兴趣偏好进行建模，最后将与用户兴趣匹配的同类网页推送给用户；网页分类技术还可以用于垂直或精准搜索领域，在对网页进行分类处理后，垂直搜索可以缩小用户查询的文档范围，提高搜索的速度和精度；网页分类技术甚至可实现网页级自动目录导航服务，解决传统人工整理方案低效的问题，并能与Web保持实时同步，增强用户的搜索体验。

网页分类需要经过训练集准备、网页表示、特征的提取、选择和分类器训练、测试及调整的过程。其中网页表示、特征的提取、选择及分类器训练是关键的步骤。

从信息论角度出发，网页文档表示有三种方式：基于集合论的模型、基于代数论的模型和基于概率统计的模型。其中基于集合论的布尔模型和基于代数论的向量空间模型比较常见。在用布尔模型形式化地描述文档时，其构造方法非常简单，即在给定的语料库前提下，如果关键词出现则对应特征词的特征值为1，否则对应特征词的特征值为0。向量空间模型是用特征向量描述文档，而特征的粒度可能是字、词或字串，也可能是短语或句子，甚至可以是关键词序列、主题、概念，模板、社会化标签等语义本体，其中词粒度是最常采用的方案。

通常采用中文分词将网页文档进行切分，结合词频、词性过滤，初步筛选出网页的词特征，然后利用前面提到的计算方法获得特征权重。由于网页的内容较多，经过初步特征选择获得的网页向量维度通常比较高，为了加速后续的处理效率并降低存储消耗，需要通过特征选择过程进行降维处理。

常用的文本特征选择包括基于目标评估函数和特征空间转化两种思路。前者包括基于统计的单词频度（Term Frequency，TF）、文档频度（Document Frequency，DF）、单词频度（TF）*逆文档频度（Inverted Document Frequency，IDF）等算法以及基于信息熵的互信息、卡方统计、信息增益等算法；后者包括主成分分析算法、基因算法、线性判别算法、*N*元分析算法等。实验表明，在总体效果和性能上，基于目标评估函数的方法要明显好于空间转化的方法，其中TF*IDF的方法尤为常见。

在获得文档的形式化描述向量后，就可以采用各种分类器模型训练分类器。在文本处理领域中，常见的分类器包括支撑向量机、朴素贝叶斯、决策树、*K*近邻、Rocchio、中心分类算法（Center Based Classification，CBC）等。

9）中文分词

分词是理解自然语言的基础。英文以词为单位，词和词之间以空格隔开；而中文是以字为单位，句子中所有的字连起来才能描述一个意思。所以对于中文来讲，将词确定下来是理解自然语言的第一步，将一个汉字序列划分成一个个单独的词就是中文分词。

中文分词的主要步骤包括词语粗分、词义消歧、未登录词识别和词性标注。按照不同的粗分步骤，当前分词算法可以归纳为三大类：基于字符串匹配的分词方法、基于统计的分词方法和基于语义理解的分词方法。其中比较成熟的是基于字符串匹配的分词方法和基于统计的分词方法。

基于字符串匹配的分词方法的基本思想是：假设分词词典中的最长词条是*N*个字，则取被处理材料当前字符串序列中的前*N*个字作为匹配字段，并在词典中进行查找，若词典中存在这样的词，则匹配成功，匹配字段作为一个词切分出来；若在词典中找不到这样一个词，则匹配失败，匹配字段去掉最后一个字，剩下的字段重新进行匹配，如此反复进行下去，直到匹配成功，切分出一个词。此外，按照匹配方向的不同，最大匹配算法又可分为正向最大匹配法、逆向最大匹配法和双向匹配法。

基于统计的分词方法，具体实现方案则比较多，比较常见的有最短路径法、最大概率法和*N*元语法分词法等。最短路径法的基本思想是：根据词典匹配出待切分字串中包含的所有可能的词，构造多个词语切分有向无环图，然后从中找出路径最短（分词结果词数最少）的那条作为最终的分词结果。最大概率法的基本原理是：将一个汉字串按照所有可能的分词方法得到所有可能的分词结果，然后计算每种分词结果的概率，将其中概率最大的分词结果作为该汉字串的最终分词结果。其实，最大概率法相当于一种基于统计的最短路径法。它

的不足之处是不能正确切分许多不完全符合规则的句子。N元语法分词的基本原理是：假设一个单词出现的概率分布只与其前面的n-1个单词有关，而与其他更早出现的词无关，则对于句子中的某个词的概率表示为$P(w_i)=p(w_i|w_1w_2\cdots w_{i-n-1})$，假设某个句子出现的概率为$P(W)$，则

$$P(W)=P(w_1w_2\cdots w_k)=P(w_1)P(w_2\mid w_1)P(w_3\mid w_1w_2)\cdots P(w_n\mid w_1w_2\cdots w_{n-1})$$
$$=\prod_{i=1}^{n}P(w_i\mid w_1w_2\cdots w_{i-1})$$

这样就将分词问题转化为求概率最大的词语序列问题。常用的模型有二元模型（一阶马尔可夫模型）和三元模型（二阶马尔可夫模型）。研究证明，仅使用一元语法（也就是仅使用词频信息），切分的正确率就可以达到92%以上；引入三元模型，在不考虑未登录词问题时，该分词方法分词精度可以达到98%以上。

下面介绍百度分词的一些情况。百度分词考虑分词的效率，因此没有采用非常复杂的分词算法。分词过程分为两个阶段：第一阶段，采用正向最大匹配算法查找专用词典的方式输出切词结果，在这个词典中会包含人名、地名以及一些普通词典所没有的新词等；第二阶段，基于普通词典，采用正向最大匹配分词算法实现分词。Google分词情况与百度类似，不过Google没有百度那样的专用词典，因此将许多词都切碎了。

中文分词可应用于信息检索、汉字智能输入、中外文对译、自动摘要、自动分类等很多方面。在搜索引擎系统中，中文分词主要用在用户查询的处理、文档的理解、索引的建立等过程中。在搜索引擎中，最重要的是把用户最关心的结果排在最前面，中文分词的准确性直接影响了搜索的质量；另外搜索引擎需要处理数以亿计的网页，如果分词耗时过长，会严重影响搜索引擎内容更新的速度。因此对于搜索引擎，分词的准确性和速度都需要达到很高的要求。

10）网页摘要

网页摘要是搜索引擎返回给用户查询结果的重要组成部分，是从文档中自动抽取出来的网页正文的片段，让用户仅需要浏览网页的摘要就能够快速判断网页文档是否与查询词相关，进而决策是否进一步详细阅读整篇网页或者文档。需要注意的是，对于同一篇文档，给定不同查询词，对应的网页摘要可能不完全相同，用户在百度里输入“中国银行”和“中行”两个关键词进行查询，可以看到两个关键词返回的第一个页面都是中国银行的官方网站，但是摘要内容完全不同，而且摘要中的关键词会被高亮显示。

摘要是搜索结果页的重要组成部分，它必须符合四个限制：①摘要中必须要出现查询词，而且能够用不同的颜色将查询词在文档中的位置标识出来；

②如果用户输入了多个查询词，摘要应该尽量包含所有的查询词，如果不能全部包含，至少要包含权重较高的查询词；③摘要的长度必须控制在一定范围内，不能过长，也不能过短；④摘要的句子应该完整，摘要的每个组成部分都必须从句首开始，不允许中间断句。

目前各大搜索引擎主要采用滑动窗口法实现网页的自动文摘，其基本思想是通过滑动窗口获得一定的候选摘要，然后按照权重、长度等标准进行筛选，获得最终的网页摘要。其具体做法是：①标记出查询词在文档中出现的位置，计算获得各个查询词的IDF权重；②从查询词的第一个位置开始，取出固定窗口的正文片段作为第一个候选窗口文字，根据标点符号，补全候选窗口文字所在句子的句首，去除候选窗口文字中不完整句子的句首，形成候选文摘，并根据IDF计算候选文章的权重；③将窗口滑动到下一个查询词，按照②中的方法筛选并调整候选文摘，计算文摘权重，直到取完所有的候选文章；④对所有的候选文章，按照内容进行去重，并去除长度小于设定值的文摘；⑤在剩余的文摘中，挑选权重最高的作为最后的输出。

网页摘要功能实现后，检索系统就可以拼接查询模块获得文档，以及拼接网页摘要模块获得摘要，实时生成最终的搜索结果页。

11）文档索引

如果不对网页库建立索引信息，那么只能通过顺序查找的方法完成文档记录的检索过程，这会消耗大量的I/O资源，在数据量大的时候不可能满足搜索引擎快速响应的需求。为了能够根据文档编号直接定位到原始网页文档或者文档相关信息，需要为原始网页库创建索引，这个过程又称为索引网页库。网页的索引文件[37]（如表 4-4所示）采用索引顺序访问模式（Indexed Sequential Access Method，ISAM）存储，而且为了节省空间，索引文件中的每一行记录不保存文档的长度，文档长度可以通过后续文档起始位置偏移和当前文档起始位置偏移的差值获得。另外为了保证对最大文档号数据读取的一致性，在最后一行增加“哨兵”，它不对应实际的文档数据，其中文档摘要为空，表示文档索引的结束。

表 4-4 原始网页库的索引文件[37]

文档编号	偏移位置	网页内容摘要
0	0	bc9ce846d7987c4534f53d423380ba70
1	76760	4f47a3cad91f7d35f4bb6b2a638420e5
2	141624	d019433008538f65329ae8e39b86026c
…	…	…
12931	210383421	e109b8aa7833faeca510d7619a214544
12932	210411107	

12）文档标引

索引在生活中比较常见，如书目就是一种索引，用户通过在目录中进行标题查找定位到具体的章节，加快查看相关章节和内容；字典中拼音或部首也是一种索引，通过在拼音或者部首中定位到具体的字条或者词条位置，然后再查看具体的字词解释；导航网站也是一种索引，通过它可以快速定位到感兴趣的网站，然后查看相关的内容。在数据库、数据结构等计算领域，也会使用索引提升查找的速度。

搜索引擎在Web上抓取了大量的网页后，需要将文档进行切分和标引，从而建立倒排索引。索引是在用户面对海量网页内容时，快速找到包含查询词所有网页最关键的核心技术之一。

13）索引基础

（1）单词-文档矩阵。

它表示单词和文档之间包含关系的一种概念模型。表4-5是一个单词-文档矩阵的示例，矩阵中每一行代表一个单词，每一列代表一个文档，每个表格中的X或者O代表包含关系。其中，X代表某个数值，O代表空。

表 4-5 单词-文档矩阵模型示例

单词-文档矩阵模型					
	文档1	文档2	文档3	…	文档*N*
词汇1	X	O	X	…	O
词汇2	X	O	X	…	X
词汇3	X	X	O	…	X
…	…	…	…	…	…
词汇*M*	O	X	O	…	X

索引其实就是实现上述单词-文档矩阵的数据结构，可以有不同的实现方案，如倒排索引、签名文件、后缀树等。各项试验数据表明，倒排索引是单词到文档映射关系的最佳实现方式。

（2）倒排索引。

倒排索引是单词-文档概念模型的具体存储形式，通过倒排索引可以迅速获取包含某个单词的文档列表。倒排索引由词典和倒排文件两部分组成。

（3）单词词典。

搜索引擎的索引单位通常是单词，单词词典是在搜索引擎收录的文档内容中出现过的所有词的集合。单词词典内每条索引项记录了单词本身的一些信息，以及指向倒排列表的指针。

（4）倒排列表。

倒排列表记录了出现过某个单词的所有的文档列表及单词在这个文档的出现位置信息，每条记录又称为一个倒排项（posting）。根据倒排列表就可以知道单词出现在哪些文档中。

（5）倒排文件。

倒排文件用于顺序存放具体的倒排列表，是存储倒排列表的物理文件。

下面举例说明。假设现在用户的搜索引擎收录了五个文档，如表4-6所示[36]。

表 4-6　文档集合示例[36]

编号	内容
1	谷歌地图之父跳槽Facebook
2	谷歌地图之父加盟Facebook
3	谷歌地图创始人拉斯离开谷歌加盟Facebook
4	谷歌地图之父拉斯跳槽Facebook与Wave项目取消有关
5	谷歌地图之父拉斯加盟社交网站Facebook

系统通过分词系统，将每一个文档的内容切分成词汇序列，从而将文档转换成词汇序列构成的数据流，如表4-7所示。

表 4-7　分词后的文档集合示例

编号	内容
1	谷歌、地图、之父、跳槽、Facebook
2	谷歌、地图、之父、加盟、Facebook
3	谷歌、地图、创始人、拉斯、离开、谷歌、加盟、Facebook
4	谷歌、地图、之父、拉斯、跳槽、Facebook、与、Wave、项目、取消有关
5	谷歌、地图、之父、拉斯、加盟、社交、网站、Facebook

系统会为每一个出现的新词汇赋予唯一的单词编号，同时，记录下哪些文档包含哪些单词。这样可以得到最简单的倒排索引，如表4-8所示。

表 4-8　简单的倒排索引示例

单词编号	单词	倒排列表(DocID)
1	谷歌	1，2，3，4，5
2	地图	1，2，3，4，5
3	之父	1，2，4，5
4	跳槽	1，4

续表

单词编号	单词	倒排列表(DocID)
5	Facebook	1，2，3，4，5
6	加盟	2，3，5
7	创始人	3
8	拉斯	3，5
9	离开	3
10	与	4
11	Wave	4
12	项目	4
13	取消	4
14	有关	4
15	社交	5
16	网站	5

上述这个最简单的倒排索引只是记录了单词出现在哪些文档中，并没有记录更多的信息。复杂的倒排索引可以记录和保存更多的信息，如表4-9所示。

表 4-9 较为复杂的倒排索引示例

单词编号	单词	倒排列表(DocID：TF)
1	谷歌	(1：1)，(2：1)，(3：2)，(4：1)，(5：1)
2	地图	(1：1)，(2：1)，(3：1)，(4：1)，(5：1)
3	之父	(1：1)，(2：1)，(4：1)，(5：1)
4	跳槽	(1：1)，(4：1)
5	Facebook	(1：1)，(2：1)，(3：1)，(4：1)，(5：1)
6	加盟	(2：1)，(3：1)，(5：1)
7	创始人	(3：1)
8	拉斯	(3：1)，(5：1)
9	离开	(3：1)
10	与	(4：1)
11	Wave	(4：1)
12	项目	(4：1)
13	取消	(4：1)
14	有关	(4：1)

续表

单词编号	单词	倒排列表(DocID：TF)
15	社交	(5：1)
16	网站	(5：1)

实用的倒排索引还可以记录更多的信息，有些索引系统除了记录文档编号和单词频率信息之外，还记录了文档频率以及单词在某个文档中的位置信息，如表4-10所示。

表 4-10　复杂的倒排索引示例

单词编号	单词	文档频率	倒排列表(DocID：TF：<POS>)
1	谷歌	5	(1：1：<1>)，(2：1：<1>)，(3：2：<1：6>)，(4：1：<1>)，(5：1：<1>)
2	地图	5	(1：1：<2>)，(2：1：<2>)，(3：1：<2>)，(4：1：<2>)，(5：1：<2>)
3	之父	4	(1：1：<3>)，(2：1：<3>)，(4：1：<3>)，(5：1：<3>)
4	跳槽	2	(1：1：<4>)，(4：1：<4>)
5	Facebook	5	(1：1：<5>)，(2：1：<5>)，(3：1：<8>)，(4：1：<5>)，(5：1：<8>)
6	加盟	3	(2：1：<4>)，(3：1：<7>)，(5：1：<5>)
7	创始人	1	(3：1：<3>)
8	拉斯	2	(3：1：<4>)，(5：1：<4>)
9	离开	1	(3：1：<5>)
10	与	1	(4：1：<6>)
11	Wave	1	(4：1：<7>)
12	项目	1	(4：1：<8>)
13	取消	1	(4：1：<9>)
14	有关	1	(4：1：<10>)
15	社交	1	(5：1：<6>)
16	网站	1	(5：1：<7>)

3.文档标引

倒排索引是搜索引擎索引的核心，由单词词典和倒排列表两部分组成。单词词典用于维护文档集合中所有出现过的单词的相关信息，记录了单词对应的倒排列表在倒排文件中的偏移位置信息。

在响应用户的搜索请求时，通过在单词词典中查找单词，就可以获得该单词对应的倒排列表，并以此作为后续排序的基础。

对于一个索引了成千万上亿网页的搜索引擎，其中出现的单词数量可能在几十万甚至上百万的规模，如何在这么大规模的单词词典中实现迅速定位和信息获取，将直接影响搜索引擎的响应速度。常用的构造单词词典的数据结构包括哈希加链表结构和树形词典结构。

所谓哈希加链表结构是由哈希及冲突链表两部分组成，主体哈希表中存储了一个指向冲突链表的地址，该链表中存储了具有相同哈希值的单词词典项。

词典构造与索引建立同时进行。如在解析一个新文档时，对于文档中出现的每一个词做如下处理：首先利用哈希函数获得其哈希值，根据哈希值所在的哈希表项读取其中保存的指针，进而找到对应的冲突链表，如果冲突链表中不存在该单词，则将其及相关信息加入链表中。对所有文档中所有单词都依照上面的步骤进行处理，当文档集合解析完毕时，相应的词典结构也就建立好了。

查询响应时，通过哈希匹配到对应的哈希表项，从中提取出冲突链表进行比较后，找到查询单词所对应的倒排列表的存储位置，从而获得单词对应的倒排列表，并进行相似度计算，获得最终的检索结果。

B树或者B+树是另一种高效的查找结构，中间节点用于指出一定顺序范围的词典项目存储在哪个子树中，起到根据词典项比较大小进行导航的作用。最底层的叶子节点存储了单词的地址信息，根据这个地址信息就可以提取出单词字符串。

倒排列表用于记录单词出现在哪些文档中，以及在某个文档中单词出现的次数和位置等。文档编号、单词词频、单词出现位置序列这三项元素构成了某个单词的倒排索引项，一个单词所有的倒排索引项构成了该单词对应的倒排列表，所有单词的词典和倒排列表构成了搜索引擎的倒排索引。

在实际情况中，倒排索引会以三种状态出现：倒排列表、临时倒排文件和最终倒排文件。倒排列表常常存储在内存中，用于查询处理和结果排序，它属于迷你型的倒排索引，是倒排索引的内存形式；临时倒排文件和最终倒排文件都是存储在磁盘中的倒排索引，前者是中等规模的倒排索引，后者是大规模的倒排索引。

1）索引建立

给定一个文档集，搜索引擎有三种方式建立倒排索引：两遍文档倒排法、排序倒排法和归并倒排法。其中两遍文档倒排法完全是在内存中完成索引的创建过程的，而后两种则通过内存和磁盘的配合完成索引的构建任务。

（1）两遍文档倒排法。

第一遍文档扫描时，搜索引擎系统完成一些全局信息的统计，如文档集合中文档的数量M，每个文档的单词数量N，不同单词的数量P，每个单词的文档频率DF等。假设每个倒排索引项由文档ID、单词词频TF组成，那么累加所有单词的文档频率DF，就可以估算索引大致需要多少内存。然后搜索引擎系统会按照刚才的估算值，预先申请一块连续的内存存储倒排索引。第一遍扫描获得了每个单词的DF信息，因此可以将上述连续存储区域划分成大小不同的片段，词典内某个单词根据自己对应的DF信息，通过指针确定自己在内存区域的起始位置和终止位置，为第二遍文档扫描时填充倒排列表做好准备。第一遍文档扫描的主要任务是统计全局信息、分配连续内存、确定各单词倒排列表的起始位置和终止位置。

第二遍文档扫描的主要任务就是填补每个单词的倒排列表，即对于每个单词获得其所在文档的ID以及其在该文档出现的频率TF，不断填充第一遍扫描时所分配的内存空间。经过两遍文档扫描后，可将词典及倒排列表信息由内存写入到磁盘。

两遍文档倒排法的索引构建过程完全在内存中进行，需要足够大的内存来存储所有文档的倒排索引。但从磁盘读取文档并对文档进行解析比较耗时，两遍文档倒排法需要扫描两次文档，在速度上不占优势。而排序倒排法和归并倒排法只需要扫描一次文档，因此在速度方面比较占优。

（2）排序倒排法。

两遍文档倒排法在建立索引时对于内存的消耗较大，而且文档集合规模的不确定也给索引的建立带来了不确定性，当集合过大时，内存可能不足以支撑索引的建立。排序倒排法对此进行了优化，它在内存中始终分配一个固定的空间，用于存放词典信息和索引中间结果，当分配的内存被消耗完的时候，把中间结果写入磁盘，同时清空中间结果占据的空间，为下一轮存放索引中间结果做存储区准备，它可以对任意规模的文档集合建立索引。

排序倒排法读入所有文档后，依次对文档进行增量编号，赋予唯一的文档ID，并对文档内容做解析；解析后，对于文档中出现单词，首先查字典（词为Key，编号为Value），找到对应的单词编号，若未找到，则给该单词赋予目前最高的单词编号，并更新字典；在获得每个单词编号的同时统计词频，然后为单词建立单词ID、文档ID、单词TF三元组，并将三元组追加到中间结果；当一个文档中所有单词都处理完毕后，就会形成一个对应该文档的三元组序列，接着按此过程处理下一个文档。

随着被处理的文档越来越多，词典和三元组序列占用的内存都将越来越大，当最初分配的固定内存被占满时，就对三元组中间结果先按单词ID、再按文档ID从小到大进行排序，并将这些三元组写到磁盘的临时文件中，形成临时倒排索引，同时清除三元组占用的内存，用于后续文档的处理。但是词典是一直存储于内存中的，随着处理的文档越来越多，词典占用的内存会逐渐增加，三元组的空间会越来越小，三元组排序和内存清空的频率会越来越高。

当所有的文档都处理完毕后，会在磁盘中存储多个中间结果文件。为了得到最终的索引文件，还需要合并多个中间结果文件。在这个过程中，系统会为每个中间结果文件分配一个数据缓存区，并从每个中间结果文件中读取部分数据，然后合并不同缓冲区中属于同一个单词的三元组，如果某个单词的所有三元组都合并完毕，则该单词的倒排列表就已经构建完成，将其写入最终索引文件，同时清除缓冲区中对应的三元组内容。此时缓冲区可以继续从中间结果文件中读入后续的三元组，进行下一个单词的三元组合并。当所有中间结果文件都已经依次读入缓冲区且合并后，就形成了最终的倒排索引文件。

排序倒排法的步骤可以简单归纳为文档ID赋值→单词ID赋值→更新词典→统计词频→构建三元组→三元组排序→写中间结果文件→合并中间结果文件。与两遍文档倒排法比较起来，排序倒排法使用固定内存，可以处理任意大小的文档集。

（3）归并倒排法。

排序倒排法分配固定大小的内存建立索引，在分配的内存定额被消耗完时，排序法会将中间结果写入磁盘，随着处理的文档越来越多，内存中的词典会越来越大，极端情况下，将没有空间保存中间结果。归并倒排法对上述问题进行了改进，即当内存定额耗光时，将所有内存内容（包括词典等）一并写入磁盘，此前的内存清空，这样在后续建立索引时，就可以使用所有的定额内存了。

归并倒排法从文档集合中读取每一个文档，为其赋值一个唯一的文档ID，然后将文档进行解析和统计，得到每个单词及词频TF或者位置序列信息；然后为每个单词建立一个词典项，词典项的Key为单词或单词ID，Value为一个指向倒排列表的指针信息，倒排列表中包含该单词出现的文档ID、在该文档中的词频或位置序列信息；接着处理下一个文档，如果遇到相同的单词项时，将文档ID、词频TF或位置信息追加到对应的单词倒排列表。归并倒排法在内存中保存了完整的内存索引结构，相当于对当前文档子集建立了一套倒排索引，这与最终的索引具有相同的结构和形式。当分配的定额内存被耗光时，搜索系统将这些中间结果写入磁盘临时文件，包括词典和倒排列表，并将单词放在倒排列表前端。当处理完所有的文档后，在磁盘中会形成多个中间结果文件，最后将这些中间结果文件进行合并，得到最终的倒排索引文件。

归并倒排法在整体流程上与排序倒排法类似，包括生成内存中间结果、写临时文件、合并临时文件这三个环节，不同之处在于：①归并倒排法在内存中维护的不是词典映射表和三元组序列，而是完整的针对文档子集的内存索引；②写临时文件时，归并倒排法将词典和倒排列表同时写入文件；③合并临时文件时，归并倒排法合并的不是倒排索引三元组（倒排索引项）而是子倒排列表，而且还将词典信息也进行了归并。

2）索引更新

如果搜索引擎索引的文档集合属于静态文档集合，那么索引建好后，就可以一直用于响应用户的搜索需求。但在实际环境中，常常会有一些新的文档加入，或者有一些文档发生变化，或者要删除一些旧的文档，也就是说文档集合往往是动态变化的，这就需要对搜索引擎的索引做周期性或者实时的更新，以保证索引库的内容与互联网上的内容保持一致。桌面搜索就是一个典型的例子，当系统中出现一个新增的文档、删除或修改了某个文档，那么桌面搜索引擎的索引库应能在较短时间内做出调整，以此响应用户实时的查询需求。

如果发生变化的文档数量不大，动态索引结构可以满足上述实时性需求。动态索引结构由倒排索引、临时索引和已删除文档列表三部分组成。倒排索引就是对初始文档集合建立的索引，包括单词词典和倒排列表两部分，单词词典存储在内存中，而倒排列表以文件的形式存储在磁盘中。临时索引是构建在内存中的倒排索引，即无论是单词词典还是倒排列表都存储在内存中，一旦有新的文档产生，就会将其进行解析，产生新的倒排索引项，并追加到内存中既有的倒排列表中。已删除文档列表保存了已经被删除的文档ID。

当系统中有新的文档产生时，立即将其加到临时索引中；当用户删除一个文档时，系统会将其ID加入到已删除文档列表中；当用户修改了一个文档时，则将其分解为删除旧文档、增加新文档两个步骤，即首先在已删除文档列表中追加该文档的ID，然后为其赋值一个新的文档ID，并在临时索引中为其增加倒排索引项。

当用户输入查询时，搜索引擎分别从倒排索引和临时索引中读取用户查询单词的倒排列表，并计算搜索结果的排序得分；然后合并两个索引库的查询结果；最后利用已删除文档列表对上述查询结果进行过滤，得到最终的搜索结果返回给用户。

动态索引结构通过在内存中建立临时索引和维护一个已删除文档列表的方式来支持实时搜索，但是随着新加入的文档越来越多，内存空间将急剧减少，需要将临时索引内容更新到磁盘中，以释放更多的内存空间容纳后续的新进文档。常用的索引更新策略有四种：完全重建策略、再合并策略、原地更新策略和混合策略。

（1）完全重建策略。

当新增文档达到一定数量时，将新文档集合合并到旧文档集合组成新的文档集合，然后在此基础上建立新的索引。由于索引重建的周期比较长，在这个过程中，依然使用旧的索引库响应用户的搜索需求。当新的索引库建立之后，释放老的索引库，用新的索引库对外提供搜索服务。这种策略比较适合小文档集合，因为重建索引的代价比较大。但是目前主流商业搜索引擎就是利用该方法更新维护自己的索引库的。

（2）再合并策略。

当有新的文档进入搜索系统时，系统首先通过文档解析，提取单词倒排索引项，然后通过索引项追加的方式在内存维护一个临时倒排索引；而当新增文档达到一定数量或指定大小的内存被消耗完毕时，将临时索引和旧文档的倒排索引进行合并，生成新的索引。需要注意的是，旧文档的倒排索引文件按照索引单词的字典顺序存放每个单词的倒排索引，每个单词的倒排索引由单词和倒排列表依次组成，单词在前、倒排列表在后；而临时索引中的索引结构也由单词和倒排表组成，只是单词和倒排表之间用一个指针进行连接。为了减少文件比较的磁盘寻道时间，可以将临时索引中的词典也按照词典顺序进行排序，而后对上述两个有序倒排索引，通过二路归并算法进行合并，将两个索引合并成第三个索引。在这个过程中，依然依赖旧的索引库对外提供搜索服务；而当新的索引建成后，才能释放旧索引。

再合并策略因为可以顺序读取两个索引的内容，减少了磁盘寻道的时间，因而有较高的效率。但是再合并策略也存在一些问题，旧索引中那些没有改变的倒排列表，也需要从旧索引中读出来并写入新的索引。原地更新策略正是一种针对再合并策略的缺陷改进后的算法，它只处理那些倒排索引有所变化的单词，而且只是通过对旧索引进行追加操作，而不必将其从磁盘的某个位置读出并重写到另一个位置，这大大减少了磁盘的I/O操作，提升了系统效率。

（3）原地更新策略。

与再合并策略一样，首先对新进入的文档建立临时的单词倒排索引，但在更新索引时，并没有再维护一个新的索引系统，而是对于那些倒排索引有变化的单词，在原有的旧索引文件上直接进行追加操作。为了能够支持对原有旧索引文件的追加操作，需要在每个单词的倒排列表末尾预留出一定的磁盘空间。在对新增索引进行合并时，按照词典顺序依次遍历新增索引中包含的单词，并对新增倒排列表的大小和旧索引中对应预留空间的大小进行对比，若空间足够大，那么就将新增的倒排列表存入其中；否则，在磁盘中寻找一块连续的足够大的存储区，将新增倒排列表和对应的旧倒排列表依次写入新的磁盘空间。从上述描述过程可以看出原地更新策略的过程相对复杂，实验表明该方式的效率比再合并策略要低，原因在于：①倒排列表的迁移操作带来了磁盘寻找及空间的维护和更新；②倒排列表的迁移操作破坏了原有的单词倒排索引顺序，需要维护一个从单词到其倒排文件相应位置的映射表，这一方面降低了磁盘的读取速度，另一方面增加了映射表的内存负担。

（4）混合策略。

无论是完全重建策略，还是再合并策略或原地更新策略，都有各自的长处和不足，总体上，再合并策略适合短倒排列表，因为大量短倒排列表的读写开销相对较小，也可以发挥再合并顺序读写的优势；而原地更新策略更适合长倒排列表，因为长倒排列表的读写开销要远大于短倒排列表，使用原地更新策略，效果相对要好一些。因此，混合策略的出发点就是融合上述两种策略的优点，将单词根据其出现频率划分成高频词和低频词，经常出现在不同的文档中的高频词会产生较长的倒排列表，因此采用原地更新策略；出现在较少的文档中的低频词产生的倒排列表较短，宜采用再合并策略。

4.相关计算

相关计算在搜索引擎的服务过程中具有重要的作用，它负责根据用户的查询从海量的文档中筛选出满足用户需求的文档，并按照需求满足的程度、文档与需求的相关性或者其他标准进行排序。也就是说相关计算实际上包括文档检索和重要性排序两个阶段。

1）检索模型

判断某个网页是否与用户的查询有关，依赖于搜索引擎所采用的检索模型，其是信息检索学科的研究重点。到目前为止，最重要的检索模型包括布尔模型、向量空间模型、概率模型、语言模型以及近几年兴起的机器学习排序模型。

无论是哪一种检索模型，其在搜索引擎中所处的位置、所起到的功能都是相同的。用户在产生信息需求后构造关键词，并以此作为信息需求的具体体现。搜索引擎内部会对用户输入的关键词进行分析处理，将其转化为内部查询词表示方式。当然，后台网页或文档集合中的每一个文档也被处理成对应的文档表示方式。检索模型的核心就是判断哪些文档和用户的需求相关，并按照相关性将文档排序输出。

当然检索模型理论研究都有一些隐含的假设，即用户需求可以通过其输入的查询清晰明确地表达出来。然而这个假设在实际情况下往往是不准确的，人们即使提交了同样的查询，其真实意图也可能是千差万别的，即使是同一个人在不同场合下提交同样的查询，其意图也可能会发生变化。因此检索模型实际上解决的是在用户查询明确（非意图明确）的情况下，如何找到内容相关的文档的问题。

（1）布尔模型。

布尔模型的理论基础是集合论。在布尔模型中，用户的查询词和文档皆由其包含的单词集合表示，两者的相似度计算通过布尔代数运算实现。

用户查询词通常使用逻辑表达式的形式，即使用“与/或/非”这些逻辑连接词将用户的查询词串联，以此表征用户信息需求。对于布尔模型来说，只要是满足用户逻辑表达式的文档就是相关的。一个采用布尔检索模型的搜索引擎，首先将查询表达式进行分解，得到多个查询词，然后针对这几个查询词单独进行检索，得到各自的检索结果，最后通过布尔代数运算获得最终的检索结果。

检索模型简单直观，查找效率高，但输出的检索结果是二元结构，文档要么相关，要么不相关，无法描述文档在多大程度上和用户查询相关，也无法按照相关度对检索结果进行排序。此外，对于普通用户，需要其按照布尔表达式的方式构建搜索引擎查询，要求较高，搜索体验不够友好。

（2）向量空间模型。

向量空间模型用一个*N*维特征组成的向量表征文档。特征可以采用不同的语言粒度，如字、词、短语、句子、语义片段等，而其中每个特征会根据一定的依据计算权重，权重值代表该特征在表达主题方面的贡献度，*N*维的带有权重的特征共同组成了一个文档来表示文档的主题内容。在搜索时，用户的查询也被看做一个特殊的文档，需要将其转换成*N*维的特征向量。

在向量空间模型中，每个特征都会被赋予一定的权重，特征权值的计算框架一般采用TF*IDF方案。其中，TF代表词频，即一个单词在文档中出现的次数。在一个文档中，反复出现的词往往能代表这个文档的主题，也应被赋予更大的权重值。逆文档频率因子IDF是指在给定文档集合中，出现某个单词的不同文档的数目，IDF只与给定的文档集合有关，一旦文档集合固定，IDF就确定了，它是一个全局的因子，其考虑的不是文档本身的特性，而是特征单词之间的相对重要性，代表了单词信息含量的多少，其值越高，代表其信息含量越大，越有价值。在TF*IDF框架中，通过综合词频因子和逆文档频率因子计算特征的权重，通常的做法是将二者的乘积作为特征权重，其乘积越大，代表单词的特征权重越大，越有可能是好的主题指示词。

将用户的查询和文档都转换成权重特征向量后，就可以利用各种相似度公式计算文档之间、查询之间或查询与文档之间的相似性了。在文本相似度计算过程中，最常用的是夹角余弦公式，其范化操作可以抑制长文档在排序中的位置。

向量空间模型简单直观，用查询和文档之间的相似性近似查询和文档的相关性，与布尔模型相比，其能够对查询和文档的相关性进行打分排序。但实际上，向量空间模型也是经验型的模型，需要借助使用者的直觉和经验不断完善，缺乏严谨的数学理论依据。

（3）概率模型。

概率模型是迄今为止检索排序效果最好的一种模型，它的数学基础是概率排序原理。概率排序是一种直接对用户需求和文档相关性进行建模的方法。在具体实现时，该模型将文档集合划分为相关文档子集和不相关性文档子集，实质上是将查询和需求的相关性问题转化成了文档的二分类问题。

对于某个文档D，如果其属于“相关文档子集”的概率大于其属于“不相关文档子集”的概率，那么就认为该文档与用户的查询是相关的。用$P(R|D)$表示文档属于相关子集的概率，$P(NR|D)$表示文档属于不相关子集的概率，如果$P(R|D)>P(NR|D)$，那么该文档就和查询相关。根据贝叶斯公式变换后，将文档D的分类问题简化成判断其是否满足$P(D|R)/P(D|NR)> P(NR)/P(R)$的问题。当然在实际的搜索应用中，并不需要进行真正的分类，只需要将相关性得分从高到低排序，即只要将文档按照$P(D|R)/P(D|NR)$排列即可。如何估算概率因子$P(D|R)$和$P(D|NR)$是概率模型的关键。

根据假设条件及估算概率因子采用的方法的不同，概率模型自身也经历了二元独立概率模型（Binary Independent Model，BIM）、二元概率模型（Best Match 25，BM25）、二元概率模型（Best Match 25F，BM25F）等多个阶段。

2）二元独立概率模型

二元独立概率模型对文档做了特征向量二元表征和词汇独立两个假设，即文档由布尔向量描述，而每个向量特征项之间相互独立，一个单词的出现与其他单词无关，如此可以简化概率因子估算的复杂度。在BIM模型中，为了估算概率因子$P(D|R)$和$P(D|NR)$，首先假设已经获得了相关文档集合和不相关文档集合以及各个单词在上述两个文档集合中的出现概率，然后通过全概率公式计算概率因子$P(D|R)$和$P(D|NR)$，对于未出现在文档中的单词概率，用1减去其出现概率计算得到。

在对原始公式进行转化后，概率排序因子计算公式为

$$\frac{P(D\mid R)}{P(D\mid NR)}=\prod_{i:di=1}\frac{pi\times(1-si)}{si\times(1-pi)}$$

其中，$i:di=1$为出现在文档D中的单词，pi为单词在相关文档集合中的概率，si为单词在不相关文档集合中的概率。

为了估算pi和si，假设对于特定查询已经确定了哪些文档构成了相关文档集

合，哪些文档构成了不相关文档集合。那么可以利用如下过程估算单词的出现概率。

首先，假定*N*表示文档集合中所有文档的数目，*R*表示相关文档集合中文档的数目，*NR*表示不相关文档集合中文档数目，那么*NR*=*N*-*R*；

其次，假定*ni*代表包含单词*di*的所有文档的数目，*ri*表示包含单词*di*的相关文档的数目，*nri*表示包含单词*di*的不相关文档的数目，那么*nri*=*ni*-*ri*；

然后，假设*Rri*代表不包含单词*di*的相关文档的数目，那么*Rri*=*R*-*ri*；*NRnri*表示不包含单词*di*的不相关文档的数目，那么*NRnri*=（*N*-*R*）-（*ni*-*ri*）。

那么，*pi*代表单词出现在相关文档集合中的概率，因此可以用*pi*=*ri*/*R*估计*pi*；而*si*代表单词出现不相关文档中的概率，可以用公式*si*=（*ni*-*ri*）/（*N*-*R*）估计*si*。当然为了防止出现分母为0的情况，使用分子加0.5，分母加1的办法对*pi*和*si*值进行了平滑处理，并进行对数取值。最后得到BIM模型下概率排序公式为

$$\frac{P(D|R)}{P(D|NR)}=\sum_{i:\,qi=di=1}\log\frac{(ri+0.5)/(R-ri+0.5)}{(ni-ri+0.5)/((N-R)-(ni-ri)+0.5)}$$

其中，*i*：*qi*=*di*=1为同时出现在文档*D*和查询*Q*中的单词，*N*为所有文档数目，*R*为所有相关文档数目，*ni*为包含上述单词的所有文档数目，*ri*为包含上述单词的相关文档数目。

该公式的含义是对于同时出现在用户查询*Q*和文档*D*中的单词，累加每个单词的估值，就得到了文档*D*和查询*Q*的相关性度量。在实际估算时，可以假定一个较大的*N*，并将相关文档集合数量*R*和落在相关文档集合中的包含某个单词的文档数量*ri*设定为0，该公式简化为

$$\frac{P(D|R)}{P(D|NR)}=\sum_{i:\,qi=di=1}\log\frac{(N-ni+0.5)}{(ni+0.5)}$$

也就是在向量空间模型中提到的IDF因子的累加和。实验表明，根据二元独立模型计算相关性实际效果并不好，所以其在商业搜索引擎中鲜有应用。

3）BM25模型

相比BIM模型，BM25模型将特征向量二元表征假设做了扩展，即考虑了单词在查询*Q*及文档*D*中的权值。BM25模型的计算公式为

$$\frac{P(D|R)}{P(D|NR)}=\sum_{i:\,qi=di=1}\log\frac{(ri+0.5)/(R-ri+0.5)}{(ni-ri+0.5)/((N-R)-(ni-ri)+0.5)}\times$$

$$\times\frac{(k_1+1)fi}{K+fi}\times\frac{(k_2+1)qfi}{k_2+qfi}$$

其中，$K = k_1(1-b) + b \times \dfrac{dl}{advl}$

该公式由二元独立概率模型、单词文档权重公式、单词查询权重公式三部分组成。第一个部分简化后，可以用单词的IDF因子替换；第二部分表示查询词在文档D中的权值，其中，fi为词频，k_1和K是经验参数；第三部分是查询词自身权重，即单词在查询中的词频，k_2是经验参数。第二部分中出现的K因子考虑了文档长度，其中dl表示文档的长度，$avdl$表示文档集合中所有文档的平均长度，k_1和b均为经验参数。

综合看，BM25模型实际上融合了IDF、TF、QTF、DL四个因子，并利用三个调节参数k_1、k_2、b对上述因子的权重进行动态调整。通常将b设置为0.75，k_1设置为1.2，k_2取值于0～1000，通常取200左右。

4）BM25F模型

BM25模型在商业搜索引擎中得到了广泛的使用，在对其改进的算法中，BM25F模型是最为经典的一个。

BM25模型在计算一个文档和查询的相关性时，将文档看做一个整体处理。但有些场景需要将文档内容切割成不同的组成部分，然后对不同成分分别处理。最典型的例子就是网页搜索，一个网页由标题、Meta描述信息、页面内容等不同的域组成，在计算内容相关性时，可能需要将标题的相关权重设置得大些，而将Meta描述信息的相关权重设置得小些。BM25模型没有考虑不同域内容的不同权重，而BM25F则非常适合应用于这种将文档划分为若干域，不同域赋予不同权值的应用场景。

BM25F的排序因子计算公式为

$$\frac{P(D|R)}{P(D|NR)} = \sum_{i:\,qi=di=1} \log \frac{(ri+0.5)/(R-ri+0.5)}{(ni-ri+0.5)/((N-R)-(ni-ri)+0.5)} \times \frac{sfi}{k_1 + sfi}$$

其中，k_1为调节参数，sfi定义为

$$sfi = \sum_{k=1}^{u} wk \times \frac{fui}{Bu}$$

$$Bu = (1-bu) + bu \times \frac{uLu}{avuLu}$$

该公式由二元独立概率模型及单词域内容得分因子两部分组成。二元独立概率模型最终可以简化为IDF因子，而单词域内容得分则由单词在各个域的得分

加权并平滑后计算得到。sfi为第i个单词在不同域得分加权的结果，wk为每个域的权重，fui为该单词在u域的词频，Bu为域长度因素。而计算具体Bu时，则需要事先得到当前文档u域的实际长度，$avulu$为文档集合中这个域的平均长度，Bu为调节因子。

对于BM25F模型，如果文档包含u个不同的域，则需要设定u个域权值和u个长度调节因子。

（1）语言模型。

语言模型首先需要单独或同时对查询Q、文档D进行建模，然后采用合适的方法对数据进行平滑处理，最后通过计算文档模型产生查询的概率（查询相似语言模型）、查询模式产生文档的概率（文档相似语言模型）或者文档模式产生查询模式的概率（模式比较语言模型）对检索结果进行排序。模式比较语言模型综合了文档相似语言模型和查询相似语言模型的优点，是目前效果最好的语言检索模型。下面将以查询相似语言模型为例，介绍基于统计语言的检索模型。

查询相似语言模型的思路与常见的检索不同，其采用一个从文档到查询的方式，即为每个文档建立不同的语言模型，然后判断由文档生成用户查询中每个单词的概率，最后根据文档中所有组成单词生成概率的乘积对检索结果进行排序。

为文档建立语言模型的过程，就是对文档进行单词或单词序列分布进行描述的过程。常用的有一元语言模型和N元语言模型。一元语言模型假设词和词之间没有关系，一个单词的出现与前面的词无关。N元语言模型则假定一个单词的出现与前面N个单词有关，比如二元语言模型是指一个单词的出现与前面两个单词有关。在实际搜索引擎商用过程中，大多采用一元语言模型。

在一元语言模型中，每个单词的分布概率一般用其最大似然估计方法计算得到，即用单词出现的次数除以文档中包含的所有次数定义单词分布概率。但是一个文档或者查询包含的词毕竟有限，这常常会导致零概率的事件发生，即因为某部分单词的缺失而导致文档生成单词的概率均为0，从而无法区分零概率文档，此时基于语言模型的检索方法无效，这也被称为数据稀疏性问题。通常会采用数据平滑的方式解决语言模型的数据稀疏性问题，即从文档中出现过的单词分布概率中拿出一部分，分配给没有出现过的单词，从而使得所有相关单词的概率都不为0。一种实现方案是为所有单词引入一个背景概率，即为文档集合建立一个整体的语言模型，因为这个虚拟文档的规模较大，绝大多数查询词都会对应有一个概率值。文档生成查询的概率计算公式为

$$P(Q \mid D) = \prod_{i=1}^{n}((1-k) \times \frac{fqi, D}{|D|} + k \times \frac{cqi}{|C|})$$

其中，k为调节系数，控制文档自身语言模型和用于平滑的文档集语言模型之间的贡献度；fqi, D为查询文档共有单词在文档D中的出现次数；$|D|$为文档中单词的个数；cqi为查询中单词在文档集中的出现次数；$|C|$为文档集中单词的个数。

在计算完文档集中所有文档D生成指定查询Q的概率后，按照生成概率值的大小对这些文档进行搜索结果排序。

目前各种评测结果表明，语言模型的检索结果要略优于精调参数的向量空间模型，与BM25的概率模型效果相当。而且通过理论推导发现，语言模型检索方法的排序公式符合概率模型的概率排序原理，所以语言模型可以归纳为概率模型的一种；另外，语言模型概率计算还可以转化为类向量空间模型的TF*IDF形式。

（2）机器学习模型。

利用机器学习对检索结果进行排序是当前信息检索研究的热门领域。无论是布尔模型、向量空间模型、概率模型还是语言模型，在对查询和文档的相关性进行排序时，所考虑的因素都比较有限，主要集中在词频、逆文档频、文档长度等因子上。然而随着搜索引擎商业价值被逐步开发，在对某个网页排序时，人们需要考虑的因素越来越多，如时间、地点、PR值、URL长度等，Google的网页排序公式因子已经达到了200多种。人工方法难以一次性拟合如此多的因子，需要用机器方法代替。另外，可以利用用户的查询点击反馈收集机器学习所需要的训练数据，这也为机器学习排序提供了可能。

机器学习排序方法分为训练和打分两个过程。在训练过程中，对于某个查询首先要通过人工标注或者用户点击分析的方法获得与查询相关的文档，并标出查询与文档相关的程度值；然后将文档转换成特征向量，其中的特征项可能包括词频信息、逆文档信息、文档长度、网页链入量、网页链出量、PR值、URL长度等；最后通过机器学习技术对系统进行训练，得到一个分类或回归函数。在打分过程中，利用这个分类函数对文档进行打分，形成搜索结果排序。从当前的研究进展看，机器学习排序方法主要有单文档方法、文档对方法和文档列表方法。

5）排序技术

由于搜索引擎索引的数据量非常大，不太可能按照向量空间模型或者语言模型那样一对一计算文档与查询的相关性，然后根据相关的程度将检索的结果进行排序。通常的做法是：先通过布尔模型筛选出与查询单词相关的文档集合，然后按照文档与查询的相似性、相关性、可信度、重要性标准，得到最终有序的结果文档列表返回给用户界面并展示。

（1）按内容相似度排序。

在向量空间模型中，用户的查询和文档在同一个维度空间下进行了形式化描述，在得到相关的文档后，通过计算查询向量和内容向量的相似度，对检索文档进行排序。

（2）按相关概率值排序。

在概率模型中，通过计算文档属于查询相关类的可能性对检索结果文档进行排序，实际上则直接使用了文档和查询的相关性概率做排序因子。

在语言模型中，通过计算文档模式生成查询模式的方式计算文档和查询的相关性，这实质上属于一种按照概率值排序的方式。

在机器学习模型中，对结果文档排序的主要依据也是文档和查询相关类的类别隶属度。

（3）按链接重要性排序。

互联网包含了海量的网页，网页与网页之间通过链接进行关联。如果将网页看做节点，网页之间的链接可以理解成一条有向边，那么整个互联网可以抽象成一个Web图。对于其中某个单独的节点，其内容包含指向其他网页的链接，这些链接常称为该页面的出链；也会有很多网页指向该节点的链接，这些链接称为该页面的入链。在该网页节点出链附近会有一些描述性的文字，称为锚文字。锚文字往往是对目标网页的一种概括性描述，用于表示目标网页的含义。

①随机游走模型。互联网用户在上网时都有这样的行为：输入网址→浏览网页→通过出链打开新的网页。如果用户行为是"输入网址→浏览网页"，这样的行为称为远程跳转；如果用户行为是"浏览网页→通过出链打开新的网页"，这样的行为称为直接跳转。在直接跳转过程中，网页节点若有k个出链，那么从该网页跳转到其他网页的可能为$1/k$；在远程跳转过程中，若Web中有m个网页，那么从当前网页跳转到其他网页的可能性为$1/m$。随机游走模型就是对网络上用户的直接跳转和远程跳转进行建模的概念模型，它利用转移概率矩阵对上述模型进行抽象。

②子集传播模型。子集传播模型实际上是从诸多链接分析算法抽象出来的一个框架，其基本思想是：首先按照一定规则，将整个Web划分为几个子集，然后从中挑选出某个具有特殊性质的子集对其赋予初始权值，之后根据该子集和其他子集的关系，按照一定的方式将该权值传递到其他网页。许多链接分析方法实际上都服从上述算法框架，但是在子集划分、特殊子集定义、初始权值赋值以及权值的传递等方式的选择有所不同。

PAGERANK、HITS、SALSA、HILLTOP方法是目前使用最多的链接分析算法，这些算法已经被许多不同的商业搜索引擎使用，在实际生活中发挥了重要的作用。

（4）按文档可信度排序。

在社会网络兴起之后，可以利用好友关系及好友对于文档可信度的评价对搜索结果做可信度排序。利用群体用户的点击反馈优化结果文档的排序，实质上也是一种文档可信度的排序方式。

基于社会关系的文档可信度计算，可以首先获得某注册用户a的好友分组以及分组中各个好友与注册用户的关系亲密程度，假设用向量W表示，$W=\{w_1，w_2，\cdots，w_n\}$；而诸好友对于目标文档的评价指数用向量E描述，那么$E=\{e_1，e_2，\cdots，e_n\}$，对于用户a，该文档的可信度指数就可以用向量W与向量E的点积计算获得。

基于用户行为反馈的文档排序技术是另一种很好的方法。对来自不同用户的同一个查询词，虽然某个链接在返回结果列表中的位置不太靠前，但被点击的次数比较多，系统也应该相应地前移该文档在结果中的位置。

针对特定查询q，可以用某段时间内文档d的用户点击数UHN(q, d)作为文档可信度的衡量因子，而UHN(q, d)可利用点击该文档的所有用户的点击总数计算获得。但是这种方法没有考虑文档在搜索结果列表中的位置因素，用户往往只点击排在前几页的网页链接，一个排名靠后的网页即使可信，也不会有用户的点击数。所以，为了消除这个因素的影响，需要对上述公式进行补偿。将网页按照位置进行划分，不同位置的文档给予不同的权重因子c(pos(q, d))，文档位置越靠前，补偿因子越小。

利用用户的点击反馈计算文档可信度，采取何种时间周期比较合适呢？比较常用的时间周期是一天或者一周。对于时间周期的处理，必须要考虑用户点击会受到季节、突发事件甚至人为操纵的影响。为了减少上述因素带来的不确定因素，搜索引擎在统计用户点击和文档位置加权的基础上采用了一种时间衰减算法，即k的i次方，其中k的范围为0～1，i为天数，时间越长，衰减的越厉害。当k取0时，表明历史数据不予考虑，而当k取1时，历史数据与当前数据同等重要。当然为了计算方便，可以通过只保留当前可信度和历史可信度两个数值来实现递归的计算。

如果是一个新网页，没有人对其进行点击，那么这些网页的可信度度量值都是0，这时应该如何计算网页的可信度呢？一个简单的做法是用某个特定查询的最大可信度乘以一个0～1的系数，再除以所有查询的最大可信度作为最终的网页可信度度量值。

（5）多种因素综合排序。

在实际生产环境中，计算一个网页文档与查询的相关权重时，可能需要考虑不止一种因素，从每一个因素角度出发都能计算出网页文档与查询的匹配权值，搜索引擎需要综合考虑这些因素获得最终的排序得分。

搜索引擎常常采用两种策略计算多个因素的排序得分：第一种策略以内容相关性为基础，其他因素如链接权重、可信度权重作为乘积系数；第二种策略则是把每一种权值进行线性加权的方式加以融合，得到新的权值。在实际应用中，第二种策略使用较多，因为每一种因素都起到了独立的作用，而且每一种因素都被限制在了一定的范围之内。例如，对于通过关键词搜索引擎优化（Search Engine Optimization，SEO）的页面，以及通过人工密集点击欺骗搜索引擎的页面，按照本公式可能就不一定能够获得较高的排序得分了。

5.用户理解

搜索引擎和用户的交互方式非常简洁，首先用户在搜索框输入查询词，然后搜索引擎为用户返回相关文档列表，过程看似简单，但背后的原理非常复杂。因为用户输入的每个查询词背后都隐含了其深层次的查询意图，而这些查询意图或者因为用户的表达水平有限而无法准确描述，或者因为某些需求难以用一两个词或一句话表达清楚，真正的信息需求需要系统结合用户上下文深入挖掘才能获得。用户查询意图识别和挖掘是当前搜索引擎研究的重要方向，只有准确获悉用户到底要什么，才有可能为用户提供精确的答案和满意的服务。

每个搜索词背后都隐含了用户潜在的搜索意图和需求，如果搜索引擎能够根据查询词汇自动分析出背后的搜索意图，然后针对不同的搜索意图采用不同的检索办法，最后根据用户意图满意度将最符合用户意图的搜索结果排在前面，这无疑会极大地改善用户的搜索体验。

根据业界研究成果，搜索用户查询意图可以简单分为三个类别：导航型搜索、信息型搜索和事务型搜索。

导航型搜索通常表示用户搜索请求的目标是某些具体的网站地址，如中兴通讯的官方网址、北京大学的官方网址等。

信息型搜索的目的是获取某方面或者某些领域的信息，如“宫保鸡丁的做法”、“美国总统是谁”、“5月3日北京的天气”等。用户查询这类信息，主要是学习一些新知识。

事务型搜索请求的目标是完成一个具体的任务，如“下载手机软件”、“在淘宝购物”等。

雅虎的研究人员在此基础上做了细化，将用户搜索意图划分为如下类别。

（1）导航类，即用户知道要去登录哪个网站，但是不知道详细的URL或者不想输入较长的URL，所以通过搜索引擎查找。

（2）信息类，可以细分为下列子类型：①直接型，用户想知道某个话题某个方面的明确信息，如“2012年中国建设银行南京分行首套房贷款利率是多少”；②间接型，用户要了解的是某个话题任意方面的信息，如“2012年买房银行贷款情况”

等；③建议型，用户希望得到一些建议、意见或者指导，如“2012年银行贷款买房如何办理手续”；④定位型，用户希望知道现实生活中在哪里可以找到某些产品或服务，如“购买手机充值卡”；⑤列表型，用户希望找到一批可以满足其需求的信息，如“南京南站附近的餐馆”。

（3）资源类，即用户希望能够从网络上获取某些资源，进而解决现实生活中的问题，进一步细分：①软件型，用户希望寻找某些可以更好使用电脑的产品或服务，如“下载装机软件”；②娱乐型，用户出于消遣娱乐目的而希望获得的信息，如“下载泰坦尼克号”；③交互性，用户希望直接使用某些服务或网站提供的结果，如“南京天气”；④资源型，用户希望获取某种资源，这些资源不一定在电脑中使用，如“优惠券”。

当然上述分类都是经过人工整理得到的，具体实现时则可以考虑机器加人工的方法，即首先由人工整理一批语料库用做分类器训练，然后再通过构造分类器实现对用户查询的自动分类。

大型商业搜索引擎（如Google、百度等）每天都有上千万甚至上亿次用户提交查询完成检索。通过对这些用户检索行为的统计分析，可以从中获取许多有用信息，这些信息可以大大提高搜索引擎检索结果的准确率，提高检索的质量。DIRECT HIT技术就是一种基于以上思想改进检索排序质量的方法，其主要特点是跟踪用户对检索结果的后继行为：哪些站点被用户选择浏览了？用户在这个站点上花费了多少时间？通过对这些数据的统计，搜索引擎就可以提高那些经常被用户选择、而且花了大量时间去浏览的站点的权值，降低那些不太被用户关心的站点的权值。对于新加入系统的网页，系统则先给它们一个缺省的权值，然后由用户行为决定它们的重要性。

DIRECT HIT方法无疑会在某种程度上改善用户的搜索体验，但是它依赖于一个基本的假设，即用户点击过的URL的确是和当前查询相关的页面。然而很明显这个假设是容易遭受攻击的，也就是说这个方法存在着问题。其一，即使用户在某次搜索结果里面点击了某个网页，但是并不代表这个网页一定是和用户发出的查询相关的，完全有可能用户点击后才发现这个网页不是他想要的，如果把无关点击记录下来向其他用户推荐会导致推荐结果不准确，所以如何去除这种噪声是需要解决的问题。其二，从另外一个角度来说，有些没有点击过的搜索结果也有可能是相关的，但是这些信息没有被利用起来，所以如何识别那些没有点击过的相关网页也是需要解决的问题。

4.3 推荐引擎技术

4.3.1 概述

随着数字技术的快速发展和互联网的普及，网络上的数据资源空前丰富，互联网已经成为储存、发布及获取信息最重要的载体。信息量急剧扩张，人们想在Web上找到自己需要的信息犹如大海捞针一般，信息丰富了，用户却面临着信息焦虑。因此，当前网络应用的最大问题不是数据的获取，而是内容的超载。

尽管专家们开发了搜索引擎来试图解决信息超载问题，但是搜索引擎自动化程度较低，搜索结果鱼龙混杂，用户常常需要一一浏览才能找到自己真正需要的信息。甚至有时连用户自己都不知道有某项资源存在，当然就更不可能以恰当的关键词进行查询，这时如果有别人的推荐，问题就显得简单多了。为了解决信息超载困境，或是说为了向用户提供确切的推荐，推荐系统[38]应运而生。推荐系统能自动收集用户兴趣资料、分析用户兴趣爱好并根据用户偏好做出个性化的推荐。

推荐系统的使用者是用户，推荐的对象是产品和服务等项目。根据推荐对象的特点，其可以分为两类：一类以信息为主要推荐对象，这种系统主要采用Web数据挖掘的方法分析用户兴趣，向用户推荐符合其兴趣爱好的网络信息；另一类以产品为主要推荐对象，这种系统常常应用于电子商务网络购物环境，帮助用户找出真正想要的商品，这些商品除了在实体商店中常见的以外，还包括电影、音乐、图书等。

推荐系统的功能可以简单概括为：①为用户提供个性化的信息服务；②提供其他用户对该产品的评价；③为用户推荐个性化的产品服务。个性化推荐系统最主要的功能是能够收集用户资料，通过分析这些资料，针对用户兴趣偏好主动为其做出个性化推荐。换句话说，每当用户登录到推荐网站后，推荐系统就会按照当前用户偏好推荐其可能感兴趣的、极有可能购买的产品，而且会根据用户当前的活动和行为，实时更新推荐结果。如果系统的产品库和用户资料发生改变，推荐系统给出的推荐序列也会自动改变。

研究表明，在电子商务系统中采用了个性化推荐技术后，销售额能提高2%～8%。在帮助用户购买到满意产品的同时节约了其采购的时间和成本，提高了用户对电子商务网站的忠诚度，并将更多潜在的浏览者变成真正的购买者。通过向用户推荐相关产品，提高交叉销售的效果，降低企业的销售成本，为电子商务企业赢得了更多的发展机会。

4.3.2　系统架构

当用户每次登录个性化商务网站后，推荐系统就会按照目标用户偏好程度的高低向用户推荐最喜爱的商品，而且系统给出的推荐是实时更新的，即当系统中的商品信息资料和用户兴趣特征发生改变时，其给出的推荐序列会自动改变，这为用户提供了更多的检索便利，提高了服务水平。

通过分析可知个性化推荐系统都可抽象为三个主要功能环节，即首先收集用户信息，然后根据用户信息对用户进行建模，最后在构建的用户模型的基础上提供个性化的服务策略和服务内容。个性化推荐服务系统的通用流程如图4-9所示[39]。

在个性化推荐服务流程中，首要任务是获取用户信息。用户信息包括用户的个人基本资料、购买历史记录及浏览记录等。个人基本资料可以从用户注册表单中获得；购买历史记录主要存放于电子商务网站的后台交易数据库中，记录了每位用户历次购物的详细情况，包括购物时间、商品清单、价格、折扣等，同时也可以收集用户放入购物车而未购买的商品记录，以及用户浏览过的商品信息等。为了收集用户的行为信息，日志文件是必不可少的，需要在服务器端获取收集服务器日志，抽取出特定用户的访问记录；关于用户浏览的页面和浏览行为，则既可以在用户端获得，也可以在服务器端从用户记录中获得。

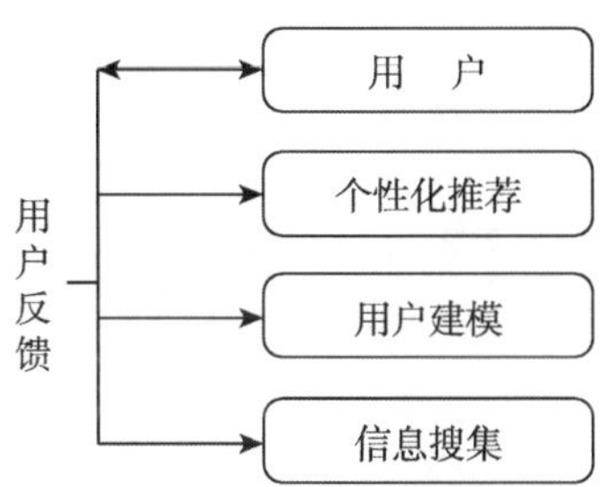

图 4-9　个性化推荐服务系统的通用流程[39]

个性化推荐服务系统收集到用户信息后，会提交给用户建模进行处理，其目的是构建反映用户兴趣特征的模型，回答消费者具有何种特征，分别有何种喜好以及各自的购买习惯和行为特性等问题，其是个性化推荐模块的用户数据基础。

个性化推荐模块根据用户的兴趣偏好，按一定的推荐算法，对特定用户计算出两种推荐结果——客户对任意项的兴趣度及前Top-*N*推荐集，相应地，个性化推荐模块将产生按兴趣度由大到小的信息项推荐集或兴趣度大于某一给定值的信息项的推荐序列，并以某种特定的形式呈现给特定用户。

通过上面的分析，智能推荐系统框架图如图4-10[39]所示。

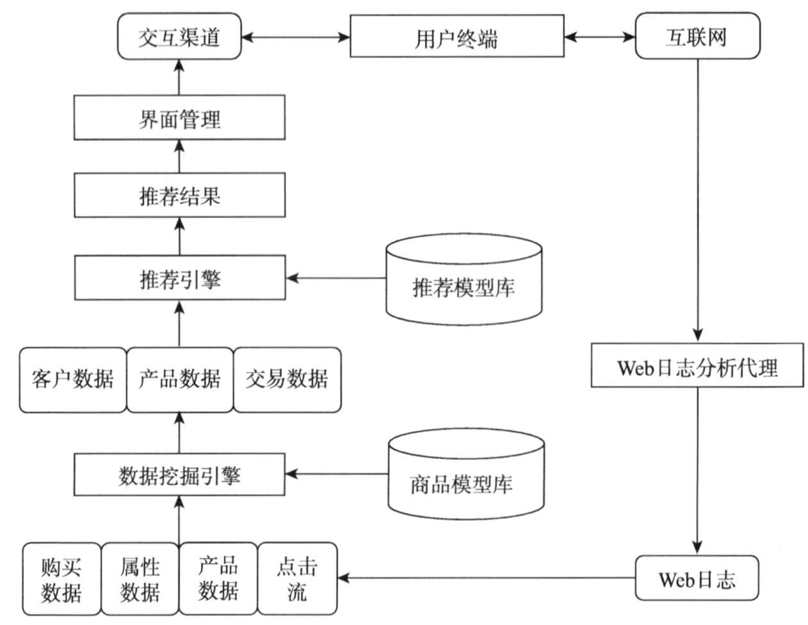

图 4-10 智能推荐系统框架图 [39]

该框架的智能推荐系统包括如下几个重要组件。

（1）操作数据库：存储与用户操作密切相关的数据，包括产品数据、客户数据、交易数据库等。

（2）数据挖掘引擎：对操作数据库中的数据进行初步挖掘，提取出具有一定关联性并能够被推荐算法直接采用的有含义的数据。

（3）数据仓库：存储经过清洗和初步挖掘后的规整数据，是推荐系统直接操作的数据，包括属性数据、购买数据、产品数据、点击流等。

（4）推荐模型库：存储推荐算法，其中的算法被挑选并应用于不同推荐策略。

（5）推荐引擎：主要用来接收推荐请求，运行推荐策略，产生推荐结果。推荐引擎为推荐算法提供统一的运行环境，以方便推荐算法的编制，并向电子商务推荐系统提供统一的推荐服务接口。

（6）界面管理：管理用户界面和推荐序列，向用户提供推荐结果。

推荐系统从信息采集到推荐产生，各个模块之间的分工如下。

（1）数据清洗、转换和加载：由数据转换代理对Web日志进行清洗、转换，并通过数据挖掘引擎对清洗后的数据进行初步挖掘，将其加载到数据仓库中成为规整数据。选择何种数据由具体的推荐应用决定，例如，“用户评分推荐模型”需要用户评分数据，而“关联规则推荐模型”需要用户的交易数据。

（2）模型生成：根据具体的推荐应用，提取所对应的数据，选择适当的推荐模型产生针对具体应用的模型，并将其存储在推荐模型库中。如何选择合适的推荐模型由具体的推荐应用决定。

（3）推荐策略配置：推荐策略是推荐过程的配置，包括推荐算法和推荐模型。具体的推荐功能是由推荐引擎运行对应的推荐策略实现的。推荐引擎提供推荐服务，必须具有已经配置好的推荐策略。配置工作主要是修改推荐策略，采用新的推荐模型，然后根据具体的推荐应用配置推荐策略，并请求推荐引擎启动或重载此策略。

（4）推荐服务访问：电子商务系统直接向推荐引擎提供当前用户的信息，并请求用指定的推荐策略产生产品的推荐列表。推荐引擎则根据电子商务系统的请求运行对应的推荐策略，产生合适的推荐结果。

（5）操作数据更新：电子商务系统开展网络商业活动，并向用户提供推荐服务。由于新用户新产品的不断加入，以及用户不断产生新的活动，操作数据库也在不断发生变化，及时进行更新。

以上各个子系统、数据库及各种基本操作共同组成了个性化推荐系统框架，能够完成为用户提供个性化推荐的服务。如果要高效地完成推荐任务，实现商务推荐系统的商业目标，还要依赖于开发系统中精确的推荐算法实现、与用户个性匹配的推荐任务分解，以及友好的人机交互界面等各种设计。

4.3.3　关键技术

1.内容过滤算法

基于内容的推荐[40]是信息过滤技术的延续与发展，它是在项目内容信息的基础上做出的推荐，而不需要依据用户对项目的评价意见，所以其更需要用机器学习的方法，通过对用户投票或者评价过的项目进行分析，构建用户兴趣模型。之后通过用户兴趣模型计算用户对未访问项目的兴趣，选择出用户最可能感兴趣的项目集，推荐给用户。

内容推荐算法是通过“资源-用户”关系来生成推荐结果的，其基本过程如下。

（1）在同一特征空间下，建立资源特征向量和用户描述文件。

（2）根据用户描述文件，比较系统内所有资源特征向量与用户描述文件之间的相似度。

（3）按照相似度由高到低排序，将相似度超过一定阈值的资源推荐给用户。

为了比较项目和用户兴趣，项目和用户的兴趣模型表达方式必须是一致的。目前流行的用户兴趣模型表达方式主要有矢量空间模型和概率模型。矢量空间模型是一种文本表示模型，它以特征项(字、词或短语组成)作为文本表示的基本单位，所有的特征项构成特征项集，每个文档都可以表示为一个向量。由于特征项在文档中的出现频率在一定程度上反映了文档的主题，因此向量的每个分量就用特征项在文档中出现的次数表示。

表达项目和用户兴趣最直接的做法是利用项目的内容特征。用户兴趣是多方面的，首先对于每个项目，采用一系列特征词对其内容进行描述，然后可根据用户访问过的项目选择合适的主题词表达用户兴趣。

假设D_i为和项目i关联的特征向量，T_{ij}为在D_i中表征项目i特征的每个基本特征词，其关系可表示为$D_i = <T_{i1}, T_{i2}, \cdots, T_{ij}>$。例如，在一个关于电影的推荐系统中，$D_i$的特征向量可能包含<主演，导演，国家，流派，剧情关键字>等属性，那么表征电影《指环王》的特征向量可能为<彼得·杰克逊，尼奥·阿拍比，西恩·奥斯汀，大卫·阿斯顿，美国，动作，冒险，幻想>。在一些推荐系统中，这些特征词还具有权重W_{ij}，表示特征词对项目的重要程度。

在项目向量空间模型的基础上，可以构建用户兴趣度量模型。假设U_i为用户i的兴趣特征向量，其可表示为$U_i = <(T_{i1}, W_{i1}), (T_{i2}, W_{i2}), \cdots, (T_{ij}, W_{ij})>$。其中$T_{ij}$为用户兴趣模型中的一个特征词，$W_{ij}$为每个特征词的权重，表示这个词在用户兴趣模型中所占的权重。

矢量空间模型只能表达用户感兴趣的主题词，不能很好地区别用户兴趣之间的差异。而概率模型则能够很好地解决这个问题，该方法首先建立一个分类模型，然后计算所有项目和用户兴趣在这个分类模型上的概率分布，这样就可以很好地体现用户兴趣的多样性。但是这种模型表达方式的创建和更新比较耗时，不利于系统实现。

基于内容的用户资料需要用户的历史数据，用户资料模型可能随着用户的偏好改变而发生变化。这就需要通过系统分析挖掘用户访问日志，自动更新用户兴趣模型。

在表示完用户兴趣以后，就可以利用项目和用户兴趣模型的相似性过滤项目(即产生推荐)。对矢量空间模型，相似性计算的传统做法是计算矢量间的余弦相似度。在得到项目和用户的相似度后，将和用户相似度最高的几个项目作为推荐列表推荐给用户。

基于内容推荐的方法有很多优点，如只根据信息资源与用户兴趣相似性推荐信息，每个用户都独立操作，不需要考虑其他用户的兴趣爱好。另外，还可以通过列出推荐项目的内容特征，解释为什么推荐那些项目。内容推荐虽然简单有效，但也存在一些问题。

（1）不能为用户发现新的感兴趣的信息，只能发现和用户已访问项目相似的项目。因为用户的兴趣模型是根据用户已访问项目构建的，因此推荐给用户的项目也仅局限在用户访问项目类型范围内，无法为用户发现意料之外的兴趣爱好。

（2）冷启动问题。当一个新用户访问进入系统时，其兴趣模型为空，因此无法为用户推荐商品。

（3）仅仅能够获得项目特征的部分信息，通常是文本信息，其他内容信息如图形、图像、音频、视频等内容则被忽略了。

鉴于基于内容推荐的方法存在的诸多不足，目前基于内容的过滤方法已经很少作为单一的推荐算法使用，而是作为混合式过滤算法的一部分应用，以弥补协同过滤的一些缺陷。

2.协同过滤算法

协同过滤[41]又称社会过滤（social filtering），是目前研究最多、应用最广泛的个性化推荐算法。协同过滤算法不同于以往的文本信息过滤分析技术，它不仅分析信息本身，还借鉴其他人的购买或评价等行为信息。

协同过滤技术的出发点是任何人的兴趣都不是孤立的，应处于某个群体所具有的兴趣当中，而且用户对不同信息的评价包含了用户对该信息的兴趣或喜好，如果某些用户对一些项目的评分比较相似，则他们对其他项目的评分也可能很相似。协同过滤算法的基本思想在日常生活中也很常见，人们往往会依据亲朋好友或是与自己有相同兴趣的人的推荐、建议做决策，如购物、阅读、听音乐等。协同过滤技术就是将这一思想运用到网络信息服务信息推荐中，基于其他用户对某一信息的评价来向目标用户进行推荐的方式。

协同过滤的实现过程是：首先采用某种技术找到目标用户的若干最近邻居(与目标用户有相似兴趣的用户)，然后根据最近邻居对目标项目的评分产生推荐，把预测评分值最高的多项商品作为该用户的推荐列表。如何定义用户相似性以及如何选取参考用户群作为最近邻居是协同过滤算法的难点和重点。

协同过滤推荐系统根据用户的行为信息，如用户注册信息、用户评分数据、用户购买行为等，建立用户的行为模型，然后利用建立的行为模型向用户推荐有价值的商品。在实际应用中，推荐系统可以利用的用户数据主要包括如下三类。

（1）用户档案：用户注册的个人基本信息，如姓名、性别、年龄、职业、收入、教育背景等。

（2）产品档案：用户在电子商务网站上购买商品的信息。

（3）用户行为特征：用户查询时的搜索或浏览输入、浏览的商品对象、浏览网页的路径、对商品的评分，文本点评、用户的浏览行为等。

目前许多协同过滤算法以用户对商品的评分数据作为推荐基础。用户评分数据分为显式评分（explicit rating）和隐式评分（implicit rating）。显式评分是指通过用户显式输入接口对某些商品的数值评分。隐式评分则不需要用户直接提供对商品的评分，而是根据用户在电子网站上的行为特征预测用户对该网页信息的评分。

显式评分方式存在明显的缺陷，因为用户必须暂停当前的浏览或阅读行为，转而输入对商品的评分。此外，由于显示评分对于客户浏览产品和实现购买的流程并不具有必要性，相当一部分客户在实际运用中可能忽视这一环节，从而导致用户评分数据的稀疏。研究表明，只有当每一种商品都有相当数量的评分数据时，推荐系统才能产生比较精确的推荐结果，用户评分数据的极端稀疏性直接导致推荐质量的下降，极端情况下就不足以计算出相似评级。

协同过滤推荐系统通过对系统可以捕获的操作进行分析以获取隐式评分，这些操作称为隐含兴趣指示操作，主要分为以下几类。

（1）标记网页操作：包括将网页添加到收藏夹、从收藏夹删除网页、将网页另存为本地文件、打印网页以及将网页以电子邮件的方式发送给好友等。

（2）编辑网页操作：包括剪切、复制、粘贴等编辑操作，还包括在新窗口中打开链接，在网页中搜索文本、下拉滚动条等。

（3）重复行为：如果用户在某个网页上重复某些操作行为，可能暗示用户对该网页更有兴趣，如某网页的打开时间比较长、反复上下左右拉动滚动条、重复访问某一网页等行为。

相比较而言，隐式评分具有如下优点。

（1）不需要用户输入对商品的评分，用户使用更方便。

（2）可以对用户访问的任何网页以及网页上包含的商品做出评分预测，大大减轻了用户评分数据的极端稀疏性。

需要指出的是，隐式评分是通过一些启发式规则获取的，有时候并不准确。同时，不同隐含兴趣指示操作的组合可能导致互相矛盾的兴趣倾向。

协同过滤推荐系统输出主要负责在系统获得输入信息后，输出给用户的推荐内容，主要类型如下。

（1）建议（suggestion）：把推荐系统经过计算得到的推荐结果提供给顾客，其表现有单个项目建议和推荐列表两类。单项建议随机性比较大，而推荐列表则列出用户可能喜欢的几种商品。

（2）预测评分(prediction)：作为对推荐商品的一个评价量度，提供了一个标准让顾客更好地理解推荐项目，它是推荐系统综合了所有顾客的意见之后得出的一个值。

（3）个人评分(individual rating)：输出社区内其他用户对商品单独的评分，应用在社区用户群相对比较少的场合。

（4）评论（review）：其他用户对推荐商品的评价。

有人依据协同过滤技术所使用的不同类别事物之间的关联性，将其分为基于用户的协同过滤和基于项目的协同过滤。

（1）基于用户的协同过滤（user-based）：假设人与人之间的行为具有一定程度的相似性，即购买行为和兴趣爱好类似的顾客会购买类似的产品。

（2）基于项目的协同过滤（item-based）：假设项目与项目间具有某种程度的相似性，顾客购买的产品通常具有关联性，如顾客在购买电子游戏机时会购买电池及游戏卡。

不同的协同过滤算法的推荐模型可以有三层，最顶层和最底层分别为用户层和项目层，中间层则是评分层，它将两者联系起来。各类算法从不同角度预测用户对新项目的评分。如基于邻居用户的协同过滤算法考虑了用户层中用户相似性，但不考虑项目层的项目相似性，而基于项目的协同过滤算法则恰恰相反。

1）基于用户的协同过滤算法

基于用户的协同过滤推荐是最早出现的协同过滤技术，它根据其他用户的观点产生对目标用户的推荐列表。其基于这样一种假设：如果一组用户对某些项目的评分比较相似，那么他们对其他项目的评价也不应该存在很大差异。

协同过滤推荐系统使用统计学技术搜索目标用户的若干最近邻居，然后根据最近邻居对项目的评分，预测目标用户对未评分项目的评分，并选择预测评分最高的前若干项作为最终推荐结果反馈给用户。用形式化的方式可以将其描述为：基于用户的协同过滤算法采用一个$m \times n$阶用户-项目评分矩阵表示所有用户输入的评分数据，使用相似性公式计算与目标用户有相同兴趣的邻居用户集合，然后根据邻居用户的喜好产生目标用户的推荐。

有专家认为协同过滤的运作模式类似传统商务口碑营销的方式，因此将协同过滤的运作分为三阶段的概念性架构。

（1）使用者输入评比。

（2）将有相同轮廓的使用者分群。

（3）将参考群体中的评比综合形成建议。

按照这样的概念性架构划分，基于用户的协同过滤算法主要有三个步骤：用户项目评分模型描述、用户最近邻生成和产生推荐项目。

（1）用户项目评分模型描述。

在一个采用基于用户的协同过滤技术的推荐系统中，用户输入评分数据可以用一个$m \times n$阶用户-项目评分矩阵R（如表4-11所示）表示，m行代表有m个用户，n列代表有n个项目，第i行第j列的元素R_{ij}代表用户i对项目j的评分。评分可以用二进制的0和1表示用户偏好（喜欢/不喜欢）或购买状态（已购买/未购买），也可以用分级表示用户对项目的喜好值。例如，以0~5的整数代表用户的喜好，0表示不喜欢，5表示非常喜欢。

表 4-11　用户项目评分矩阵范例

	Item 1	Item 2	…	Item *k*	…	Item *n*
User 1	R_{11}	R_{12}	…	R_{1k}	…	R_{1n}
User 2	R_{21}	R_{22}	…	R_{2k}	…	R_{2n}
…	…	…	…	…	…	…
User *j*	R_{j1}	R_{j2}	…	R_{jk}	…	R_{jn}
…	…	…	…	…	…	…
User *m*	R_{m1}	R_{m2}	…	R_{mk}	…	R_{mn}

（2）用户最近邻生成。

该算法的核心部分是：为一个需要推荐服务的目标用户寻找最相似的最近邻集（nearest neighbors），即对一个用户a，要产生一个根据相似度从大到小排列的邻居集合$N=\{N_1, N_2, \cdots, N_s\}$，其中$a$不属于集合$N$。最近邻查找的效果和效率在很大程度上决定了基于用户的协同过滤算法的效率。最近邻实际上就是购买行为或评分行为与当前用户比较相似的若干用户。最近邻查询阶段的实质就是基于用户的协同过滤算法的模型建立阶段。

度量用户u和用户v之间相似性的方法是，首先得到用户u和用户v评分过的所有项目，然后通过不同的相似性度量方法计算两者之间的相似性，记为$\text{SIM}_{u,v}$。

用户之间的相似度可采用目前常用的向量空间相似度和Pearson相关度等方法计算。较为常用的用户之间相似性的度量方法主要有以下三种。

①余弦相似性计算。用户评分可看做n维项目空间上的向量，用户u和用户v之间的相似性通过向量间的余弦夹角度量，余弦值越大表明两个用户的相似程度越高。设用户u和用户v在n维项目空间上的评分分别为向量u和向量v，则用户u和用户v之间的相似性$\text{SIM}_{u,v}$为

$$\text{SIM}_{u,v}=\frac{\sum_{c\in I_{u,v}} R_{u,c}\ R_{v,c}}{\sqrt{\sum_{c\in I_u} R_{u,c}^{\ 2}}\sqrt{\sum_{c\in I_v} R_{u,c}^{\ 2}}}$$

分子为两个用户评分向量的内积，分母为两个用户向量模的乘积。$I_{u,v}$是用户u、v都参与评价的项目集，$R_{u,c}$和$R_{u,c}$分别为用户u、v对项目c的评分。

②相关相似性计算。即Pearson相关系数度量，设用户u和用户v共同评分过的项目集合用$I_{u,v}=I_u\cap I_v$表示，则用户u和用户v的相似性$\text{SIM}_{u,v}$为

$$\mathrm{SIM}_{u,v}=\frac{\sum_{c\in I_{u,v}} R_{u,c}\times R_{v,c}}{\sqrt{\sum_{c\in I_{u,v}} (R_{u,c}-R_u)^2}\sqrt{\sum_{c\in I_{u,v}} (R_{u,v}-R_v)^2}}$$

式中$R_{u,c}$和$R_{v,c}$分别为用户u、v对项目c的评分，R_u和R_v分别表示用户u和用户v对项目的平均评分。

③修正余弦相似性计算。余弦相似性度量方法并未考虑不同用户的评分尺度问题，为了改善上述缺陷，修正的余弦相似性度量方法减去了用户对项目的平均评分，设用户u和用户v共同评分过的项目集合用$I_{u,v}$表示，I_u和I_v分别表示用户u和用户v评分过的项目集合，$R_{u,c}$表示用户u对项目c的评分，$R_{u,c}$表示用户v对项目c的评分，R_u和R_v分别表示用户u和用户v的平均评分。用户u和用户v相似性$\mathrm{SIM}_{u,v}$为

$$\mathrm{SIM}_{u,v}=\frac{\sum_{c\in I_{u,v}} (R_{u,c}-R_u)(R_{v,c}-R_v)}{\sqrt{\sum_{c\in I_{u,v}} (R_{u,v}-R_u)^2}\sqrt{\sum_{c\in I_{u,v}} (R_{u,v}-R_v)^2}}$$

在得到用户相似度之后，就可以寻找用户的近邻。生成目标用户的邻居用户可形象地用图表示，对于目标用户0，与其距离在一定阈值之内的用户将作为该用户的邻居用户。

这个问题用形式化的方法可以表述为：对于目标用户x，在整个用户空间中查找用户集合$U=\{u_1，u_2，\cdots u_k\}$，使得x不属于U，并且u_1与x的相似度最高，u_2与x的相似度次之，依次类推。然后通过指定相似度阈值或是指定邻居用户数量的方式来确定邻居用户的集合。

（3）产生推荐项目。

综合邻居用户集合内用户对某一给定项目商品的评价，产生目标用户对此项目评分的预测，常用的预测公式为

$$\mathrm{P}_{x,c}=R_x+\frac{\sum_{y=1}^{k}\mathrm{SIM}_{x,y}\times(R_{y,c}-R_y)}{\sum_{y=1}^{k}|\mathrm{SIM}_{x,y}|}$$

$\mathrm{SIM}_{x,y}$表示用户x与用户y之间的相似性，$R_{y,c}$表示用户y对项目c的评分。R_x和R_y分别表示用户x和用户y对项目的平均评分。k是与用户x最相邻的用户数目（邻居用户集合的大小）。该公式和修正余弦公式处理方式相似，也是通过减去用户的平均评价，去除掉由于不同用户评价标准的不同而带来的误差。

2）基于项目的协同过滤算法

基于项目的协同过滤算法的基本思想是：根据目标用户已经评价过的项目与目标项目I的相似性，选择k个最相似的项目$\{I_1, I_2, \cdots, I_k\}$，同时得到对应的相似度$\{Si_1, Si_2, \cdots, Si_k\}$，然后将目标用户对这k个最相似的项目的评分，及这$k$个最相似的项目与目标项目的相似度加权平均值作为对目标项目的评分。

它基于这样一种假设：如果某个项目和用户感兴趣的现有项目近似，那么该项目也很可能是用户感兴趣的新项目。

（1）项目用户评分模型描述。

基于项目协同过滤方法的计算基础数据模型和基于用户的协同过滤方法一样，依然是用户-项目评分矩阵，矩阵中元素可以是0和1的二值类型，也可以是1～5这样的限定范围的数值类型。

（2）项目最近邻生成。

目标项的最近邻查询是整个基于项目协同过滤算法的核心部分。为了找到目标项的最近邻居，必须度量项与项之间的相似性。度量项与项之间相似性的方法与度量用户相似度的方法类似，主要包括以下几点。

①余弦相似性计算。在此，两个项目作为m维用户空间上的两个向量，项目间的相似性通过计算两个向量间的余弦夹角。如果用户对项目没有进行评分，则将用户对该项的评分设为0。项目i和项目j之间的相似性$\mathrm{SIM}_{(i,j)}$表示为

$$\mathrm{SIM}_{(i,j)} = \mathrm{COS}_{(i,j)} = \frac{i \times j}{|i| \times |j|}$$

②相关相似性计算。即Pearson相关相似性度量，设对项目i和项目j共同评分过的用户集合用U表示，则项目i和项目j之间的相似性$\mathrm{SIM}_{(i,j)}$表示为

$$\mathrm{SIM}_{(i,j)} = \frac{\sum_{u \in U} R_{U,i} \times R_{U,j}}{\sqrt{\sum_{u \in U} (R_{u,i} - R_i)^2} \sqrt{\sum_{c \in U} (R_{u,j} - R_j)^2}}$$

③修正余弦相似性计算。使用余弦相似性度量方法计算项目之间相似性的缺陷是没有考虑不同用户的评分尺度问题，修正的余弦相似性度量方法通过减去用户对项目的平均评分弥补上述缺陷，设对项目i和项目j共同评分过的用户集合用U表示，则项目i和项目j之间的相似性$\mathrm{SIM}_{(i,j)}$为

$$\mathrm{SIM}_{(i,j)} = \frac{\sum_{u \in U} (R_{u,i} - R_i)(R_{u,j} - R_j)}{\sqrt{\sum_{u \in U} (R_{u,i} - R_i)^2} \sqrt{\sum_{c \in U} (R_{u,j} - R_j)^2}}$$

（3）产生推荐项目。

假设目前已经得到目标项目的k个最近邻，那么就可以将目标用户对这k个最相似的项目的评分，以及这k个最相似的项目与目标项目的相似度加权平均值作为对目标项目的评分，计算公式为

$$P_{u,i}=\frac{\sum_{\text{all similar items } N}(S_{i,N}\times R_{U,N})}{\sum_{\text{all similar items } N}(|S_{i,N}|)}$$

3.关联分析算法

关联规则挖掘技术[42]可以发现不同商品在销售过程中的相关性，在零售业得到了广泛的应用。关联规则是指在一个交易数据库中，统计购买商品集X的同时有多大比例购买了商品集Y，其直观的意义就是用户在购买某些商品的时候有多大的倾向也会购买另外一些东西。基于关联规则的推荐算法根据生成的关联规则推荐模型和用户的购买行为向用户产生推荐。关联规则推荐模型的建立离线进行，因此可以保证有效推荐算法的实时性要求。关联规则的发现算法有很多，感兴趣读者的可以参考相关文献。

基于关联规则的推荐算法可以分为离线的关联规则推荐模型建立和在线的关联规则推荐模型应用两个阶段。离线阶段使用各种关联规则挖掘算法建立关联规则推荐模型，这个阶段比较费时，但可以离线周期进行；在线阶段根据建立的关联规则推荐模型和用户的购买行为向用户提供实时的推荐服务。

使用关联规则推荐算法产生推荐的算法步骤如下。

（1）根据交易数据库中每个用户购买过的所有商品的历史交易数据创建每个用户的事务记录，构造事务数据库。

（2）使用各种关联规则挖掘算法对构造的事务数据库进行关联规则挖掘，得到满足最小支持度阈值minsupp和最小置信度阈值minconf的所有关联规则，记为关联规则集合R。

（3）对每个当前用户u，设置一个候选推荐集，并将候选推荐集Pu初始化为空。

（4）对每个当前用户u，搜索关联规则集合R，找出该用户支持的所有关联规则集合Ru，即关联规则左部的所有商品出现在用户u的当前购买数据和历史交易记录中。

（5）将关联规则集合Ru右部的所有商品加入候选推荐集Pu。

（6）从候选推荐集删除用户已经购买过的商品。

（7）根据关联规则集合Ru的置信度对候选推荐集Pu中所有候选项进行排

序，如果一个项在多条关联规则中出现，则选择置信度最高的关联规则作为排序标准。

（8）从候选推荐集*Pu*中选择置信度最高的前*K*个项作为推荐结果返回给当前用户*u*。

4.4 社交网络分析技术

4.4.1 概述

百度百科[43]对SNS做了如下相关定义。

（1）社会性网络服务（social networking services）：指帮助人们建立社会性网络的互联网应用服务，也指社会现有已成熟普及的信息载体，如短信SMS服务。

（2）社会性网络网站（social network site）：指个人之间的关系网络，这种基于社会网络关系系统思想的网站就是社会性网络网站，如新浪微博。

（3）社会性网络软件（social network software）：一种采用分布式技术（通俗地说是采用P2P技术）构建的下一代基于个人的网络基础软件，如UChome软件。

通常社交网络具有如下特点。

（1）交互性：这是社交网络典型的特点，其最初的设想也是为了给现有平台增加互动，使用户之间的交流更加深入。

（2）社会性：由朋友、朋友的朋友建立起一个社会关系网，用户之间的关系可以提高用户的活跃度。

（3）真实性：提倡实名制的网络，把真实生活的关系转移到互联网，保证沟通的质量，降低人际沟通中的成本和风险，通过网络的方便性使沟通变得顺畅和高效。

（4）隐私性：在社交网络中，用户可以选择是否将自己的活动公开，充分地保护了自己的隐私，在便捷性和互动性的基础上做到了充分的自由。

（5）开放性：大多数社交网站都有开放平台，开放了API的功能，让用户进入网站后，可以享用到官方或第三方提供的各种应用。

社会网络分析研究有三大学派，分别是社会学学派、复杂网络学派、计算机学派，这些学派的研究范式各不相同。

1.社会学学派

社会学学派的研究起步最早，开始于20世纪70年代，通过数学方法、图论等定量分析方法，在社会学、心理学、人类学这些社会科学领域逐步发展起来。

这一学派最出名的研究是1967年哈佛大学心理学教授Milgram通过连锁信实验得出的“六度空间理论”，以及1973年斯坦福大学社会系的Granovetter教授的“弱连接理论”。

这一学派的方法最为成熟，成果包括中心性分析、凝聚子群分析、核心-边缘结构分析等，但是比较简单粗糙，而且其工具都是针对当时少量的社会调研数据的分析，基本上无法适应如今大规模社交网络数据的分析。但这一学派是社会学、经济学、心理学与数学的桥梁，其理论对大数据条件下的研究非常具有启发意义。

2.复杂网络学派

复杂网络学派兴起的源头是1998年Watts和Strogatz在*Nature*发表的小世界模型，以及1999年Barabasi和Albert在*Science*发表的无标度网络的文章。这篇文章认为复杂网络的连接度普遍符合幂律分布，随后，很多物理学研究者开始研究复杂网络，发表了大量关于网络连接度符合幂律分布的文章。

这一学派的理论功底很深，掌握热力学、非线性动力学和仿真等手段，也提出了很多理论模型，包括结构模型、传播模型、相继故障模型（如沙堆模型）等，但其研究鲜有实际应用。

3.计算机学派

计算机学派出现的比较晚，但发展很快，成果应用也最广泛。

这一学派的基本方法是数据挖掘/机器学习，文章发表在KDD、SocialCom、WWW等；其针对社交网络数据的特点，运用与修改各种数据挖掘算法。也有针对社交网络数据发展出的基本算法，如著名的HITS算法和PAGERANK算法。这一学派与工业界结合最紧密。

因此，从这三种学派的研究来看，社会学学派和复杂网络学派注重理论层面的研究，而计算机学派更注重实际成果应用的研究。

4.4.2　理论框架

1.社会学学派的社交网格研究

1）六度空间理论

六度空间理论[44]（six degrees of separation）是在20世纪60年代由美国哈佛大学的社会心理学家Milgram提出的一个数学领域的猜想。

六度空间理论的实质是：你和任何一个陌生人之间所间隔的人不会超过六个，也就是说，最多通过六个人你就能够认识任何一个陌生人。

六度空间理论实际说明了社会中“弱纽带”的存在，反映了人际交往的距离，使得人们对于自身的人际关系网络的威力有了新的认识。随着网络分析的兴起，后来的一些研究也都证实了这一现象的存在。如Watts运用图论等方法，通过关系图和空间图模型具体解释了小世界图及小世界的特性。

另外，六度空间理念和互联网的亲密结合，已经开始显露出商业价值。近几年人们越来越关注社会网络的研究，并且已有一些领域运用了六度空间理论，如电子游戏社区、社交网站和博客等。

2）弱连接理论

弱连接理论[45]由美国社会学家Granovetter于1974年提出。在传统社会，每个人接触最频繁的是自己的亲人、同学、朋友、同事等，这是一种十分稳定然而传播范围有限的社会认知，表现为一种“强连接”现象；同时，还存在相对于前一种社会关系更为广泛的，然而却是肤浅的社会认知，例如，一个被无意间提到或者偶然听到的一个人，这被称为“弱连接”现象。

研究发现，其实与一个人的工作和事业关系最密切的社会关系并不是强连接，而常常是弱连接。弱连接虽然不如强连接那样坚固，但却可能具有低成本和高效能的传播效率。

强连接关系通常代表行动者彼此之间具有高度的互动，即在某些存在的互动关系形态上较为亲密，因此，透过强连接所产生的信息通常是重复的，容易成为一个封闭的系统。网络内的成员由于具有相似的态度，高度的互动频率通常会强化原本认知的观点而降低了与其他观点的融合，因此强连接网络并不是一个可以提供创新机会的结构。

相对于强连接关系，弱连接能够在不同的团体间传递非重复性的信息，使得网络中的成员能够增加修正原先观点的机会。

3）中心性分析

中心性是一个重要的个人结构位置指标，用来评价一个人重要与否，衡量他的职务的地位优越性或特权性以及社会声望等。同时，其也是社会网络分析的重点之一。个人或组织在其社会网络中具有怎样的权力，或者居于怎样的中心地位，是社会网络分析者最早探讨的内容之一。中心性分为三种形式：点度中心性、中间中心性、接近中心性。而每种分析方法又有两种度量方法：中心度和中心势，如表4-12所示。

表 4-12　中心度和中心势度量方法表

	中心度		中心势
点度中心性	点度中心度	绝对中心度	图的点度中心势
		标准化中心度	
中间中心性	中间中心度	绝对中心度	图的中间中心势
		标准化中心度	
接近中心性	接近中心度	绝对中心度	图的接近中心势
		标准化中心度	

中心度是指一个节点在网络中处于核心地位的程度，因此一个网络中有多少个节点，就有多少个个体的中心度。

中心势描述整个图的紧密程度或一致性，也就是一个图的中心度。与个体中心度刻画的个体特性不同，中心势刻画的是整个网络中各个点的差异性程度，因此一个网络只有一个中心势。

2.物理学学派的社交网络研究

物理学学派从复杂网络[46]入手研究社交网络。复杂网络是指具有“自组织、自相似、吸引子、小世界、无标度”中部分或全部性质的网络，即呈现高度复杂性的网络。

复杂网络的复杂性主要表现在以下几个方面。

（1）结构复杂：节点数目巨大，网络结构呈现多种不同特征。

（2）网络进化：表现在节点或连接的产生与消失，如网页或链接随时可能出现或断开，导致网络结构不断发生变化。

（3）连接多样性：节点之间的连接权重存在差异，且有可能存在方向性。

（4）动力学复杂性：节点集可能属于非线性动力学系统，例如，节点状态随时间发生复杂变化。

（5）节点多样性：复杂网络中的节点可以表示任何事物。例如，人际关系构成的复杂网络节点代表单独个体，万维网构成的复杂网络节点代表不同的网页。

（6）多重复杂性融合：以上多种复杂性相互影响，导致难以预料的结果。

1）小世界模型

小世界模型是一类具有较短的平均路径长度和较高的聚类系数的网络的总称，包括WS（Watts-Strogatz）小世界模型、NW（Newman-Watts）小世界模型、Monasson小世界模型以及一些其他的变形模型（如BW（Barabasi-Watts）小世界模型）。其中Watts和Strogatz在1998年开创性地提出了小世界网络并给出了

WS小世界网络模型，刻画了真实网络所有的大聚簇和短平均路径距离的特性；接着，Newman和Watts又对小世界模型进行了改进，提出了NW小世界模型，用随机化和边代替了随机化重连，从而避免了产生孤立节点的可能。因此WS小世界模型和NW小世界模型是最为经典的模型。

2）无标度模型

WS模型能够反映现实网络的小世界特征，然而现实世界中的网络还存在极少节点拥有大量的连接，而众多的节点仅具有少量连接的特征，这些特征无法用随机模型解释。

1998年Albert和Barabasi在对互联网的节点度分布进行研究后，发现增长机理和优先连接机理是形成无标度网络的两个根本机理。一方面，大多数现实网络都是不断增添新节点和新连接的开放系统；另一方面，大部分的实际网络不是完全随机连接的，而是具有优先连接特性，即新的节点更趋向与那些具有较高连接度的大节点连接。于是Barabasi和Albert提出了著名的BA（Barabasi-Albert）模型。

BA模型中的度分布$P(k)$具有幂律特征，度分布曲线是一条随着k增加，$P(k)$不断下降的递减曲线。BA无标度网络是带有一类特性的复杂网络，其典型特征是在网络中的大部分节点只和很少节点连接（节点度很小），而有极少的节点与非常多的节点连接（节点度非常高）。

3）复杂网络参数

在自然科学领域，网络研究的基本测度包括度及其分布特征、度的相关性、集聚程度及其分布特征、最短距离及其分布特征、介数及其分布特征等。下面对这些基本测度参数进行简要介绍。

（1）度。

度表示在图论中的连接数，即与该节点相连接的边的数目。对于有向图，根据节点连接的方向，又可以将度分为入度和出度。入度表示指向该节点的连接数，出度表示该节点指出的连接数，平均度指网络中所有节点的度的平均值。度函数是$P(k)$等于一个随机选取的节点有k个连接的概率。

度数可表示网络中的节点之间的连接程度，因此，一个节点的度数越大就说明这个节点在某种意义上越重要。

（2）特征路径长度。

路径长度是指在网络中任选两个节点，连通这两个节点的最少边数，即为这两个节点的路径长度，也称为最短路径$d(n,m)$。网络的直径是指任意两个节点之间最短路径的最大长度（包含的边数），即$D=\max\{d(n,m)\}$。

特征路径长度是指网络中所有节点对的路径长度的平均值，也称平均最短路径L，这是网络的全局特性，网络的平均最短路径越短，说明网络中的节点越紧密。

（3）密度。

密度反映了一个图的凝聚力的总体水平，从图论的角度反映了图的“紧凑性”，描述了一个图中各个点之间关联的紧密程度。

密度依赖于两个网络的结构参数，即图的内含度和图中各点的度数总和。其中，内含度是指图中各类关联部分包含的总点数，即图中的总点数减去图中孤立点的数。因此，密度的计算公式为图中实际拥有的连接线与最多可能拥有的连接线之比。

（4）介数。

介数通常分为边介数和节点介数。节点介数是指网络中所有最短路径中经过该节点的路径的数目占最短路径总数的比例。边介数是指网络中所有最短路径中经过该边的路径的数目占最短路径总数的比例。

介数反映了相应的节点或者边在整个网络中的作用和影响力，是一个重要的全局几何量，具有很强的现实意义。例如，在社会关系网中，介数的分布特征反映了不同人员在社会网络中的不同作用和地位，这对于发现关键节点、制定相应的用户策略具有重要的意义。

（5）聚类系数。

按照图形理论，聚集系数是表示一个图形中节点聚集程度的系数。在现实中的网络中，尤其是在特定的网络中，由于相对高密度连接点的关系，节点总是趋向于建立一组严密的组织关系。在现实世界的网络中，这种可能性往往比两个节点之间随机设立一个连接的平均概率更大。

在很多网络中，如果节点v_1连接于节点v_2，节点v_2连接于节点v_3，那么节点v_3很可能与v_1相连接，这种现象体现了部分节点间存在的密集连接性质，可以用聚类系数表示。在无向网络中，聚类系数定义为图中节点组成的实际边数与最大可能边数的比。

（6）互惠系数。

社会网络通常建立的都是网型的拓扑结构，节点与节点之间或多或少存在着互惠行为。例如，在一个有向图中，顶点i可以连接到顶点j上，而顶点j也可以连接到顶点i上，则称边ij是互惠的，或称顶点i和顶点j是互惠的。计算一个图的互惠系数，就是计算图中双向边数占总边数的比例。

4.4.3 关键技术

1.关系分析

关系分析主要是分析与当前用户有相关关系的用户有哪些、与当前用户是何种关系以及与用户之间的关系紧密程度等，分别对应于用户的好友圈子、关系识别和关系权重的分析。

用户的好友圈子主要分析哪些用户是当前用户的好友或者有一定的关系。这里的关系分为显性关系和隐性关系。以新浪微博为例，显性关系指当前用户的关注或者粉丝；隐性关系指与当前用户在同一单位或者同一学校的用户、具有共同关注的用户、具有共同粉丝的用户、具有共同爱好的用户、具有相同收藏的用户、具有相同（或类似）标签的用户等。

用户关系识别主要是识别当前用户与好友之间究竟是什么关系，如好友、同学、同事等。一般来说，对于显性关系的用户，容易识别两者之间的关系，而隐性关系则有难度。

用户关系权重是指分析用户与好友之间的关系紧密程度，在社交网络中，用户之间交互越频繁，则关系越紧密；另外，若两个用户越相似，则代表有潜在关系或关系会变得紧密，因此交互性和相似性是衡量用户关系权重的指标。以新浪微博为例，相互性包括用户间的相互转发、回复等；相似性包括用户标签的相似性、用户爱好、微博收藏的相似性、所属相同的学校或单位等。

在数据采集并进行预处理后即可获取用户之间的关系，但这主要是针对显性关系。就目前社交网络的现状来说，对于关系识别的研究比较薄弱，用户属性分析和用户的隐性关系分析存在类似情况，这种情况下需要建立用户的模型。用户的关系权重涉及的技术为关系强度计算（相似度计算）。

以新浪微博为例，用户模型包括用户注册信息、关注信息、微博文本和微博交互行为信息。微博文本信息也可表示两个向量：特征向量和主题向量，前者可以采用空间向量模型，后者采用隐含Dirichlet分布（Latent Dirichlet Allocation，LDA）模型。微博交互行为也可以通过向量表示，如用户u在一段时间内和其他人之间的转发、回复行为可以通过Retweet_u，Reply_u向量表示。

关系强度计算。在社交网络中，可以采用相似性度量实体之间的关系强度。相似度计算分为链接相似度计算和内容相似度计算。

2.话题分析

用户话题分析主要是分析用户与其圈子平常参与了哪些话题，这些话题可以分为哪几类，哪些话题用户参与度高。从话题参与度上可以看出哪些话题是用户感兴趣的，从而可以了解用户的兴趣所在。因此这里涉及话题识别、话题权重分析和话题的归类。话题的来源主要是用户参与讨论的微话题、用户关注的话题、用户发布的微博、用户参与评论的微博等。

其关键任务包括话题识别分析、话题权重分析和话题的归类，分别对应话题识别技术、话题权重计算以及短文本聚类技术。

3.兴趣分析

用户兴趣分析主要是分析用户感兴趣的话题、标签、品牌等，是信息推荐和产品营销的重要前提。以微博为例，兴趣点主要体现在用户的关注信息、评论、发布的微博、接收的微博、用户自定义的标签、用户关注的话题等。可以采用用户的兴趣标签分析用户的兴趣所在。

技术实现需要提取用户的兴趣标签，可以采用空间向量模型，也就是文本向量化，其过程为：中文分词→停用词过滤→权重计算→特征选取→特征向量表示。

4.身份识别

身份识别主要是分析当前用户的好友是什么身份，具有怎样的地理位置、职业、性别、年龄等。以微博为例，可以根据好友注册信息、好友收藏微博、好友自定义标签、好友交互行为、好友所处社会圈子、好友感兴趣话题等进行分析。在查看当前用户的好友的同时，能了解到这些好友的身份。

具体实现时可以采用用户画像建模方案，即首先提取用户的各种身份属性，然后进行信息重构。当然前提是已经进行过用户关系分析、话题分析和兴趣分析，这样身份识别才会更准确。

5.影响力评估

其主要是计算用户在所在圈子（如个人中心社会圈、定向关系社会圈、全网关系社会圈）的影响力有多大。影响力计算是信息推荐和搜索应用的关键技术，可以通过用户的交互行为、其微博的传播范围等指标进行分析。

6.社区发现

网络中的社区结构反映了网络拓扑结构的聚集特性，对社区的挖掘可以揭示错综复杂的网络是如何由相对独立、互相交错的社区组成的，从而获取社区结构所表示的局部主题知识。

在网络中，社区的连接紧密而社区间的连接松散，检测网络的社区结构具有很大的实用价值。

7.情感分析

社会媒体不仅包含对客观事实的报道，还包含很多主观情感的表达。通过将用户以“支持、中立或反对”三种态度进行分类，可以分析媒体的倾向性，还可以进一步考虑用户“喜悦、愤怒、悲哀、恐惧、惊慌”等情绪，深化媒体的情感倾向性分析。

例如，通过主题模型挖掘情感倾向与情感文字之间的关系，进行新闻文本的情感分析。涉及的关键技术包括情感词典自动生成、基于情感词典规则的文本分类方法和基于情感的文本分类方法等。

第 5 章　数据可视化

5.1 概　　述

当今社会正处于一个信息爆炸的时代，随着信息化技术的发展，企业内部产生了海量的统计数据。这些数据大多以表格的形式存放在数据库内，既枯燥又难于理解。如何才能有效地展示这些数据来帮助用户理解数据并发现潜在的规律，是亟待解决的问题。数据可视化能够将抽象的数据表示成可见的图形或图像，显示数据之间的关联，有效解释数据的变化趋势，从而为理解那些大量复杂的抽象数据信息和企业决策提供帮助。

数据可视化是大数据展现的主流趋势，虽然国内的数据可视化还处于起步阶段，但是很多公司已经在做一些相关的开发和应用。如淘宝的数据可视化产品、Google的可视化搜索，还有一些其他的数据公司也在关注数据可视化技术，并对外提供可视化服务，如IBM的Many Eyes、Visual.ly的数据可视化服务平台等。

数据可视化是对大型数据库或数据仓库中的数据的可视化，它是可视化技术在非空间数据领域的应用，使人们不再局限于通过关系数据表示、观察和分析数据信息，能够以更直观的方式查看数据及其结构关系。数据可视化技术凭借计算机的巨大处理能力、计算机图像和图形学基本算法以及可视化算法，把海量的数据转换为静态或动态图像/图形呈现在人们的面前，并允许通过交互手段控制数据的抽取和画面的显示，使隐含在数据之中的不可见现象成为可见，为人们分析数据、理解数据、形成概念、找出规律提供了强有力的手段。

广义的数据可视化包括了科学可视化和信息可视化，两者的区别在于：科学可视化的研究对象主要是具有几何属性的科学数据，而信息可视化则主要应用于没有几何属性的抽象信息，并解释信息之间的关系和信息中隐藏的特征。通常也会使用狭义的数据可视化指代信息可视化的含义，本章提到的数据可视化均为信息可视化。

5.2 数据模型与可视化展现形式

在数据可视化的处理流程中，从数据获取到数据分析、过滤和挖掘，这一系列的操作都是为数据的最后表述做准备。数据的表述在可视化处理流程中占据了重要的地位，是联系数据与用户的关键纽带。根据数据模型和可视化目的选择一个合适的视觉模型进行数据的展现，直接关系到最终的可视化展现效果。

5.2.1 基本数据可视化展现方式

基本数据可视化展现方式包括尺寸、色彩、位置、网络和时间。每种可视化展现方式都代表着一个可视化维度，不同的数据以不同的维度展示。在可视化的实际应用中，通常会根据要展示的数据特征及结构选择应用一种或多种可视化展现方式。在大多数应用场景中，会同时应用到尺寸、色彩、时间这几种最常用的基本可视化展现形式。

5.2.2 数据模型与常见可视化展现形式

常见的可视化展示数据模型，根据数据结构和特点可以分为关系型数据模型、比较型数据模型、随时间变化型数据模型、整体与部分数据模型、地理分布数据模型和文本分析数据模型六大类。使用基本展现方式的常见可视化展现形式有地图、网络图、树图、气泡图、散点图、矩阵图、条形图、饼图、直方图、线形图、堆栈图、标签云等。下面针对不同的数据模型与可视化展现形式之间的关系进行分析、总结，并归纳通用的可视化展现框架。

1.数据之间关系展示

关系型数据模型强调数据之间关系的展示，针对这一特点，可以利用以下三种可视化图形：散点图、矩阵图、网络图。

1）散点图

散点图以一个变量为横坐标，以另一变量为纵坐标，利用散点（坐标点）的分布形态反映变量的统计关系。其特点是能直观表现出影响因素和预测对象之间的总体关系趋势。散点图不仅可传递变量间关系类型的信息，还能反映变量间关系的明确程度。

（1）数据特征。一般最少有两个数据属性（对应x轴和y轴），散点图将x轴和y轴对应的数值合并到单一数据点，并以不均匀间隔或簇显示。散点图展示的数据结构中可以包含负数，通过散点圆圈使用不同的颜色显示。如红色的圆圈代表负数，蓝色的圆圈代表正数。

（2）应用场景。散点图是一个经典的统计图形，可以显示数据之间的关系。例如，有一个关于城市的数据表，可以利用散点图显示人口与犯罪水平之间的关系。散点图有时也可以用来比较数值，如在不考虑时间的情况下比较大量数据点时，可以使用散点图。一般情况下，散点图以圆圈显示数据点。如果在散点图中有多个序列，可以考虑将每个点的标记形状更改为方形、三角形、棱形或其他形状。

（3）展示及交互。

①展示。数据表里的每一行通过圆点表现，横坐标上的每个点与表里的每一列一致，纵坐标与表里的不同列相对应，圆点的大小也能反映出其他的列（元素）。在散点图中还可以标示出散点尺寸比例值，以便使用者对散点图中各圆圈尺寸有直观的数值概念。

② 交互。鼠标移动到对应点的标签显示内容、散点圆圈对应的尺寸大小、x轴和y轴所代表的标签项都可以通过下拉框进行选择，当选择不同的含义时，散点图可以动态显示图形。散点图如图5-1所示，对应的数据结构如表5-1所示。

表 5-1　散点图数据结构

	EvNo	E	px	py	pz	pt	eta	phi	MET	phiMET
1	94686148	41.04	37.19	-14.26	-9.90	39.83	-0.25	-0.37	14.03	-1.20
2	96348439	67.61	15.69	-33.35	-56.68	36.86	-1.22	-1.13	7.70	0.96
3	97119783	209.85	-24.57	-26.30	206.74	36.00	2.45	-2.32	17.90	-2.66
4	99189579	71.79	38.08	-15.04	-58.98	40.94	-1.16	-0.38	35.71	3.03
5	100121581	46.50	-43.61	3.09	-15.83	43.72	-0.35	3.07	39.54	0.52

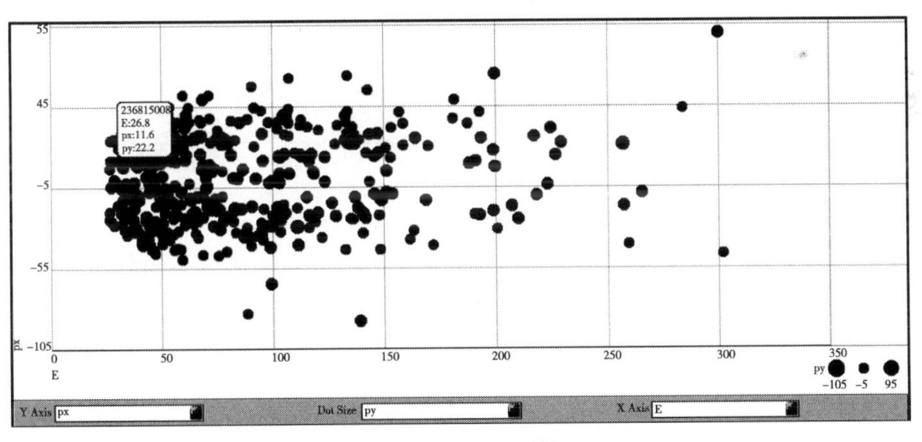

图 5-1　散点图[47]

2）矩阵图

矩阵图从多维数据中找出成对的数据关系，分别排成行和列，展示行与列之间的相关性和相关程度的大小。矩阵图的图形元素有两种方法可选择：条形和气泡。

（1）数据特征。矩阵图展示最少有两个文本列构成的表结构，如果有第三个文本列，则要使用颜色展示。如果没有数值列，气泡和栏可以简单地展示每个类组合的总数。

（2）应用场景。矩阵图适合在同一个区域内展示多维数据集。在不同的情况下，条形矩阵图和气泡矩阵图都很有用。条形矩阵图通过高度展示数值，适合精确比较时展现，能够给更多的列提供展示空间。气泡矩阵图通过圆圈尺寸展示数值，适合展示变化较大的非负数值，能够给更多的行提供展示空间。

（3）展示及交互。

①展示。矩阵图将屏幕划分成一个个的网格，行表示一个文本列的值，不同的列表示不同的文本列，每个单元格里的条形或气泡代表一个值（由行和列的组合确定）。通过气泡尺寸的大小或条形的高度可以展示同一行或同一列内数据的比较信息。增加多种颜色的使用可以展示数据更多维度的信息。当选择使用不同颜色表示各个列的时候，气泡将变成微型的饼图，条形也将变成微型的条形图。

②交互。鼠标悬浮在气泡或条形的上方展示对应的详细信息，如总数、百分比、排名等；鼠标单击气泡或条形，高亮显示图中需要突出显示的某个或多个重点关注的内容。气泡或条形尺寸的大小以及展示结果都可以通过选择项来改变其对应代表的含义，如尺寸的大小可以代表对应的数值或百分比，展示结果可以显示为总和或平均值。矩阵图会根据不同的选择相应展示图形，而不需要对原数据集重新做任何处理。

气泡矩阵图如图5-2所示，对应数据结构如表5-2所示。

表 5-2　矩阵图数据结构

序号	医院 / 疾病类型	Rangers Hospital	Sheikh Zaid Hospital	Ganga Ram Hospital	Services Hospital	Local Practioner
1	Gyanae	3	1	1	2	5
2	Hepatitus	0	2	1	3	7
3	TB	1	1	1	0	1
4	Diabities	2	2	1	5	8
5	ENT	2	1	1	3	5

转换成的条形矩阵图如图5-3所示。

3）网络图

网络图由节点和边的集合构成，网络可视化重在表现相邻或相近元素之间的强弱关系，网络中节点的整体布局表现为这些节点之间的连接结构。

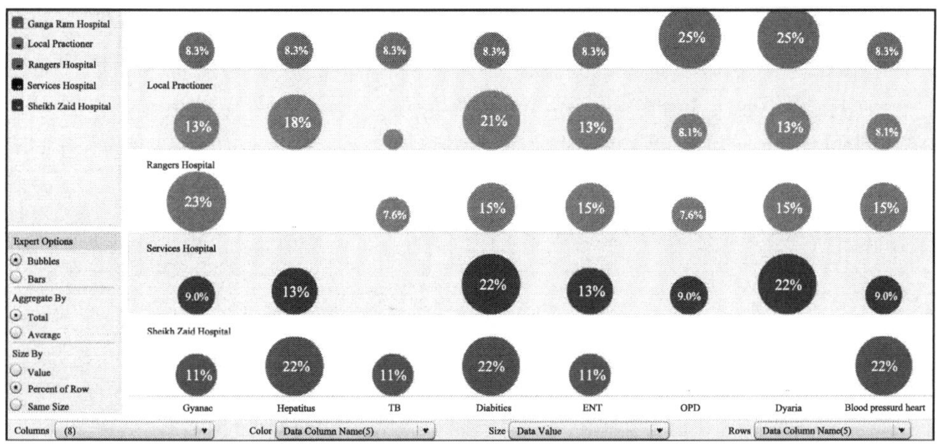

图 5-2　气泡矩阵图 [47]

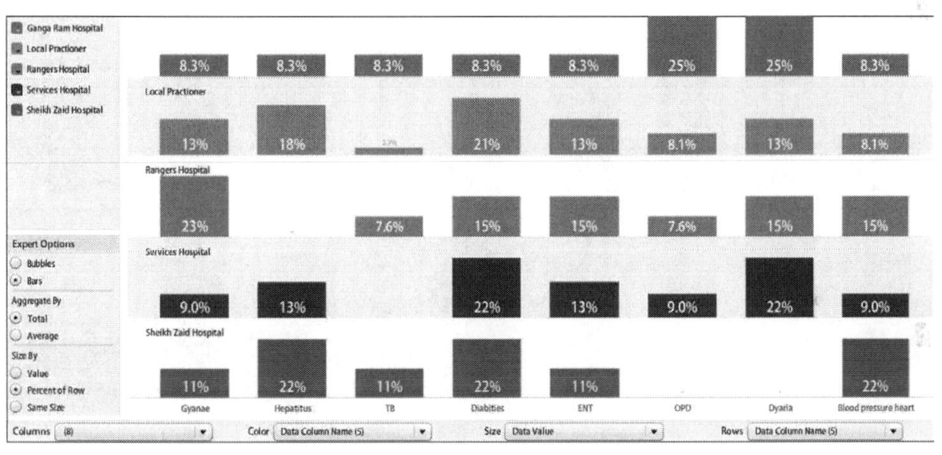

图 5-3　条形矩阵图 [47]

（1）数据特征。网络图的展示需要至少由两个文本列的数据组成的表。每一行代表两个实体间的独立关系，列的内容代表每个实体的标签。使用网络图进行展示的数据集强调多个元素之间的关系。

（2）应用场景。现实世界中的信息往往在实体或项目之间具有各种各样的关系，如社交网络的人与人之间或者链接的网站之间。在网络图中以节点和边的形式将实体之间连接起来。

（3）展示及交互。

①展示。节点的尺寸与从它发射出去的边的数量成比例。如节点发射出去的边越多，该节点的尺寸就显示越大。边的粗细可代表权重的大小，如两个节点间的关系强，则连接这两个节点间的边越粗。

② 交互。通过鼠标右键的拖曳可以查看图形的不同区域（整体中的局部）。通过鼠标滚轮或鼠标左键选中感兴趣的区域进行缩放查看，缩放后也可通过还原按钮返回。鼠标左键选中的节点会高亮显示。通过选择节点，移动或拖曳到新的位置，可以手动实现对布局的调整。如果数据集与链接线的方向有关系，则可以通过箭头按钮对响应的边进行方向的切换。

网络图如图5-4所示，对应数据结构如表5-3所示。

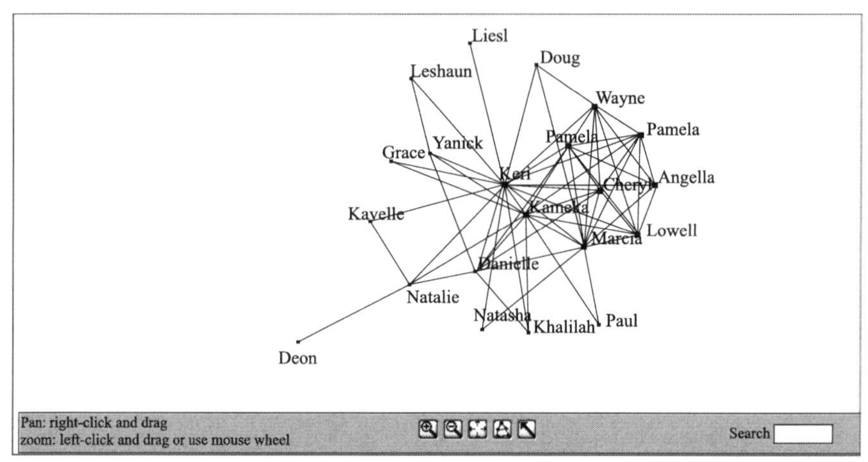

图 5-4　网络图 [47]

表 5-3 网络图数据结构

序号	成员	认识的人
1	Keri	Marcia
2	Keri	Danielle
3	Keri	Kameka
4	Keri	Natalie
5	Keri	Cheryl

4）小结

关系型数据模型强调数据之间关系的展示，一般数据结构中至少有两个数据属性（文本列和数值列）。

在散点图、矩阵图和网络图三种适合展示数据之间关系的图形中，散点图能够展示跨度较大数量级数据之间的关系；矩阵图能够在同一区域展示更多维度的数据信息；网络图能够更好地展示多个个体之间的强弱关系。

2.数据值比较展示

对于强调数据值比较的数据结构，可以利用以下三种可视化图形：条形图、直方图、气泡图。

1）条形图

条形图显示各个项目之间的比较情况，可以展示一个或多个变量集合。

（1）数据特征。条形图的数据表里每一列与一个数据系列相对应，x轴与特定的一列相一致。例如，在很多表结构中，“年份”列作为x轴，其他的两个列定义条形图里的两个数据系列。通常情况下，用表头作为x轴的标签（如很多数据表里每年都对应一列数据）。在可视化时，可以选择替换行和列。

（2）应用场景。在轴标签过长和显示连续型数值的情况下，可以选择使用条形图展示。

（3）展示及交互。

①展示。条形图的高度展示数值列的大小、所占百分比的大小或排名情况等，相同颜色的条形代表同一个数据系列，多个颜色可以展示不同文本列的多个数据系列。

② 交互。鼠标悬浮在对应的条形图区域内，可以展示详细信息。鼠标单击，高亮显示对应的信息，并变成桔黄色同其他条形图区域区别。通过选择不同的选项，条形图可以展示多个数据系列，选择不同的数据系列可以变换相应的条形图展示。

条形图如图5-5所示，对应的数据结构如表5-4所示。

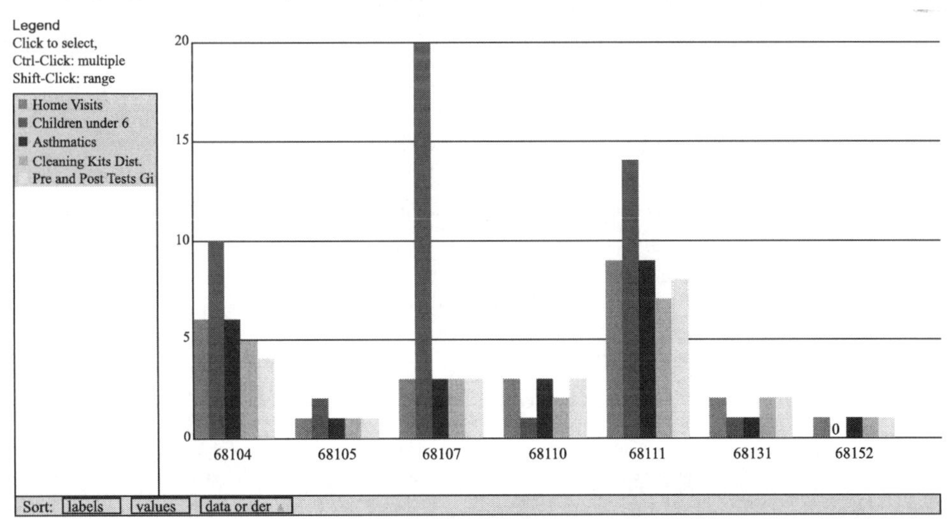

图 5-5　条形图[47]

表 5-4　条形图数据结构

序号	Zip Code	Home Visits	Children under6	Asthmatics	Cleaning Kits Dist.	Pre and Post Tests Given
1	68104	6	10	6	5	4
2	68105	1	2	1	1	1
3	68107	3	20	3	3	3
4	68110	3	1	3	2	3
5	68111	9	14	9	7	8
6	68131	2	1	1	2	2
7	68152	1	0	1	1	1

2）直方图

直方图用于在一个数据集里展示数据值的分布情况。直方图能够显示各组频数分布的情况，且易于显示各组之间频数的差别。

（1）数据特征。数据结构表中一般有一个文本列，在直方图中作为标签。另外还有一个或多个数值列。

（2）应用场景。当需要展示数据集里各数据值的分布情况以及各组数据值整体的最大值、最小值比较情况时，可使用直方图。

（3）展示及交互。

① 展示。x轴与数据的范围相对应，被划分成多个区域。数据集里的每个实体被绘制成矩形块，通过区域内矩形块的堆栈展示同一范围内的数量。直方图不仅能够展示数据的整体情况，还可以展示数据的具体信息。

② 交互。鼠标悬浮在直方图上时，可以显示详细信息；鼠标单击，高亮显示对应的信息，且呈现与其他部分不同的颜色加以区别；对于展示多个维度的直方图，可以通过菜单栏对应的页签选择展示哪一个；当信息量较大时，也可以通过搜索框输入关注的重点信息，点击搜索后其会以不同于周围其他直方图的颜色高亮显示，支持单个和多个关键词搜索；直方图中每个块所代表的值可以通过下拉框选择，直方图根据选择项变换相应的图形展示。

直方图如图5-6所示，对应的数据结构如表5-5所示。

3）气泡图

气泡图使用不同颜色和不同尺寸的区域，在有限空间中展示跨度较大的数量级的数据比较。

（1）数据特征。数据结构表中一般有一个文本列，一个或多个数值标签。因为气泡图使用区域来表现数据，所以它更适合正值的展示。如果要展示的数据集合中包含负值，可以选择使用不同的颜色来表现，如表示100的圆圈和表示-100的圆圈有同样的大小，但是100的圆圈是蓝色，而-100的圆圈是红色。对于有大量负值的数据集，可以考虑采用直方图来代替气泡图进行展示。

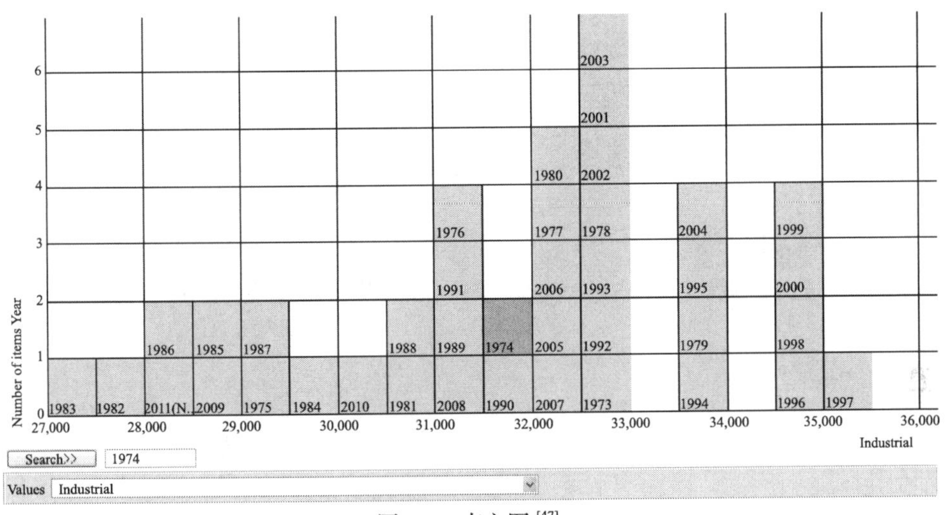

图 5-6　直方图 [47]

表 5-5　直方图数据结构

序号	Year	Residential	Commercial	Industrial	Transportation
1	1973	14897.351	9542.957	32623.628	18612.78
2	1974	14654.336	9393.324	31787.187	18120.419
3	1975	14813.4	9492.492	29413.018	18245.003
4	1976	15410.259	10063.334	31392.821	19100.798
5	1977	15661.713	10207.599	32263.009	19821.59

（2）应用场景。气泡图用圆圈展示数值，尤其适合用来展示有成百上千的数值，或者有几个不同数量级的数据。

（3）展示及交互。

①展示。气泡图里的圆圈表现了不同的数据值，圆圈所在的区域与值相符合。气泡的位置对数据来说没有任何意义，但是在布局设计上要尽量将圆圈集中以减少空间的占用量。

②交互。鼠标悬浮，显示相应的详细信息。鼠标单击或Ctrl+单击，可高亮显示选中的一个或多个圆圈，再次单击，去除高亮显示状态；选中多个数据序列时，可通过选择框展示它们的总数或平均数信息。展示多维度的数据集时，可通过选择框选择圆圈的尺寸基于哪个数据列。

气泡图如图5-7所示，对应的数据结构如表5-6所示。

4）小结

对于比较数值型数据模型，一般都有多组数据属性或数据序列，需要对组内或不同组之间的数据值进行比较。

在展示数据值比较关系的三种可视化展现方式中，各自的优缺点如下。

（1）条形图的主要问题在于当有很多个条形图展示时，标签成为一个难题，因为不同的标签意味着相互独立的不同数据。如果数据随时间的跨度具有连续的变化，条形图就不利于表现这种关系，这时最好采用线形图替换。

（2）气泡图的一个优势是可以展示大数据与小数据之间的比例，同时也可以同时展示成百上千的有效数值，还可以考虑使用气泡图可视化带有平方根的数据集。

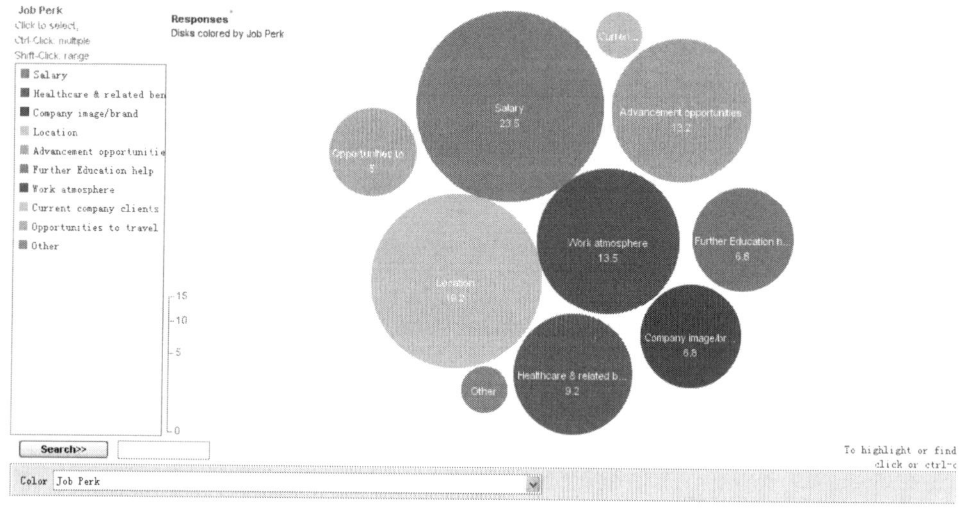

图 5-7 气泡图[47]

表 5-6 气泡图数据结构

序号	Job Perk	Responses
1	Salary	23.49%
2	Healthcare & amp; related benefits	9.25%
3	Company image/brand	6.76%
4	Location	19.22%
5	Advancement opportunities	13.17%
6	Further Education help	6.76%
7	Work atmosphere	13.52%

续表

序号	Job Perk	Responses
8	Current company clients	1.42%
9	Opportunities to travel	4.98%
10	Other	1.42%

（3）直方图与条形图在数据结构及图形展示上有很多相似之处，两者在以下三个方面存在明显的不同。①直方图通常用于展示各组数据个数的多少，而条形图反映的是数据量的大小。②条形图用条形的长度（横置时）表示各类别频数的多少，其宽度（表示类别）是固定的；直方图用面积表示各组频数的多少，矩形的高度表示每一组的频数密度，宽度则表示各组的组距，因此其高度与宽度均有意义。③由于分组数据具有连续性，直方图的各矩形通常连续排列来显示连续型变量的次数分布；而条形图则是分开排列。

3. 随时间变化的涨幅展示

对于强调随时间变化有明显涨幅的数据结构，可以利用以下三种可视化图形：线形图、堆栈图、分类堆栈图。

1）线形图

线形图是一种可视化展现持续变化数据的有效方法，可展示一个或多个维度的数值随时间变化而产生的变化趋势。线形图包括曲线图、折线图等。

（1）数据特征。数据结构表中每一列代表一个数据系列，x轴同某个特定的列相对应。因为要展现随时间变化的情况，一般需要将时间序列与x轴相对应。例如，“Year”列用做x轴的标签，其他两列定义成数据系列进行图形的绘制，如下所示：

Year	Price of doughnut/$	Price of coffee/$
2005	75	1.42
2006	78	2.52
2006	81	2.15

有些情况下，为方便线形图的展示，需要对数据集合中的行和列进行替换处理，如下所示：

Year	2005	2006	2007
Price of doughnut/$	75	78	81
Price of coffee/$	1.42	2.52	2.15

（2）应用场景。展现随时间推移，持续变化的发展趋势及涨幅时，可使用

线形图。如反应数据的实时动态变化趋势。

（3）展示及交互。

①展示。线形图中的数据点通过折线或曲线连接起来，呈现出数据随时间(x轴)变化的整体趋势。可以使用不同颜色代表不同的数据系列，在同一区域展示各个时间点的不同变化。折线连接的线形图可以更准确地显示发生明显变化的转折点信息。

②交互。鼠标悬浮，显示相应的详细信息。鼠标单击，显示详细信息的同时高亮显示线形图上对应的数据点。

线形图如图5-8所示， 对应数据结构如表5-7所示。

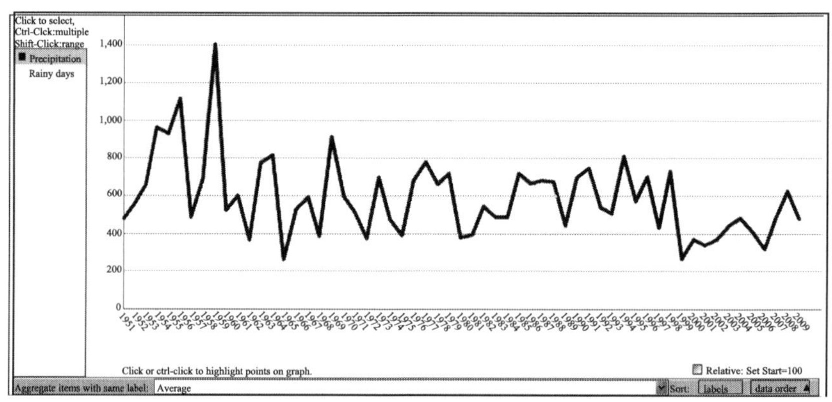

图 5-8 线形图 [47]

表 5-7 线形图数据结构

序号	Year	Precipitation	Rainy days
1	1951	481.5	53
2	1952	557	74
3	1953	657.6	76
4	1954	960.9	97
5	1955	931.4	77

2）堆栈图

堆栈图可以在同一区域同时展示多个维度的数据信息。

（1）数据特征。数据结构表中每一列代表一个数据系列，一个特定的列作为x轴标签。在堆栈图中，如果数据集里含有负数，则所有的负数都会被当做0处理。

（2）应用场景。当数据值的总体情况与个体情况同样重要时，堆栈图非常适合展示集合中实体的变化。例如，堆栈图在展示横跨几个产品随时间跨度的收益时，展示效果特别好。由于堆栈图使用区域表达数据，所以它不能表示负数。有些情况下，堆栈图不能表现出随时间增加的不同数据系列，如股票。这种情况下，可以选择使用线形图。

堆栈图有两种：一种是简单的堆栈图适合展现少量的数据项；另一种是对于比较多数据项的大数据，需要选择分类的堆栈图进行展示。

（3）展示及交互。

①展示。每个颜色的带形区域表示一个随着时间变化的数据集。为了整个图形的协调，可通过选择百分比复选框实现每个带形区域展示对应时间点所占总数的比例，而不是绝对值。该方法在强调带形区域的相对尺寸展示上很有帮助。

② 交互。鼠标悬浮，显示相应的详细信息。鼠标单击，高亮显示基准线及相关信息。通过下拉框可选择相同颜色项所表示的信息，如总数、平均数。

堆栈图如图5-9所示，对应的数据结构如表5-8所示。

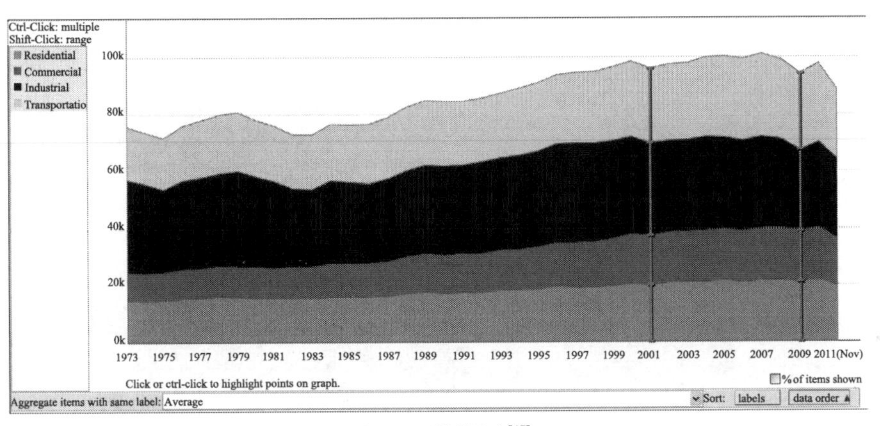

图 5-9　堆栈图 [47]

表 5-8 堆栈图数据结构

序号	Year	Residential	Commercial	Industrial	Transportation
1	1973	14897.351	9542.957	32623.268	18612.78
2	1974	14654.336	9393.324	31787.187	18120.419
3	1975	14813.4	9492.492	29413.018	18245.003
4	1976	15410.259	10063.334	31392.821	19100.798
5	1977	15661.713	10207.599	32263.009	19821.59

3）分类堆栈图

（1）数据特征。比较复杂的含有分类信息的数据表结构。为了创建分类和子类，堆栈图按照从左到右的顺序使用所有的文本列。最左边的文本列作为最上面的类目，然后依次往下排序。数值列作为图形中的值展示。

数值列中的数据不能是负数，一旦使用了这种展现方法，数据集中的所有负数都当做0处理。

（2）应用场景。当要求数据的整体和个体都需要被关注，同时数据还存在类别的时候，适合使用类别堆栈图进行展示。

（3）展示及交互。在左边的树形轮廓提供目录对应的颜色值，从而允许使用者通过扩展和折叠对数据进行深度探讨或分析。树结构本身包含了小型的折线图，能够展示每个类别和目录的总体趋势。

分类堆栈图如图5-10所示，对应的数据结构如表5-9所示。

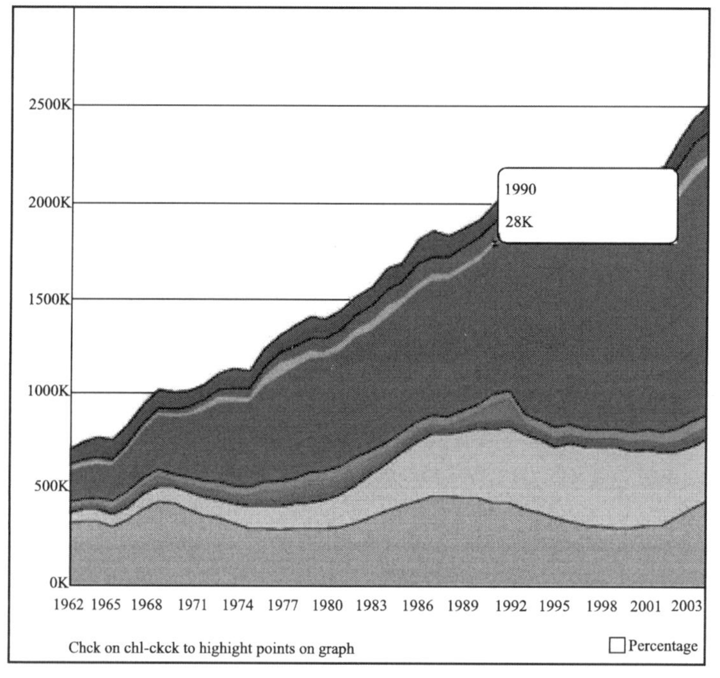

图 5-10 分类堆栈图 [47]

表 5-9 分类堆栈图数据结构

Type	Food	2000	2001	2002	2003
Fruit	Banana	1456	1456	1456	1456
Fruit	Lemon	23	23	23	23
Fruit	Orange	981	981	981	981
Meat	Pork	111	111	111	111

续表

Type	Food	2000	2001	2002	2003
Meat	Beef	442	442	442	442
Meat	Chicken	1456	1456	1456	1456

4）小结

随时间变化的数据集中一般包含了时间维度，且其他维度的数据与时间维度之间存在变化关系。展示随时间变化的线形图和堆栈图，缺点如下。

（1）线形图：x轴展示的数值一般都是有序的（如2000、2001、2002），如果x轴需要展示的标签数据是无序的，则可考虑使用气泡图代替。

（2）堆栈图：在堆栈图中不能准确地判断条纹的宽度，两个条纹的宽度也不好作精准比较。如果需要重点展现两个条纹之间的精确比较，可以考虑使用线形图代替。另外，通常在堆栈图中，有些数据系列的增加不容易被直观地展示，如增加某个公司的股票价格对其他股票价格没有任何意义。

4.整体与部分展示

对于强调整体以及其中各个部分的数据结构，可以利用以下两种可视化图形：饼图、树图。

1）饼图

饼图是展示比例大小的一种常用方法，以二维或三维形式显示每一数值相对于总数值的大小。

（1）数据特征。数据结构表需要一个文本列作为分片的标签，还要有至少一个数值列作为分片的值。数据集中的数值均为正数，且属于一个数据系列。在绘制饼图的时候，如果要求使用者可以通过菜单展示不同数值之间的不同，则可以指定多个数值列。例如，如果要查看多年的投票结果，就需要多个数值列，如表5-10所示。

表 5-10　饼图数据特征示例

广告预算	2012	2016	2016
电视	45	55	10
报纸	55	45	10
街头宣传	0	0	80

（2）应用场景。需要展示各个项目或类别所占的比例时，如广告预算中，电视占50%，报纸占40%，街头宣传占10%。

（3）展示及交互。

①展示。饼图使用不同的颜色展示每个分片，在进行展示前不需要将数据转换成百分比，可视化过程可以自动完成。当数据集中有负数或数据丢失时，不能在饼图中展示。

②交互。鼠标悬浮，显示对应的详细信息。鼠标点击或拖曳，饼图中的分片动态移出，并高亮显示相关信息。Ctrl+单击，展示选中的多个分片的总体比例信息。饼图中分片的尺寸含义及分片的标签都可以通过下拉框改变，并变换为对应的饼图。

饼图如图5-11所示，对应的数据结构如表5-11所示。

2）树图

树图以带分支的树状结构展示数据集中的整体与部分之间的层次关联。

（1）数据特征。数据结构表中的数据较为复杂，数据中存在类别和子类别。为了创建分类和子类，树图通常要从左到右考虑所有的文本列，如表5-12所示。最左边的文本列作为最高的类别，其次是邻近的，以此类推。

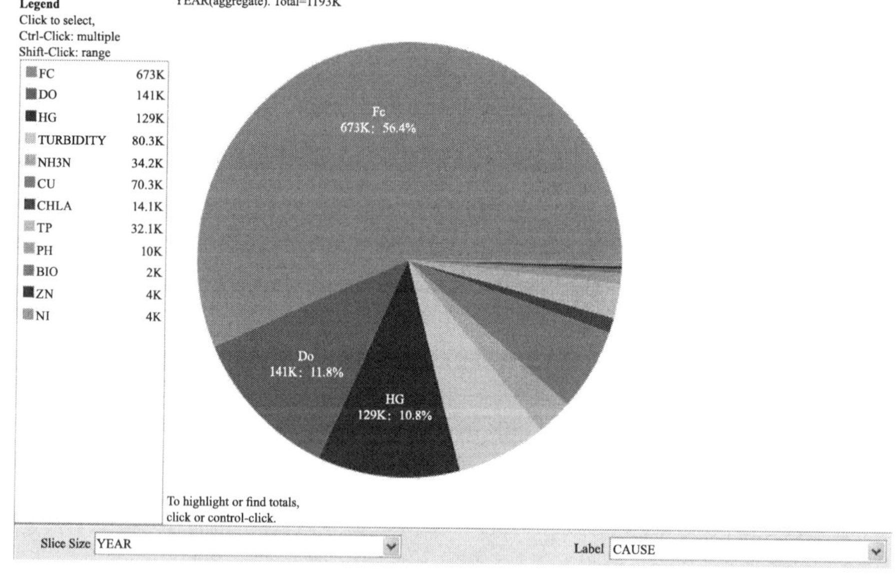

图 5-11 饼图 [47]

表 5-11 饼图数据结构

序号	TMDL TARGET DATE(S)++	BASIN	COUNTY	USE	CAUSE	YEAR
1	2019	EDISTO	BERKELEY	REC	FC	2010

续表

序号	TMDL TARGET DATE(S)++	BASIN	COUNTY	USE	CAUSE	YEAR
2	2016	EDISTO	DORCHESTER	AL	DO	2010
3	2023	EDISTO	DORCHESTER	FISH	HG	2010
4	2013	EDISTO	DORCHESTER	REC	FC	2010
5	2013	EDISTO	DORCHESTER	REC	FC	2010

表 5-12　树图数据特征示例

Type	Food	Sales	Profit margin
Fruit	Banana	1456	12
Fruit	Lemon	23	– 6
Fruit	Orange	981	12
Meat	Pork	111	2
Meat	Beef	442	6
Meat	Chicken	1456	77

表中的“Type”和“Food”可以作为类别信息构建图形，“Sales”对应矩形区域，“Profit margin”对应颜色。

（2）应用场景。树图适合展示具有层次结构的数据集。使用尺寸和颜色编码展示具有叶节点属性的树图非常有效。树图使用户能够对比树中任何深度的节点和子节点，帮助用户分辨出模式和异常信息。很多数据具有层次结构，即实体被划分成一个个分类和子类等。例如，一个关于食物的统计数据集，包含的不仅有食物名称，还有食物所属的类别和子类。

（3）展示及交互。通过矩形表示每个数据项和数据集中的行。不同颜色的矩形与代表相应属性的区域成正比。负数在图中不能被表示出来，如果待展示的树图数据集中存在负数，其将会被忽略掉。

矩形的颜色反映数据集中的其他属性，根据所表现的数据集的特点，树图可以分为两种：简单树图和分类树图。在简单树图中，可以将特定列的数据集与颜色对应起来。在分类树图中，展示的是同其他类相比较的变化，需要定义两种不同的数据列。第二列确定图形中的区域，颜色反映第一列和第二列之间比例的不同。

表5-12数据结构对应的树图如图5-12所示。

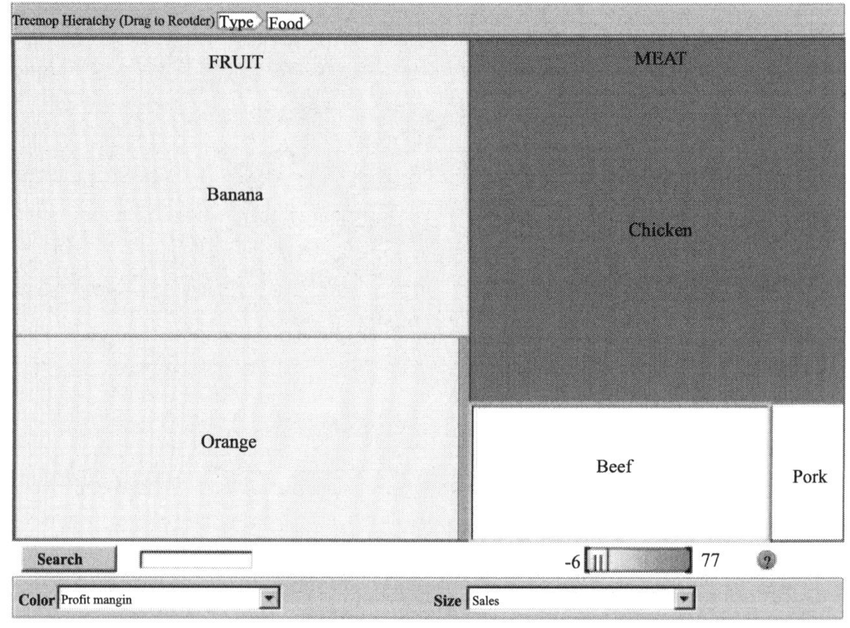

图 5-12　树图 [47]

3）小结

整体与部分数据模型的展示强调整体中各个部分与整体之间的关系、占比或层次分布。既要使整体情况一目了然，也要使整个数据结构中的各个数据组信息清晰呈现。

饼图和树图具有各自展现的侧重点，对于百分比的数据结构使用饼图，对于有较多包含关系的分类和子类的数据结构使用树图。

两种展现方式共同的缺点是：对于较多和较复杂的大数据展现，由于其空间限制，清晰度会受到影响，且过多的分片和分支容易造成展示效果的混乱。

5.地理分布展示

对于含有地理分布信息的数据结构，地图是最典型的展示方式。如世界地图、国家地图或具体的区域地图等。采用地图展示，尤其是对于用户比较熟悉的地图形状，能够非常简洁直观地展示出信息分布的情况和规律，快速传递所承载的信息。

（1）数据特征。数据表结构包含区域名称列，例如一个或多个数值、文本列。

（2）应用场景。当要展示的数据具有地理信息属性，查看地域与数据分布规律之间的关系时，可以采用地图进行展示。

（3）展示及交互。

①展示。地图使用颜色和气泡展示地域信息，若要比较不同国家的税收情况，可以将颜色与税收联系起来，颜色从深到浅代表税收从高到低。但是当有较多的重点区域信息需要强调或关注时，使用气泡代替颜色进行展示会有更好的可视化效果。

②交互。鼠标悬浮，可以显示对应的详细信息。鼠标双击，可以进入二级地图，进一步查看具体省份或地区等的信息。鼠标单击，高亮显示选中的区域数据信息。使用鼠标滚轮，可以将地图进行放大和缩小，方便查看局部或整体情况。

地图如图5-13所示，对应的数据结构如表5-13所示。

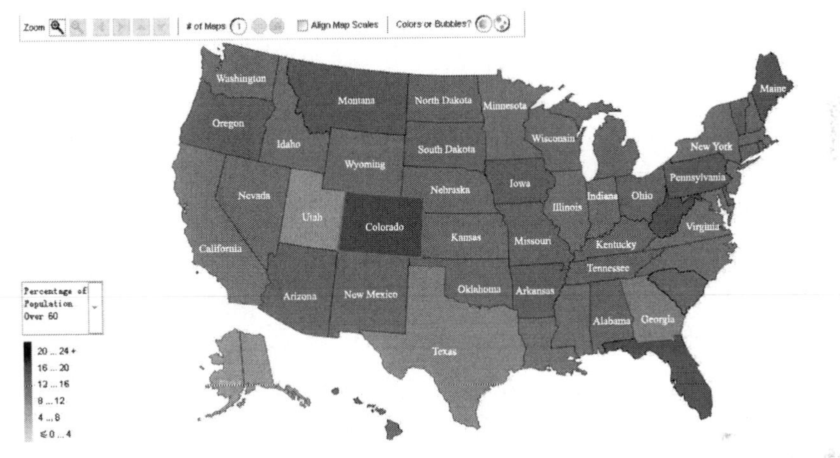

图 5-13　地图 [47]

表 5-13　地图数据结构

	州名	年龄超过60岁的人口比例 / %
1	Alabama	19.54
2	Alaska	12.8
3	Arizona	19.29
4	Arkansas	20.13
5	California	16.32

6.文本分析展示

对于文本结构的分析展示可以利用以下两种可视化图形：单词树图和标签云。

1）单词树图

（1）数据特征。数据结构为游离的非结构化文本数据，它可以处理上亿的单词。

（2）应用场景。单词树是展示非结构化文本的可视化搜索工具，如书籍、文章、演讲稿或诗。它可以按字或短语展示其出现的不同环境，环境按照树状结构显示常见的主题和短语。

（3）展示及交互。

①展示。单词树由空白的标记代替完整的数据可视化展示。可以为单词树的展示选择一个搜索项，当一个单词或短语被确定后，能够找出所有出现的内容项，以及一起出现的短语。例如，单词“word”出现在段落之前的数目。在单词树里有许多重复的短语，例如，在word之后的单词tree出现了5次，或者短语phrase出现了3次。为了创建单词树，将合并所有的匹配短语。

不像一些文本可视化的方法（如标签云），单词树不能忽略标点符号。事实上，它会周期性地处理文本中逗号之类的独立单词。因为在文本的内容里，标点符号对短语的意义和节奏有影响。

默认情况下，树的分支是从上到下排序，与文本中的顺序一致。例如，如果“we saw”在“we conquered”之前出现，那么单词树中相对于“we”、“saw”就会在“conquered”分支的上面。有两种分支顺序，即字母顺序或整个分支大小的顺序。

②交互。鼠标移动到树中的分支，单击树结构中的单词，图形将会使用新的单词作为搜索项。如果希望看见短语之前的上下文，则选择“End”项。还可以使用前进和后退按钮在浏览器中快捷地查看历史浏览。单击树中的某个单词，可以高亮显示。

单词树如图5-14所示。对应的数据结构是一段奥巴马演讲的文本内容。

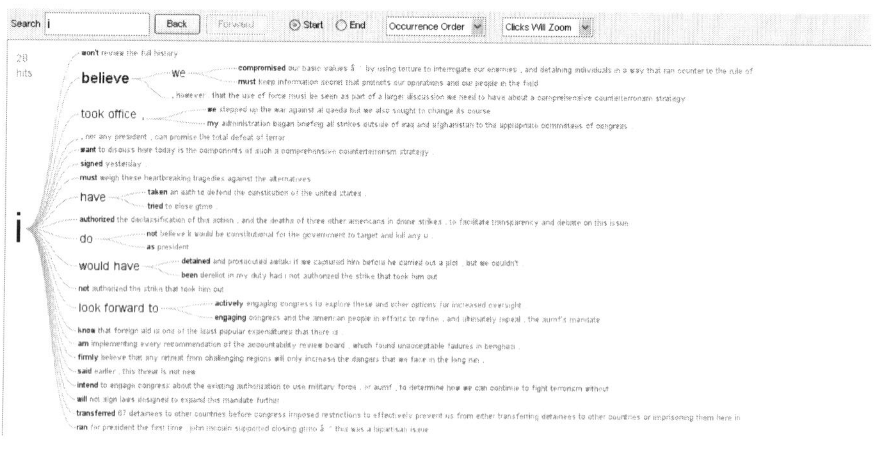

图 5-14　单词树图 [47]

2）标签云

标签云是单词出现频率的一个可视化展示方式。使用标签云可以展示给定文本里单词出现的频率，或者展示一列中单词或数据之间的关系。单词的大小与单词出现的次数相对应。

（1）数据特征。标签云可以展示任意文本或列表数据。如果选择使用列表数据，则数据集应该有一个单独的文本列和一个或多个行。如果希望在标签云中比较文本中的两个片段，那么每个片段都需要添加一个由破折号和标题组成的前言。

①包含随意文本的数据结构，如表5-14所示。

表 5-14　包含随意文本的数据结构

Text
Dedication to every clients success Innovation that matters for our company and for the world Trust and personal responsibility in all relationships

②包含列表数据的数据结构，如表5-15所示。

表 5-15　包含列表 数据的数据结构

Word	Occurrences
Tag	45
Cloud	55
Mass	10

③包含两个片段的文本比较数据结构，如表5-16所示。

表 5-16　包含两个片段的文本比较数据结构

Fragment 1
This is the text for fragment 1 Keep going until fragment 1 is complete
Fragment 2
This is the text for fragment 2 Keep going until fragment 2 is complete

（2）应用场景。标签云可以展示两种数据：随意的文本或有标签和有数值的二维表。对于文本展示，标签云将会去掉文本中的标点符号，计算每个单词出现的频率，然后根据单词的频率按照一定的大小展示。标签云同样会忽略掉一些语法中的常用词，如英文中的“in”。

对于两个文本的比较，也可以通过使用标签云进行可视化展示。例如，在一个标签云里，通过展示两个文本中出现频度最多的单词信息，实现对两个文本关注点的比较。

（3）展示及交互。

①展示。可通过设置展示连续的两个单词出现的频率。但在选择使用两列（文本列包含标签，数值列包含标签出现的频率）时，不支持展示连续的两个单词。

②交互。通过在搜索框中输入可以查看标签云中的特定标签。每次输入一个关键字，标签云将展示以输入的字母开头的标签。鼠标移动到标签上时，对应的标签会变成桔黄色高亮显示，也可同时高亮显示多个标签。鼠标悬浮时会显示相关的详细信息。鼠标单击可跳转到相关的链接地址。

标签云如图5-15所示，对应的数据结构如表5-17所示。

图 5-15　标签云[47]

表 5-17　标签云数据结构

序号	Instrument	Number of Rentals
1	Flute	37
2	Clarinet	42
3	Bass Clarinet	1
4	Oboe	5
5	Alto Saxophone	36
6	Tenor Saxophone	6
7	Trumpet	43
8	Trombone	27
9	French Horn	6
10	Baritone/Euphonium	6

续表

序号	Instrument	Number of Rentals
11	Percussion Learning Kit	14
12	Bell Kit	1
13	Viola	1

3）小结

文本分析模型主要是为了展示文本信息中的关键字词或关注对象的热度（出现频率），使用户摆脱冗长单调的文字内容，从可视化图形中直观捕获文字中的热点信息。

单词树在展示文本信息时，过多的分支使得其展示效果不如标签云简单易读，但树形结构对于展示文本信息中的诸多细节非常有利。标签云在文本分析展示上具有简单、易读的优点。

7.其他复杂多维数据展示

对于属性较多，需要在同一区域进行展示的复杂多维数据可以考虑利用平行坐标轴和雷达图等可视化展示形式。

1）平行坐标轴

平行坐标轴特别适合展示具有多个相同属性的对象组，使得本来纷杂的数据在聚类方法处理后变得一目了然。平行坐标轴是一种能体现数据本身规律的可视化方法。

图5-16是对各类食物搭配组合的营养成分分析的可视化展示。

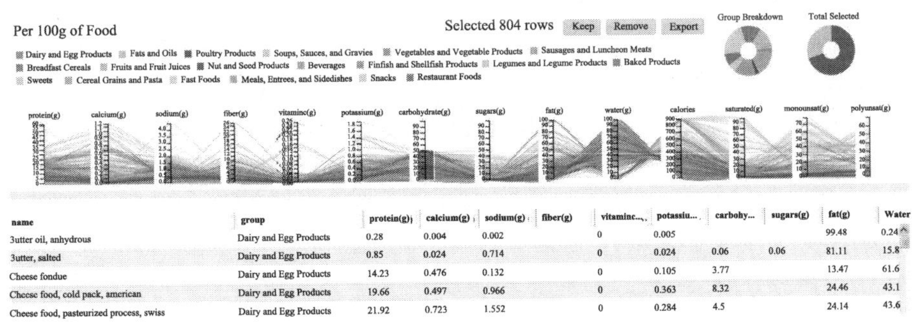

图 5-16　平行坐标轴 [48]

在图5-16的平行坐标轴可视化展示中，使用了19种不同的颜色分别代表19个数据群组，对应数据表结构中的group列的内容；采用14个平行的垂直坐标轴与数据表结构中的14种营养成分属性相对应，并且各个坐标轴根据数据值的范围灵活地采用不同的刻度值。

在平行坐标轴中，通过点击下方列表中的单行信息，在平行坐标轴上会区别其他折线高亮显示出对应的折线。同时可以在平行坐标轴的任意一条轴上，通过鼠标点击获取该属性一定区间内的数据集。

2）雷达图

雷达图适合展示多组不同属性构成的数据组，以便用户多维度地了解某个整体各个方面的变动与发展趋势。图5-17是从住房、工作、收入等11项指标对各个国家的发展状况进行分析的可视化展示。

图 5-17　雷达图[49]

11种颜色分别代表了住房、工作、收入等11个指标，每个指标对应一个花瓣，从而11瓣花瓣就构成了代表一个国家综合状况的花朵。花瓣的长度表示国家在这个指数上的分数，而花瓣的宽度表示这个指数的权重。可以很直观地看出代表一个国家的花越大，各个花瓣长势越均衡，代表着这个国家生活的综合水平很高。相对地，在这种展示方式下，各项指标中的短板也变得更加显而易见。当然，每个人对于生活幸福的理解不同，对于各项指标的看重程度也不同，所以设计者也让用户可以自由调整各项指标的权重。

图 5-18　雷达图中的交互设计[50]

除了能在“index view”宏观模式下查看所有国家的综合指标对比，也可以在“topic view”模式下看到某项指标的排名（如图5-19所示），以及在“countries”模式下看该国的详细介绍，以及各项指标在所有成员国中的排名（如图5-20所示）。

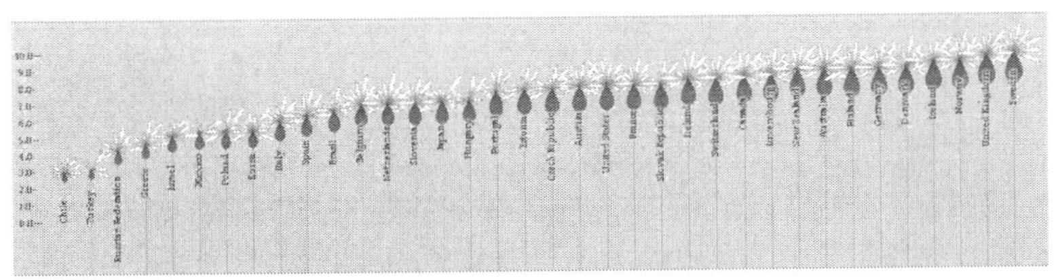

图 5-19　雷达图变形[50]

图 5-20　雷达图焦点关注[50]

5.3　数据可视化在大数据中的应用

目前，业界在大数据可视化上的应用，归纳起来主要有以下几个方向。

（1）基于数据可视化平台，为个体或企业提供可视化服务。

如Many Eys、number picture等搭建在线可视化平台，允许用户上传或在线获取需要进行可视化的数据，采用平台提供的可视化模板或自己在平台上创建模板，将数据进行可视化展示或在线发布、共享可视化结果。付费用户可享受更高级别的定制功能或将可视化结果下载到本地、分享到其他网站。

（2）基于数据可视化产品，为企业提供可视化开发工具和开发环境以及可视化解决方案。

如Tableau拥有Tableau Desktop、Tableau Server、Tableau Public等产品，可以将大量数据拖放到数字“画布”上，快速创建好各种图表。在这些可视化产品的基础上，免费版主要面向博客作者和媒体公司，创建的可视化展示只能在线发布，而不能进行本地下载等操作。更多的功能使用以及针对性的可视化解决方案均通过收费方式对外提供。

（3）结合数据可视化技术，开发独立的数据产品，充分挖掘数据的价值。

如淘宝数据魔方，将传统的数据统计与分析模式与可视化技术相结合，充分挖掘海量交易数据的内在价值，以收费的方式向淘宝卖家或买家提供简洁、直观以及针对性的可视化数据分析工具。淘宝卖家或买家通过该可视化分析工具可方便、实时和准确地了解相关市场行情、动态和店铺的运营情况。

（4）各种可视化应用。

如可视化图片搜索、可视化新闻、可视化推荐系统、微博可视化分析等。这些可视化应用都是采用可视化技术与数据统计、挖掘与分析相结合的方式，将不同的海量数据及数据内在信息和规律以最直观的方式展现给用户，极大地提升了大数据展示下以用户为中心的良好用户体验。

5.4 数据可视化案例——互联网地图

互联网地图（the Internet map）是由俄罗斯工程师Enikeev根据2011年年底的数据，将196个国家的35万个网站数据整合起来，并根据200多万个网站链接关系制作出来的可视化展示结果。通过不同颜色和不同大小的圆将庞大的数据以及数据中蕴涵的信息直观、简洁地展示出来。黑色背景的选取与无数色彩绚丽的大小圆点散布给人以浩瀚宇宙星空的视觉体验。庞大的数据量和繁多的网站类别在Enikeev的可视化设计下，传达信息的同时也呈现出了大数据可视化的美感，是大数据可视化的一个精彩案例，如图5-21所示。

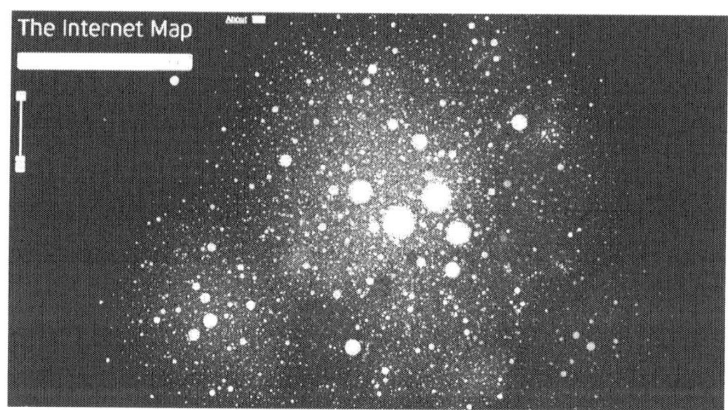

图 5-21 互联网地图 [51]

图中每个圆点表示一个网站，圆点的大小表示网站访问量的多少，不同的颜色表示不同国家的网站。圆点之间的距离远近则根据网站之间链接出现的频率、强度和用户跳转时创建的链接综合决定。布局上，同一个国家的网站集中在一片区域，在图中的反映即为相同颜色的网站相互靠近。

互联网地图还提供了缩放和搜索的功能，方便用户对自己关注的网站进行查看。如放大中国网站集聚的区域，可以清楚地看到热点网站以及各网站的网址信息展示；或输入想要关注的网站进行搜索（如weibo.com），如图5-22所示，可以看到附近的网站有开心网、人人网和豆瓣网。

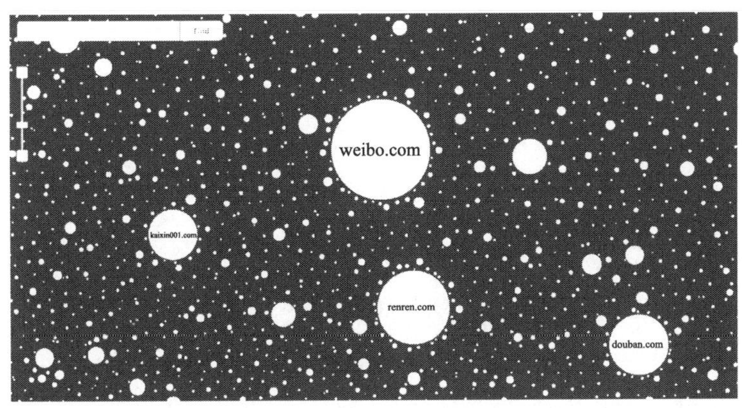

图 5-22　网站搜索结果图[51]

5.5　可视化即服务

业界已经有人提出将可视化作为一种服务独立出来的可视化即服务（Visualization as a Service, Vaas）的概念，如Many Eys、number picture推出的在线可视化平台已经在朝这个方向发展。有了VaaS平台，用户不需要构建自己专门的可视化模块，只要把数据上传到云端，就能得到良好的可视化图表展示。同时，也可以借助云端网络的社交功能将可视化展示结果在移动终端以及平板电脑等设备上进行分享和应用。还可针对特定的大数据提供定制的可视化解决方案，从而获取更好的可视化展示效果。

可视化即服务是数据可视化的一个非常重要的发展方向，最近几年随着数据分析和数据可视化的发展，可视化即服务的思想已经在越来越多的移动互联网可视化应用中得到体现。

第 6 章　大数据应用

6.1　大数据的潜在价值

大数据技术在互联网、电信、金融等行业发展迅速，已经达到了“数据就是业务本身”的地步，这体现了数据的社会化趋势。随着云计算技术的不断发展，数据本身成为新的资产。如果云计算为数据资产提供了保管、访问的场所和渠道，那么如何使用云中的数据资产，使其成为国家治理、企业决策乃至个人生活服务的决策依据，则是大数据要解决的核心问题，也是云计算内在的灵魂和必然的升级方向。最早提出“大数据”时代已经到来的机构是全球知名咨询公司麦肯锡，其于2011年5月发布题为《大数据的下一个前沿：创新、竞争和生产力》的报告，通过深入调研指出“数据已经渗透到每一个行业和业务职能领域，逐渐成为重要的生产因素；而人们对于海量数据的运用预示着又一波生产率增长和消费者盈余浪潮的到来”。

麦肯锡的报告发布后，大数据迅速成为了计算机行业的热门概念，也引起了金融等行业的高度关注，越来越多的企业认识到“大数据”管理能力将直接影响未来的竞争力，其将为各行业带来巨大的商业价值。大数据将在政府公共服务、医疗服务、零售业、制造业以及个人服务等领域得到广泛应用，并产生巨大的社会价值和产业空间。该报告指出数据可以产生显著的经济价值，美国医疗服务业数据每年可以产生3000亿美元的产值，并帮助美国零售业获得60%以上的净利润增长，欧洲公共管理部门数据每年价值2500亿欧元，而全球个人定位数据信息价值为1000亿美元，相信未来大数据将造就一个超过万亿美元的市场，如图6-1所示。

有效利用大数据可以创造巨大的潜在价值，它是继云计算之后又一个提升生产效率的技术。医疗卫生行业能够利用大数据技术避免过度治疗、减少错误治疗和重复治疗，从而降低系统成本、提高工作效率，改进和提升治疗质量；公共管理领域能够利用大数据技术有效推动税收工作，提高教育部门和就业部门的服务效率；零售业领域通过在供应链和业务方面使用大数据技术，能够改善和提高整个行业的效率；市场和营销领域能够利用大数据技术帮助消费者在更合理的价格范围内找到更合适的产品，以满足自身的需求，提高附加值。科研机构可以通过大数据业务协助研究，加强在环境、资源、能源、气象、航天、生命等领域的探索。

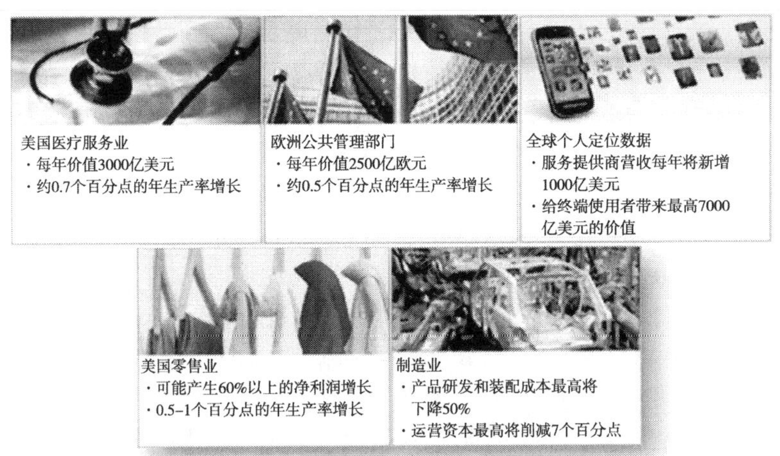

图 6-1　大数据在各行业产生的价值

大数据正在影响企业的商业模式，对数据进行分析、优化正成为提升企业核心竞争力的有效方式。在销售和服务方面，其可以提供消费者偏好与需求模式等方面的信息，帮助企业提高计划、决策和预测的准确性。管理大数据的能力将成为企业的核心能力，这种能力将帮助企业寻找最好的模式以支持商业决策。它为新商业解决方案的建模提供基础，让企业更好地适应新的环境。2012年3月1日，IDC发布大数据市场预测报告，预估该领域的市场规模将从2010年32亿美元增长到2015年的169亿美元，年复合增长率为39.4%，是整个信息和通信技术（ICT）市场的7倍。IDC市场也预期显示大数据已经走出了“科学研究”阶段，逐渐进入了商业主流。

沃尔玛是最早利用大数据受益的企业之一，其曾拥有世界上最大的数据仓库系统。通过对消费者的购物行为等非结构化数据进行分析，沃尔玛成为最了解顾客购物习惯的零售商，并创造了“啤酒与尿布”的经典商业案例。在2007年，沃尔玛就建立了一个超大的数据中心，其存储能力高达4PB以上。

互联网是云计算和大数据技术的发源地，以Google、亚马逊、雅虎、Facebook等为代表的互联网公司在运营过程中收集了大量的用户数据及信息。Google、Facebook、亚马逊、eBay、百度、淘宝等互联网企业是大数据时代领跑的先驱，它们通过分析、挖掘数据改进产品设计，提升用户体验，增加销售。以Google为例，其核心业务搜索引擎通过分析海量的网页数据，并不断挖掘用户的行为以理解用户的需求，大大提升了其业务精确度和用户黏性。而Facebook则通过数据构建人与人之间的关系图谱，并通过深度挖掘人与人之间的联系构建开放服务，其创始人扎克伯格认为“Facebook不再是一个网站，而是对外输出的系统和平台”。世界电子商务巨头亚马逊的推荐系统基于用户的购买记录和行为历史，利用这种“物品到物品的协作筛选”算法为回头客定制浏览体验。在中国，淘宝网于2010年推出开放数据平台——数据魔方服务，为数万名淘宝卖家提供产品交易趋势、信用状况、交易行为等数据参考服务。

事实上，除了Google、亚马逊、Facebook等互联网公司，传统IT巨头也已意识到了大数据时代数据的重要意义，包括IBM、Oracle、EMC、微软在内的全球IT巨头在大数据领域展开角逐，并展开大举并购或技术整合，如Oracle收购Sun并推出一体机等大数据处理平台；IBM收购Netezza增强MPP（Massive Parallel Processing）架构数据库处理能力，并推出基于开源Hadoop平台的Big Insight解决方案；EMC收购Greenplum发布大数据整体解决方案；微软拥抱开源Hadoop等，亦可见其对大数据的重视。

不仅是商业机构发现了大数据中的价值，政府部门同样需要大数据完善公共服务。2011年3月11日，日本大地震发生仅9分钟后，美国国家海洋和大气管理局就发布了详细的海啸预警。随即，美国国家海洋和大气管理局通过对海洋传感器获得的实时数据进行计算机模拟，制作的海啸影响模型出现在YouTube等网站。美国国家海洋和大气管理局的快速反应得益于其全球范围内庞大的海洋传感器网络。通过这些置于海面和海底的传感器，美国国家海洋和大气管理局源源不断地获取全球范围的海洋信息，并将这些信息存储在位于美国新泽西州的数据中心，美国国家海洋和大气管理局的数据中心存储着超过20PB的数据，是美国政府最大的数据库之一。“虽然预警系统发挥了很大价值，但是还没有快到足以帮助到日本仙台沿海的居民及时躲避海啸”，如果能够获得更多的数据和更强的分析能力，海啸的预警可以在更短的时间内发现并发出，进一步避免人员伤亡。

2011年2 月，超级电脑“沃森”(Watson)展示了大数据分析的智慧。由IBM和美国得克萨斯大学联合研制的超级电脑“沃森”在美国最受欢迎的智力竞猜电视节目《危险边缘》中击败了该节目历史上两位最成功的选手詹宁斯和鲁特，成为该节目中新的王者。超级电脑“沃森”本身是一个基于大数据分析的产品，存储了海量的数据，而且拥有一套逻辑推理分析程序，可以推理出其认为最正确的答案。

大数据除了给社会带来巨大价值，也为企业内部提升了生产效率和营收能力。根据Sybase公司资助美国得克萨斯大学的一项针对美国企业数据使用有效性的调查，如果美国企业数据使用效率提升10%，则零售和咨询行业可分别提升49%和39%的人均产出，而其他几个主要行业的产出也可提升20%左右，如图6-2所示。

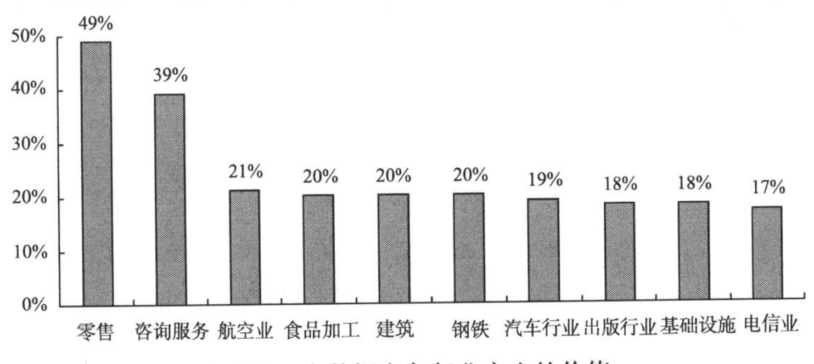

图 6-2　大数据在各行业产生的价值

大数据已从商业行为上升为国家战略，美国政府为了使其继续保持在IT领域的领先地位，美国总统奥巴马在2012年3月宣布投资2亿美元启动“大数据研究与开发计划”（Big Data Research and Development Initiative），旨在提高从海量数据中提取知识和观点的能力，从而加快科学与工程发现的步伐，以帮助解决包括医疗、能源、国防等一些最紧迫的挑战。这是美国政府继20世纪90年代“信息高速公路”计划后的又一次重大投资。在2011年12月8日我国工业和信息化部发布的物联网“十二五”规划中，把信息处理技术作为四项关键技术创新工程之一提出，其中包括海量数据存储、数据挖掘、图像视频智能分析，这些都是大数据的重要组成部分。而另外三项关键技术创新工程包括信息感知技术、信息传输技术、信息安全技术，也都与“大数据”密切相关。

6.2　大数据的应用场景

大数据技术的应用非常广泛，企业的IT集成、通信的CT网络和ICT融合的物联网业务都是其典型的应用场景。

6.2.1　企业大数据

大数据正影响着转变企业商业模式，对大数据进行处理、分析及整合正成为提升企业核心竞争力的有效方式，随着企业用户对大数据的认识日渐成熟，其数据规模已从数十TB级发展成几百PB级。越来越多的企业认识到大数据管理能力将直接影响未来的竞争力，基于大数据的商业智能将全面提升决策精准度，伴随着传统的商业智能系统向纵深应用的拓展，商业决策已经越来越依赖于数据。据市场调研预测，每过18个月，企业中的数据总量就将翻一番，其中企业自身信息系统中产生的结构化运营数据只有15%，大约85%的数据属于广泛存在于社交网络、物联网、电子商务中的非结构化数据。这些非结构化数据的产生往往伴随着社交网络、移动计算和传感器等新的渠道和技术的不断涌现和应用。任何企业都希望能够充分挖掘出数据战略资源的价值，从而做出更为准确的商业决策，现有企业数据管理和分析系统必须要面对这种变化。

目前各个行业已经意识到，传统的商业智能系统中用以分析的数据、业务系统中数据与外部数据的融合处理，是以实时感知、分析、对话、服务能力为基础，数据流已经成为商业、营销活动的核心。当前企业中数据管理主要基于关系型数据库（RDBMS），包括联机事务处理（OLTP）和联机分析处理（OLAP）两大类，主要是对企业中的结构化数据进行静态分析，而随着非结构化数据成为企业数据的主力军，传统商业智能的方式显然已经落伍。企业用以分析的数据越全面，分析的结果就越接近实际情况，大数据分析意味着企业能够从这些新的数据中获取新的洞察力，并将其与已知业务的各个细节相融合。

大数据打破了企业传统数据的边界，改变了过去商业智能仅依靠企业内部业务数据的局面，其背后蕴涵的商业价值不可低估。IDC就在其大数据相关报告中着重阐述了大数据的商业价值，行业领导企业与其他企业有着本质的区别，行业领导企业会积极地将新的数据类型引入到数据分析之中，为商业决策做出更加准确的判断，那些没有引入新的分析技术和数据类型的企业不可能成为行业未来的领导者。这本质上要求企业能够从思维的角度彻底颠覆过去的观点，大数据在未来企业中的角色绝对不仅仅是一个支撑者，而是在企业商业决策和商业价值的决策中扮演着重要的作用。

麦肯锡认为大数据正在为全球创造不可低估的商业价值。首先，大数据能够明显提升企业数据的准确性和及时性；此外还能够降低企业的交易摩擦成本；更为关键的是，大数据能够帮助企业分析大量数据，从而进一步挖掘细分市场的机会，最终能够缩短企业产品研发时间，提升企业在商业模式、产品和服务上的创新力，大幅提升企业的商业决策水平，降低了企业经营的风险。

可以说，在信息技术日益渗透到企业和个人方方面面的今天，大数据将逐渐成为很多企业实现商业价值的最佳途径。Gartner副总裁兼高级分析师Genovese认为"管理大数据的能力将成为企业的核心能力。这种能力将帮助企业寻找最好的模式支持商业决策，它为新商业解决方案的建模提供基础，让企业更好地适应新的环境。"当然，可能还有人会质疑大数据的决策效果，但是不可否认的是大数据正在彻底改变商业决策的模式与方法，其是IT价值从企业业务支撑到企业决策转变的最好体现。

6.2.2 电信大数据

在当前智能手机、移动终端设备快速增长、宽带网络和移动互联网流量迅速增加的情况下，电信运营商迎来了大数据转型的挑战与机遇。大数据在运营商的应用可以涵盖多个方面，如图6-3所示，包括企业管理分析（如战略分析、竞争分析）、运营分析（如用户分析、业务分析、流量经营分析）、网络管理维护优化（如网络信令监测、网络运行质量分析）和营销分析（如精准营销、个性化推荐）等。

全国业务监测分析	集中化网络管理	个性化营销分析
• 全国业务流量激增，用户行为、业务构成、网络负载、流量流向、终端类型分析，为流量管理提供数据支持 • 海量数据的实时性分析要求提高	• 基于多源数据的云化架构为承载平台，通过智能化数据分析方法构造集中、高效的网络性能分析与管理平台。 • 海量数据分析	• 来自网络、业务、用户、终端、消费、互联网等多方面的数据结合分析 • 数据的种类繁多，结构化、非结构化数据交织 • 数据量大

图 6-3　电信领域大数据挑战

随着运营商流量的快速增长，数据业务在运营商收入所占比重不断增加，流量与收入之间的不平衡也越发突出，智能管道、精细化运营成为运营商突破困境的共识，网络管理维护和优化成为精细化运营中的一个重要基础。智能分析技术在大数据的支撑下将在网络管理维护优化中发挥积极作用，网络维护的实时性将得到提升，事前预防将成为可能。

用户行为分析在运营商流量经营中起重要作用，用户行为分析结合用户个性、产品、服务、计费、财务等信息进行，得出细粒度、精确的结果，实现用户个性化的策略控制。今后还可以对管道内容进行分析，如图片、电影、网页等，深入理解用户的行为特征，如图6-4所示。

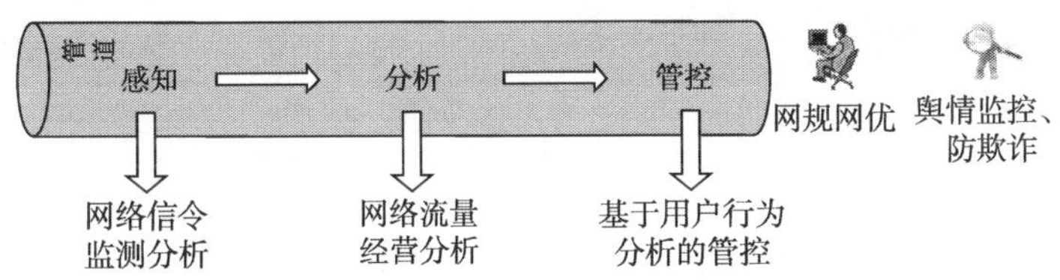

图 6-4　电信领域大数据经营转型

在运营商的各类增值业务中，根据用户喜好推荐各类业务或应用成为用户服务的一个有效方式，这类应用需要处理的数据量大，实时性要求高，涉及大量的非结构化数据以及智能分析，大数据技术成为其系统实现中的关键技术。

6.2.3　物联网大数据

物联网的普及为大数据提供了广阔的数据来源，其产生的海量数据只有经过汇总、分析后才会产生更大的价值。信息的迅速膨胀远远超出人类自身的感知和信息处理能力，人们迫切建立在精密感知能力和海量信息处理能力之上的智能技术，而这正是物联网的发展方向。

当前，出行难的问题在各大城市都广泛存在。在信息技术蓬勃发展的时期，人们利用先进的传感技术、网络技术、计算技术、控制技术、智能技术对道路和交通进行全面感知。例如，在路面放置传感器、在路口安装监控视频、在车辆上配置全球定位系统，可以对每一条道路实时监控，对每一辆车进行控制，以提高交通效率和安全性。

大数据下的智慧交通，就是融合传感器、监控视频和GPS等设备产生的海量数据，甚至与气象监测设备产生的天气状况等数据相结合，从中提取出真正需要的信息，及时准确地发送给用户。这些信息不是简单地告诉用户到达目的地的几条路径或是显示各种路况信息，而是直接提供最佳的出行方式和路线，从而省略了用户在多个信息中做出选择的麻烦。

大数据应用在医疗行业可以大大提升医疗效率和医疗效果。

在临床辅助决策支撑系统中，通过分析识别医疗影像数据、挖掘医疗文献数据，从而建立医疗专家数据库及用户病历，给出诊疗建议和方案，防止医疗事故，使大部分工作流向护理人员和助理医生，使医生从简单咨询工作中解脱出来，提高治疗效率。

在远程病人监护场景中，根据历史数据及专家数据库进行分析，确定治疗方案或针对病人一些症状做出提醒。

此外，还可以让医生和病人分享治疗方案、经验和效果等。公共卫生部门也可以通过覆盖全国的患者电子病历数据库，快速检测传染病，进行全面的疫情监测，同时还可发现新的疾病或疫情。

6.3 大数据应用案例

6.3.1 应用商店推荐系统

1.基本概念

推荐系统就是利用特殊的信息过滤技术，将不同的内容（如电影、音乐、书籍、新闻、图片、网页等）推荐给可能感兴趣的用户。通常情况下，推荐系统通过将用户的个人喜好与特定的参考特征进行比较，并试图预测用户对一些未评分项目的喜好程度。参考特征可能是从项目本身的信息中提取的，也可能是基于用户所在的社会或社团环境提取的。

具体到应用商店业务数据，用户的评论行为显式表述了其对应用的喜好程度，下载、收藏等行为隐式描述了用户的兴趣爱好，因此可以从应用商店业务日志中收集用户的相关行为数据，用来描述用户的偏好。又因为用户的各种行为对兴趣分析的贡献程度不同，如下载行为明显比浏览行为更具有实际意义，因此需要对用户偏好的各个维度进行加权，从而得到用户对某个具体应用的模拟打分。然后考察不同用户对相同应用集合的打分情况，或者不同应用由相同用户集合的打分情况，从而发现用户之间或者应用之间的相似程度。最后根据用户或者应用之间的相似性以及具体的推荐算法，可以获得最终的推荐列表，从而完成整个推荐过程，如图6-5所示。

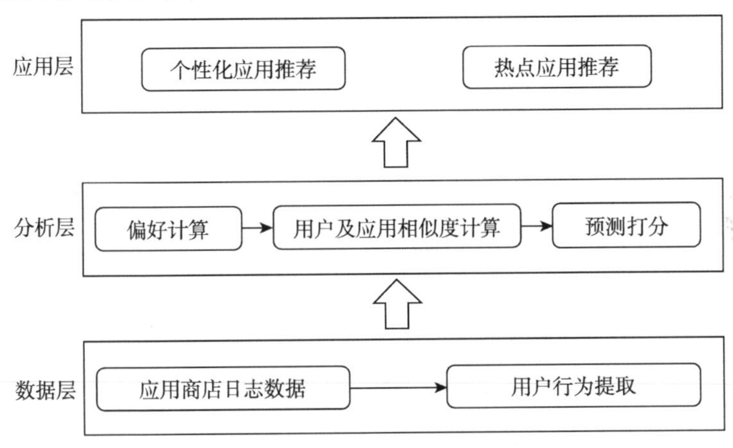

图 6-5　基于应用商店数据的推荐系统

2.数据获取和处理

我们需要通过考察应用商店系统中用户的历史行为及行为对象来分析用户的兴趣偏好及潜在要求，所以在历史日志中，变更类型、变更时间等无法直接体现用户行为特点的字段都被忽略，不在获取之列。

1）浏览日志

浏览日志如表6-1所示。

表 6-1　浏览日志表

序号	属性名称	是否必填	最大长度	填写标准
1	变更类型	是	1	1 新增 2 变更 3 删除
2	变更时间	是	14	YYYYMMDDHH24MISS
3	类别ID	否	32	类别ID
4	商品ID	否	32	商品ID
5	广告ID	否	32	广告ID
6	用户编号	否	32	用户基础信息中的用户ID

续表

序号	属性名称	是否必填	最大长度	填写标准
7	用户手机号码	是	32	
8	浏览日期	是	14	YYYYMMDDHH24MISS
9	浏览方式	否	1	1 WAP浏览 2 WWW浏览 3 手机客户端

用户的浏览行为具有一定的考察意义，浏览日期字段需要保留。

2）商品信息

商品信息如表6-2所示。

表 6-2 商品信息表

序号	属性名称	是否必填	最大长度	填写标准
1	变更类型	是	1	1 新增 2 变更 3 删除
2	变更时间	是	14	YYYYMMDDHH24MISS
3	商品编号	是	32	
4	商品名称	是	128	
5	商品类别	是	32	对应商品类型表中类型编码，上架时类别
6	商品描述	否	256	
7	商品价格	是	32	单位：分
8	商品关键字	否	64	
9	商品适配机型	否	256	
10	关联产品信息	否	256	
11	归属开发商（或开发者）	否	100	
12	商品上架时间	否	14	YYYYMMDDHH24MISS
13	商品版本	否	32	

这张表同样应用在相似内容推荐中，可以根据应用的多维特征发现应用的相关性。

3）收藏日志

收藏日志如表6-3所示。

表 6-3 收藏日志表

序号	属性名称	是否必填	最大长度	填写标准
1	变更类型	是	1	1 新增 2 变更 3 删除
2	变更时间	是	14	YYYYMMDDHH24MISS
3	用户编号	否	128	用户基础信息中的用户ID

续表

序号	属性名称	是否必填	最大长度	填写标准
4	用户手机号码	是	32	
5	商品编号	是	32	
6	收藏日期	是	14	YYYYMMDDHH24MISS
10	使用方式	是	1	1 WAP 2 WEB 3 手机客户端

收藏行为也代表了用户对应用的喜好，收藏日期字段需要保留。

4）推荐日志

推荐日志如表6-4所示。

表 6-4　推荐日志表

序号	属性名称	是否必填	最大长度	填写标准
1	变更类型	是	1	1 新增 2 变更 3 删除
2	变更时间	是	14	YYYYMMDDHH24MISS
3	用户编号	是	32	用户编号
4	用户号码	是	32	用户号码
5	被推荐者号码	是	32	被推荐者号码
6	推荐方式	是	1	1 站内信 2 短消息
7	商品编号	是	32	商品编号
8	使用方式	是	1	1 WAP 2 WEB 3 手机客户端

类似用户收藏行为，推荐行为更加有效，变更时间字段需要保留。

5）下载日志

下载日志如表6-5所示。

表 6-5　下载日志表

序号	属性名称	是否必填	最大长度	填写标准
1	变更类型	是	1	1 新增 2 变更 3 删除
2	变更时间	是	14	YYYYMMDDHH24MISS
3	商品编号	是	32	
4	用户手机号码	是	32	
5	用户编号	是	128	
6	终端信息	否		

续表

序号	属性名称	是否必填	最大长度	填写标准
7	下载结束时间	否	14	YYYYMMDDHH24MISS
8	下载方式	是	1	1 HTTP下载 2 OMA下载 3 midp下载
9	下载结果	是	1	0 下载成功 1 下载失败
10	付费方式	是	1	1 小额话费支付 2 银行卡支付 3 支付账户支付 4 积分兑换 0 免费
11	是否好友推送	否	1	1 是 0 否
12	是否主动营销	否	1	1 是 0 否
13	使用方式	是	1	1 WAP 2 WEB 3 手机客户端

下载行为是非常重要的考察项，应用被下载的越多，表示其越受用户欢迎，可以作为推荐的对象。

6）用户基本信息

用户基本信息如表6-6所示。

表 6-6 用户基本信息表

序号	字段名称	是否必填	最大长度	填写标准
1	变更类型	是	1	1 新增 2 变更 3 删除
2	变更时间	是	14	YYYYMMDDHH24MISS
3	用户ID	是	32	用户在应用商店内的唯一标识，主键
4	用户姓名	否	128	
5	用户昵称	否	128	
6	年龄	否	3	
7	手机号码	是	32	
8	电子邮件	否	64	
9	身份证号码	否	32	
10	手机型号	否	32	应用商店提供终端表予以对应
11	注册方式	是	1	1 WAP 2 WWW 3 手机客户端

用户是推荐系统的主体，因此必须保留用户ID、手机号码，为了减少存储量，需要将32位的用户ID映射为整型变量（本系统直接使用手机号码）。

7）赠送日志

赠送日志如表6-7所示。

表 6-7　赠送日志表

序号	属性名称	是否必填	最大长度	填写标准
1	变更类型	是	1	1 新增 2 变更 3 删除
2	变更时间	是	14	YYYYMMDDHH24MISS
3	用户编号	是	32	用户编号
4	用户号码	是	32	用户号码
5	支付方式	是	1	1 小额话费支付 2 银行卡支付 3 支付账户支付 4 积分兑换 0 免费
6	被赠送者号码	是	32	被赠送者号码
7	商品编号	是	32	商品编号
8	被赠送者手机型号	是	32	应用商店提供终端表予以对应
9	使用方式	是	1	1 WAP 2 WEB 3 手机客户端

赠送行为不一定出于用户的喜好，但是一定是由于用户的需要。

3.数据挖掘

整个推荐流程大致分为四部分，如图6-6所示。

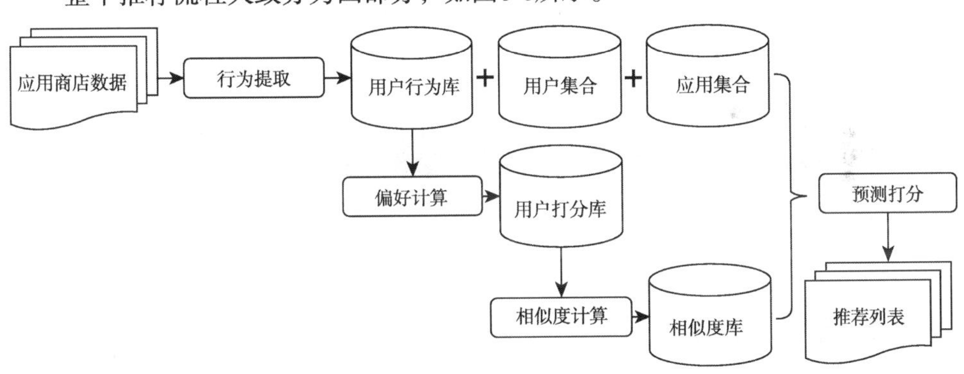

图 6-6　数据挖掘的推荐流程

（1）行为提取。其是对用户行为的向量化表示，一方面，可以综合考虑用户的各种行为，通过加权方法将用户行为映射到统一的偏好空间内，便于用户偏好建模；另一方面，向量化的表示方法可以作为下一阶段的数据输入。

（2）偏好计算。用户的偏好描述虽然已经被向量化，但是仍然不能直接用于协同过滤的计算，因此需要将隐式的偏好描述转化为显式的用户打分，对应的过程就是偏好计算。

（3）相似度计算。有了用户的偏好数据之后，需要一种办法确定用户或者应用之间的相似程度，这个过程就是相似度计算。当然需要根据不同的数据特征和推荐算法，采用不同的相关系数。

（4）预测打分。利用用户或者应用之间的相似度，可以预测用户对应用的可能打分情况，这个过程就是预测打分过程，一般使用加权平均方法实现。

4.可视化和应用

通过以上的推荐系统，可以在应用商店为用户可视化地提供各种应用，如图6-7所示的中国联通的WoStore系统[52]。类似的电子商务系统，如淘宝的商品推荐、亚马逊的书籍推荐都是这样的应用实例。

图 6-7　应用商店推荐系统案例

6.3.2　WAP用户画像

1.基本概念

在某些文献或系统中用户画像也称为用户模型（user model）或用户描述文件（user profile），它是对系统用户基本属性和行为习惯、喜好的一个刻画。用户的基本属性，包括用户的姓名、年龄、性别、地域等身份信息，以及职业、收入、兴趣爱好等属性信息，这种用户画像通常是静止不变的，所以又称为静态用户画像；用户行为习惯、兴趣的刻画源于对用户使用系统内容和服务的分析，这些信息可能会随着内外环境的变化而变化，所以这种情况下的用户画像又称为动态用户画像。从应用层面看，动态用户画像反映了用户的特殊爱好以及近期的需求，相对更重要，更有实际意义。

具体到Wap业务，可以通过分析用户访问的具体Wap网页或网站内容，以及用户在访问这些内容的过程中的不同表现，准确描述Wap用户的画像。用户访问过的Wap网站或网页内容经分类后，可以反映整个偏好空间中用户的个性化喜好。而用户访问的具体行为，如访问的次数、单次访问时间、访问会话内的具体行为等，则更为精细地反映了其对于这类偏好的喜好程度。基于上述分析和处理，就可以得到Wap用户的画像。

如图6-8所示，Wap用户画像系统的数据源包括用户Wap日志、Wap网页和用户偏好表示体系三个部分，处理步骤包括用户行为统计、Wap站点分类和偏好计算，最后将用户画像用于个性化业务，如个人门户、个性化搜索、精准推荐等。

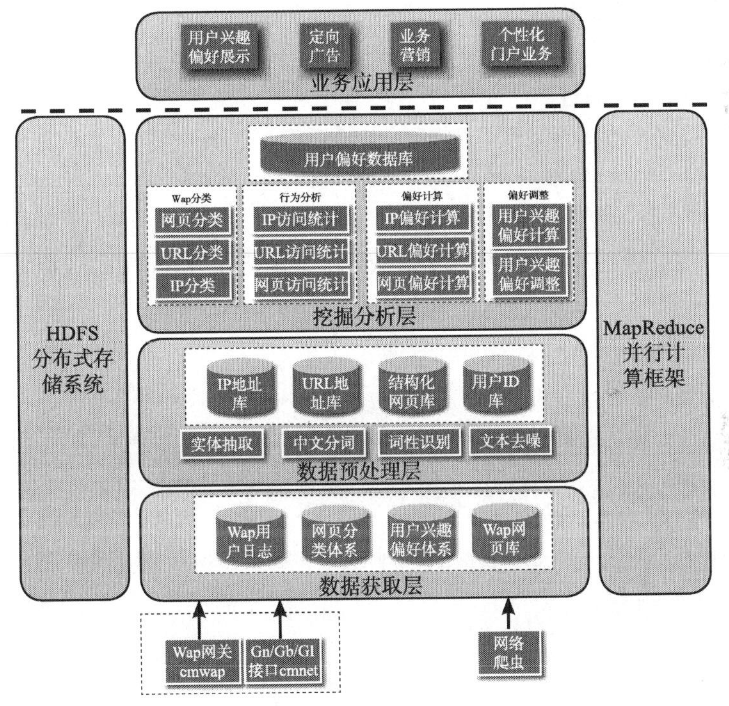

图6-8　Wap用户画像系统

2.数据获取和处理

系统首先需要从多个数据源抽取相关数据，以便后续分析和处理。数据源包括三方面：Wap全网网站内容、Wap用户上网日志、用户偏好描述空间。输出数据包括：IP地址库、网址地址库、结构化网页表示、网页分类体系。

（1）获取Wap网页。依赖于爬虫抓取，通过对指定网站的特定内容板块进行抓取，并将抓取到的内容保存到Wap网页文件中。

（2）获取Wap上网日志。Wap日志通常存储在网络的节点服务器中，是对用户登录、注销及具体上网行为情况较为详细的记载。

（3）获取用户偏好描述。用户偏好描述空间实际上也是网站、网页内容分类主要的参照体系，通过两者的对应关系，可以通过观察用户访问的具体网页概括用户的具体喜好。

（4）输出IP地址库。IP地址是指网站服务器的IP，而非用户终端接入的IP，IP地址通常会出现在Wap用户日志中，通过简单的记录解析可以得到。

（5）输出网址数据库。在Wap上网日志和Wap网页内容库中都有出现，通过简单的记录解析就可以获得。

（6）输出结构化网页。对Wap网页库中抓取的原始网页进行内容解析、信息抽取等初步处理，得到Wap网页内容库。该库的结构化记录形如URL、Title、Tags、Subject Keywords。

（7）输出网页分类体系。网页分类体系直接使用前期人工整理的用户偏好空间即可。

综上，如图6-9所示，数据获取层逻辑模块，又可以细化为下列四个功能模块：①网页爬虫抓取模块；②网页结构化模块；③IP和URL抽取模块；④偏好空间整理模块。

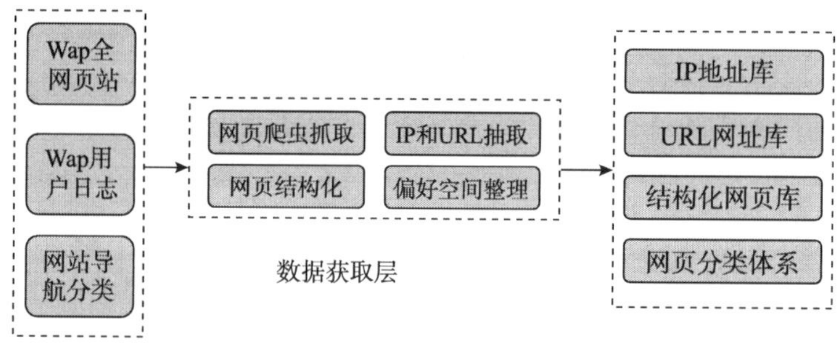

图 6-9　数据获取流程

3.数据挖掘

在对原始数据进行架构后，系统从数据获取层输出的IP地址库、URL网址库、结构化网页库，按照既定的网页分类体系，将IP地址、URL网址、结构化网页向量进行分类，分别获得IP-分类矩阵、URL-分类矩阵、网页-分类矩阵。另一方面，根据用户的行为日志，统计用户登录的某个服务器地址、网址、网站的时间和次数，从而得到用户-IP矩阵、用户-URL矩阵和用户-网站矩阵。最后，在此基础上，求得用户-偏好矩阵。综上，该层的功能可以细化为行为统计

（使用时间和使用频率）、分类计算及偏好度计算三个部分，如图6-10所示。

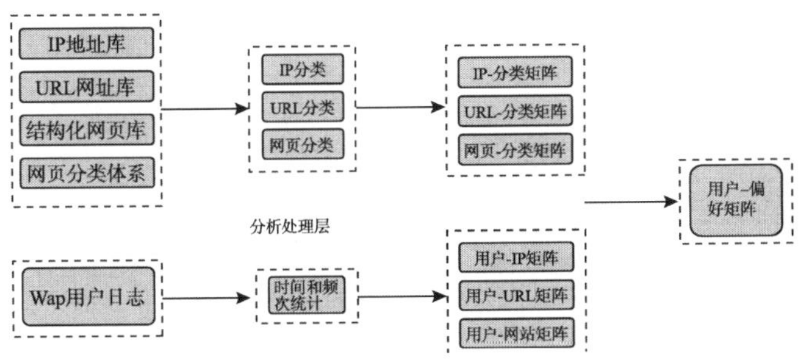

图 6-10　分析处理流程

4.可视化和应用

在获得用户的画像后，就可以围绕其展开一系列的应用，如最简单的画像图形化展示、产品的交叉营销、个性化搜索、个性化推荐等，如图6-11所示的用户画像雷达图展示用户的偏好属性。

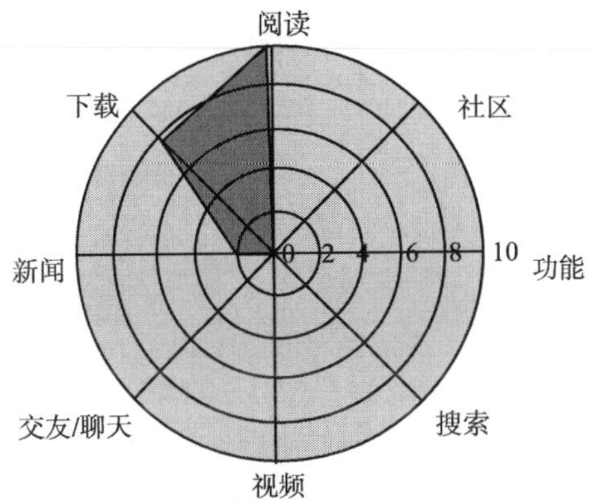

图 6-11　用户偏好画像雷达图

根据用户画像可以真正把握用户需求，对用户偏好进行定量分析，从而使得通过机器学习算法实现个性化服务、产品、内容的推荐或营销成为可能。如根据喜好的不同，可以给不同用户提供不同的音乐、电影、新闻等服务。

结　　语

当前，全球范围的云计算发展方兴未艾，大数据热潮异军突起，技术的发展不断催生出新的概念和应用，也日益推动着社会的发展和创新。云计算和大数据是什么？云计算和大数据之间有什么关系？云计算和大数据与人们的工作生活有什么关系？相信不少读者是带着这样的问题翻阅本书的。通过本书的学习，希望能够解答您的部分疑问。

云计算是什么？为了推动中国云计算技术的发展，中国电子学会于2008成立了云计算专家委员会，由60多位国内知名院士、专家、学者组成，通过总结分析云计算的基本特征、系统体系、关键技术和产业应用等，给出了云计算的基本定义："云计算是一种基于互联网的、大众参与的计算模式，其计算资源（计算能力、存储能力、交互能力）是动态、可伸缩且被虚拟化的，以服务的方式提供。这种新型的计算资源组织、分配和使用模式，有利于合理配置计算资源并提高其利用率，促进节能减排，实现绿色计算"。从定义可以看出，云计算是以网络为基础，以资源服务为目标的一种计算模式。

大数据是什么？本书第1章先以定量数据描述的方式给出了大数据的概念，同时给出了大数据的基本定义：用于数据集的一个术语，是指大小超出了常用的软件工具在运行时间内可以承受的收集、管理和处理数据能力的数据集。大数据的特征可以用四个"V"表示：海量（Volume）、多样化（Variety）、速度（Velocity）和价值（Value）。

云计算和大数据之间的关系也是一直困惑学术界的话题，在很多重大学术性会议中，这两个概念也经常被相互替代或混淆。事实上，二者无论在技术上还是在应用上，都有着紧密的联系。二者的共同点是都面对海量数据的分析和处理，但是从广义上看，云计算是解决"如何算的问题"，大数据是解决"如何用的问题"；从狭义上看，云计算本质上是一种计算方法，侧重计算效能提升，通过虚拟化、分布式、并行计算等多种技术手段，解决海量数据环境下的计算复杂性和时效性问题，而大数据本质上是一种信息价值获取方式，侧重数据的应用分析，采用数据存储、数据处理、分析应用及数据展现等多个交叉学科技术，解决各种海量、异构、多模态数据的价值获取问题。

本书介绍了云计算和大数据的关系，大数据的存储、处理、挖掘、可视化以及应用问题，从技术发展的角度详细介绍了大数据的体系架构、关键技术，同时分析了大数据技术在电信领域、物联网领域和企业市场的应用，并结合移动互联网应用场景，分析了大数据的具体应用案例。随着大数据市场的进一步发展，可能会有更多的技术和场景涌现。

参考文献

[1] John G, David R. Extracting value from chaos. IDC iView, 2011.

[2] IBM. A collaboration between good and oliver munday. The World of Data,2011.

[3] Google Trends. http://www.google.com/trends.

[4] Hung L H, Jackie F. Hype Cycle for Emerging Technologies. Gartner, 2012.

[5] Big Data. http://en.wikipedia.org/wiki/Big_data.

[6] S4: Distributed stream computing platform. http://incubator.apache.org/s4.

[7] Twitter Storm. https://github.com/nathanmarz/storm.

[8] HDFS. http://hadoop.apache.org/docs/r0.19.2/cn/hdfs_design.html.

[9] GFS. http://research.google.com/archive/gfs.html.

[10] Amazon S3. http://aws.amazon.com/cn/s3.

[11] OpenStack Swift. http://docs.openstack.org/developer/swift.

[12] NoSQL生态系统. http://blog.nosqlfan.com/html/2171.html.

[13] NoSQL数据库笔谈. http://wenku.baidu.com/view/f829e1d528ea81c758f578a8.html.

[14] 刘鹏. 云计算. 北京：电子工业出版社，2011.

[15] 解读NoSQL技术代表之作Dynamo. http://www.infoq.com/cn/articles/nosql-dynamo.

[16] http://www.slideshare.net/DstroyAllModels/riak-training-session-surge-2011.

[17] Memcached全面剖析. http://wenku.baidu.com/view/fabcccfe910ef12d2af9e73a.html.

[18] http://redis.io/documentation.

[19] Tokyocabinet/Tokyotyrant. 文档大合集http://www.162cm.com/p/tokyotyrant.html.

[20] Avinash L, Prashant M. Cassandra:a decentralized structured storage system. Facebook,2010.

[21] 曾大聃，周傲英. Hadoop权威指南(中文版). 北京：清华大学出版社，2010.

[22] http://www.slideshare.net/litaocheng/couchdb-beijing-openparty-1923705.

[23] 图数据库Wiki. http://en.wikipedia.org/wiki/Graph_database.

[24] Neo4j介绍. http://wenku.baidu.com/view/d829108dcc22bcd126ff0cc0.html.

[25] HyperGraphDB. http://www.hypergraphdb.org/learn.

[26] 数据仓库. http://baike.baidu.com/view/19711. htm.

[27] 郑承满，赵世辉. 数据仓库 DBMS 产品分析及发展趋势展望 . 中国金融电脑，2011.

[28] Teradata. http://www.info.teradata.com.

[29] Oracle Exadata. http://www.oracle.com/cn/products/database/exadata/index.html.

[30] IBM Netezza. http://www-01.ibm.com/software/cn/data/netezza.

[31] Sybase IQ官方白皮书及发布会资料. http://www.sybase.com.cn/products/datawarehousing/Sybaseiq.

[32] Greenplum. http://www.greenplum.com/products/greenplum-database.

[33] Vertica. http://www.vertica.com/resources/white-papers.

[34] 搜索引擎. http://baike.baidu.com/view/1154.htm.

[35] 信息检索. http://baike.baidu.com/view/45496.htm.

[36] 张俊林. 这就是搜索引擎：核心技术讲解. 北京：电子工业出版社，2012.

[37] 李晓明，闫宏飞，王继民. 搜索引擎：原理技术与系统. 北京：科学出版社，2011.

[38] 王莉红，张功镀，吴海涛. 电子商务环境下协同过滤推荐方法的应用分析与研究[硕士学位论文]. 上海：上海师范大学，2005.

[39] 韩慧俊. 电子商务个性化推荐系统的研究：论其在出版企业电子商务中的应用[硕士学位论文]. 上海：上海交通大学，2007.

[40] 李俭霞. 电子商务智能推荐技术及应用研究[硕士学位论文]. 重庆：重庆大学，2009.

[41] 协同过滤. http://baike.baidu.com/view/981360.htm.

[42] 贺云. 数据挖掘在电子商务推荐系统中的应用研究[硕士学位论文]. 大连：大连交通大学，2009.

[43] SNS. http://baike.baidu.com/view/8258.htm.

[44] 六度空间理论. http://baike.baidu.com/view/357796.htm.

[45] 弱链接. http://baike.baidu.com/view/1455934.htm.

[46] 复杂网络. http://baike.baidu.com/view/1195034.htm.

[47] http://www-958.ibm.com/software/data/cognos/manyeyes/visualizations.

[48] http://exposedata.com/parallel.

[49] http://oecdbetterlifeindex.org/#/15555555111.

[50] http://datavlab.org.

[51] http://www.vizinsight.com/

[52] http://store.wo.com.cn.